GERHARD HUWAR

Der Erlaß von Rechts- und Verwaltungsverordnungen durch den Bundespräsidenten

Schriften zum Öffentlichen Recht

Band 48

Der Erlaß von Rechts- und Verwaltungsverordnungen durch den Bundespräsidenten

Von

Dr. Gerhard Huwar

DUNCKER & HUMBLOT / BERLIN

Alle Rechte vorbehalten
© 1967 Duncker & Humblot, Berlin 41
Gedruckt 1967 bei Alb. Sayffaerth, Berlin 61
Printed in Germany

Meiner Mutter
Dem Andenken meines Vaters

Vorwort

Bei der nachstehenden Arbeit handelt es sich um meine Dissertation, die im Jahre 1966 von der Juristischen Fakultät der Ruprecht-Karl-Universität Heidelberg angenommen wurde. Ich möchte deshalb die Gelegenheit nicht versäumen, den beiden Herren Berichterstattern, Herrn Prof. Dr. Karl Doehring und Herrn Prof. Dr. Ernst-Wolfgang Böckenförde, herzlich für die viele Mühe zu danken, welche sie sich beim Betreuen der Arbeit gegeben haben. Herr Professor Doehring hat mir von Anfang an stets mit Rat und Tat zur Seite gestanden. Herr Professor Böckenförde regte die Veröffentlichung in der vorliegenden Schriftenreihe an. Großen Dank schulde ich auch dem Inhaber des Verlages Duncker & Humblot, Herrn Ministerialrat a. D. Dr. Johannes Broermann, für die Aufnahme der Arbeit in das Verlagsprogramm sowie dem Verlag selbst für die gelungene Ausgestaltung des Buches.

Crailsheim, im März 1967

Der Verfasser

Inhaltsverzeichnis

Ziel und Aufbau der Arbeit 13

Rechtsverordnung und Verwaltungsverordnung 15

Erster Abschnitt: Die Begriffe Rechts- und Verwaltungsverordnung.... 16

  A. *Die Verordnung als Oberbegriff der Rechts- und Verwaltungsverordnung* 16
    I. Gesetz und Verordnung 16
    II. Rechtsprechungsakt und Verordnung 17
    III. Verwaltungsakt bzw. innerdienstliche Weisung und Verordnung 18
    IV. Autonome Satzung und Verordnung............................. 21
    V. Regierungsakt und Verordnung 22
    VI. Teilergebnis: Der Begriff Verordnung 24

  B. *Der Unterschied zwischen der Rechts- und der Verwaltungsverordnung* 25
    I. Die Unterscheidung zwischen Rechts- und Verwaltungsverordnung als Ergebnis einer verfassungsgeschichtlichen Entwicklung 25
    II. Die heutige Problematik bei der Abgrenzung von Rechts- und Verwaltungsverordnung 28
      1. Die „nicht eingreifende" Staatstätigkeit 30
      2. Das besondere Gewaltverhältnis 33
    III. Teilergebnis: Die heute maßgeblichen Unterscheidungsmerkmale zwischen der Rechts- und der Verwaltungsverordnung 35

  C. *Ergebnis des Ersten Abschnitts* 35

Zweiter Abschnitt: Die Arten der Rechts- und Verwaltungsverordnungen 36

  A. *Die Arten der Rechtsverordnungen* 36
  B. *Die Arten der Verwaltungsverordnungen* 38

Die allgemeine verfassungsrechtliche Stellung des Bundespräsidenten, besonders im Hinblick auf die Verordnungsgebung nach dem GG 41

Erster Abschnitt: Das Staatsorgan „Bundespräsident" im Verfassungssystem des GG 41

Zweiter Abschnitt: Die verfassungspolitische Machtstellung des Bundespräsidenten, vor allem im Bereich der Verordnungsgebung 44

  A. *Die Stellung des Reichspräsidenten nach der WV* 44
    I. Allgemeines 44
    II. Die Verordnungsrechte des Reichspräsidenten 45

  B. *Die Neugestaltung des Präsidentenamts durch das GG* 46

Inhaltsverzeichnis

Einzelne Organakte des Bundespräsidenten und ihr Verordnungscharakter   52

  A. *Auflösung des Bundestages* 52
  B. *Feststellung des Verteidigungsfalles* 53
  C. *Erklärung des Gesetzgebungsnotstandes* 56
  D. *Ratifikation völkerrechtlicher Verträge* 57
      I. Ratifikation von Staatsverträgen 58
      II. Ratifikation von Verwaltungsabkommen 61
      III. Ergebnis 63
  E. *Genehmigung der Geschäftsordnung der Bundesregierung* 63
  F. *Erlaß von Organisationsakten* 64
      I. Organisationsvorschriften als Verordnungen oder Einzelakte   65
      II. Organisationsverordnungen als Rechts- oder Verwaltungsverordnungen 67
      III. Ergebnis 70
  G. *Setzung von Staatssymbolen* 70
      I. Flaggen 72
      II. Wappen, Siegel, Amtsschilder und Grenzzeichen 74
      III. Münzbilder 75
      IV. Briefmarkenbilder 77
      V. Nationalhymne 77
      VI. Staatsfeiertage 77
      VII. Bauwerke 78
      VIII. Hauptstadt 79
      IX. Staatszeremonien 79
      X. Amtstrachten, Uniformen, Amtstitel 79
      XI. Dienst-(Amts-)eid 80
      XII. Orden und Ehrenzeichen, Ehrentitel.................. 81
      XIII. Ergebnis 83
  H. *Festlegung des Tages für die Bundestagswahl* 84
  I. *Delegation und Mandat eigener Befugnisse* 84
      I. Die Rechtsnatur der Delegation 86
      II. Die Rechtsnatur des Mandats 88
  K. *Ergebnis des Dritten Teils* 90

Befugnisse des Bundespräsidenten zum Erlaß von Rechts- und Verwaltungsverordnungen 92

  Erster Abschnitt: Die gemeinsamen Voraussetzungen aller Verordnungsrechte des Bundespräsidenten 92
    A. *Die Bundeskompetenz als Voraussetzung der Zuständigkeit des Bundespräsidenten* 92
    B. *Die Organkompetenz des Bundespräsidenten zum Erlaß von Verordnungen* 93
  Zweiter Abschnitt: Die Befugnisse des Bundespräsidenten zum Erlaß von Rechtsverordnungen 95
    A. *Die Arten der Ermächtigungen* 96
    B. *Die Zulässigkeit einer Ermächtigung des Bundespräsidenten* 98

I. Die nachkonstitutionelle Ermächtigung des Bundespräsidenten 99
      1. Die Folgen der Aufzählung bestimmter Ermächtigungsadressaten in Art. 80 I 1 GG für eine Ermächtigung des Bundespräsidenten 99
      2. Die Bedeutung des Ausdrucks „durch Gesetz" in Art. 80 I 1 GG für eine Ermächtigung des Bundespräsidenten.... 102
   II. Der Übergang vorkonstitutioneller Ermächtigungen auf den Bundespräsidenten 109
      1. Die allgemeinen Voraussetzungen des Fortgeltens alter Ermächtigungen 109
      2. Die Möglichkeit, frühere Ermächtigungen auf den Bundespräsidenten überzuleiten 109
   III. Ergebnis B 114
C. *Die bestehenden Befugnisse des Bundespräsidenten zum Erlaß von Rechtsverordnungen* 114
   I. Befugnisse zum Erlaß von Ausführungsrechtsverordnungen 115
      1. Befugnisse zur Setzung von Staatssymbolen mit Außenwirkung 115
      2. Befugnisse zum Erlaß von Ausführungsrechtsverordnungen auf Grund von Ermächtigungen in einfachen vorkonstitutionellen Gesetzen 133
      3. Befugnisse zum Erlaß von Anstalts-Benutzungsordnungen mit Außenwirkung 136
      4. Befugnisse zum Erlaß von Organisations-Rechtsverordnungen 137
   II. Befugnisse zum Erlaß von gesetzesanwendenden Rechtsverordnungen 152
   III. Ergebnis C 152

Dritter Abschnitt: Die Befugnisse des Bundespräsidenten zum Erlaß von Verwaltungsverordnungen 152
A. *Die Zulässigkeit des Erlasses von Verwaltungsverordnungen durch den Bundespräsidenten im allgemeinen* 153
B. *Die bestehenden Befugnisse des Bundespräsidenten zum Erlaß von Verwaltungsverordnungen* 154
   I. Befugnisse zum Erlaß allgemeiner Dienstvorschriften 154
      1. Der Bundespräsident als Vorgesetzter von Organwaltern und als übergeordnete Behörde 156
      2. Besondere Weisungsrechte des Bundespräsidenten 157
   II. Befugnisse zum Erlaß von Anstalts-Benutzungsordnungen ohne Außenwirkung 162
   III. Befugnisse zum Erlaß von Organisations-Verwaltungsverordnungen 162
      1. Rechte zum Erlaß von Organisations-Verwaltungsverordnungen i. e. S. 163
      2. Befugnisse zur Vornahme von Delegationen und Mandaten ohne Außenwirkung 164
   IV. Ergebnis B 169

Zusammenfassung und Schlußbetrachtung 171
Schrifttumsverzeichnis 173

Abkürzungsverzeichnis

abw.	=	abweichend
a. E.	=	am Ende
aF	=	alte Folge
a. M.	=	anderer Meinung
AöR	=	Archiv des öffentlichen Rechts (Zeitschrift)
aRV	=	Verfassung des Deutschen Reichs (alte Reichsverfassung) vom 16. 4. 1871
AuswG	=	Gesetz über das Auswanderungswesen vom 9. 7. 1897 (RGBl. S. 463)
bad	=	badisch
badwürtt	=	baden-württembergisch
BAnz.	=	Bundesanzeiger
bay	=	bayerisch
BayVBl	=	Bayerische Verwaltungsblätter (Zeitschrift)
BBG	=	Bundesbeamtengesetz i. d. F. vom 1. 10. 1961 (BGBl. I S. 1802)
BGB	=	Bürgerliches Gesetzbuch vom 18. 8. 1896
BGBl. (I, II, III)	=	Bundesgesetzblatt (Teil I, II und III)
BGH	=	Bundesgerichtshof
BGHSt	=	Entscheidungen des Bundesgerichtshofs in Strafsachen
BGHZ	=	Entscheidungen des Bundesgerichtshofs in Zivilsachen
BLG	=	Bundesleistungsgesetz i. d. F. vom 27. 9. 1961 (BGBl. I S. 1769)
BMI	=	Bundesminister(ium) des Innern
Bull.	=	Bulletin
BVerfG	=	Bundesverfassungsgericht
BVerfGE	=	Entscheidungen des Bundesverfassungsgerichts
BVerfGG	=	Gesetz über das Bundesverfassungsgericht vom 12. 3. 1951 (BGBl. I S. 243)
BVerwG	=	Bundesverwaltungsgericht
BVerwGE	=	Entscheidungen des Bundesverwaltungsgerichts
BWahlG	=	Bundeswahlgesetz vom 7. 5. 1956 (BGBl. I S. 383)
BWahlO	=	Bundeswahlordnung i. d. F. vom 31. 5. 1961 (BGBl. I S. 918)
DBG	=	Deutsches Beamtengesetz vom 26. 1. 1937 (RGBl. I S. 39)
DJ	=	Deutsche Justiz (Zeitschrift)
DJZ	=	Deutsche Juristenzeitung (Zeitschrift)
DÖD	=	Der Öffentliche Dienst (Zeitschrift)
DÖV	=	Die Öffentliche Verwaltung (Zeitschrift)
DVBl	=	Deutsches Verwaltungsblatt (Zeitschrift)
E	=	Amtliche Sammlung der Entscheidungen des jeweils genannten Gerichts
EGBGB	=	Einführungsgesetz zum Bürgerlichen Gesetzbuche vom 18. 8. 1896
EGGVG	=	Einführungsgesetz zum Gerichtsverfassungsgesetze vom 27. 1. 1877
Einf.	=	Einführung
ESVGH	=	Amtliche Entscheidungssammlung des hessischen und baden-württembergischen Verwaltungsgerichtshofs

FinVwG	=	Gesetz über die Finanzverwaltung vom 6. 9. 1950 (BGBl. S. 448)
FlaggenAO	=	Anordnung über die deutschen Flaggen vom 7. 6. 1950 (BGBl. S. 205)
GesBl.	=	Gesetzblatt (Baden-Württemberg)
GeschOBReg	=	Geschäftsordnung der Bundesregierung vom 11. 5. 1951 (GMBl. S. 137)
GeschOBT	=	Geschäftsordnung des Bundestages vom 28. 1. 1952 (BGBl. II S. 369)
GeschORReg	=	Geschäftsordnung der Reichsregierung vom 3. 5. 1924 (RMinBl. S. 173)
GewO	=	Gewerbeordnung für das Deutsche Reich i. d. F. vom 26. 7. 1900
GG	=	Grundgesetz für die Bundesrepublik Deutschland vom 23. 5. 1949
GMBl.	=	Gemeinsames Ministerialblatt, hrsg. vom BMI
GO	=	Gemeindeordnung
GrünhutsZ	=	Zeitschrift für das Privat- und Öffentliche Recht der Gegenwart, hrsg. von C. S. Grünhut
GS	=	Gesetzessammlung (Preußen, Nordrhein-Westfalen)
GVBl.	=	Gesetz- und Verordnungsblatt (Bayern, Niedersachsen)
HChE	=	Entwurf (zum Grundgesetz) des Verfassungskonvents auf Herrenchiemsee
hess	=	hessisch
HGB	=	Handelsgesetzbuch vom 10. 5. 1897
h. L.	=	herrschende Lehre
h. M.	=	herrschende Meinung
HVBl.	=	Heeresverordnungsblatt
i. d. F.	=	in der Fassung
i. e. S.	=	im engeren Sinne
i. S.	=	im Sinne
i. V. m.	=	in Verbindung mit
i. w. S.	=	im weiteren Sinne
JöR	=	Jahrbuch des öffentlichen Rechts
JR	=	Juristische Rundschau (Zeitschrift)
JZ	=	Juristenzeitung (Zeitschrift)
KonsGbkG	=	Gesetz über die Konsulargerichtsbarkeit vom 7. 4. 1900 (RGBl. S. 213)
KRG	=	Kontrollratsgesetz
LAG	=	Gesetz über den Lastenausgleich vom 14. 8. 1952 (BGBl. I S. 446)
LVG	=	Landesverwaltungsgericht
MarineVbl.	=	Marineverordnungsblatt
MBliV.	=	Ministerialblatt für die Preußische innere Verwaltung
MRVO	=	Militärregierungs-Verordnung
MünzG	=	Münzgesetz (mehrmals erlassen; Datum und Fundstelle jeweils im Text)
Nachw.	=	Nachweis(e)
nds	=	niedersächsisch
nF	=	neue Folge
NJW	=	Neue Juristische Wochenschrift (Zeitschrift)
NW, nw	=	Nordrhein-Westfalen, nordrhein-westfälisch
OBG	=	Ordnungsbehördengesetz für Nordrhein-Westfalen vom 16. 10. 1956 (GS NW S. 155)
OLG	=	Oberlandesgericht
OrdensG	=	Gesetz über Titel, Orden und Ehrenzeichen (mehrmals erlassen; Datum und Fundstelle jeweils im Text)
OVG	=	Oberverwaltungsgericht
OVGE	=	Entscheidungen des (jeweils genannten) Oberverwaltungsgerichts

Abkürzungsverzeichnis

PAG	=	Gesetz über die Aufgaben und Befugnisse der Polizei in Bayern vom 16. 10. 1954 (GVBl. S. 237)
PolG	=	Polizeigesetz
pr	=	preußisch
PrOVG	=	Preußisches Oberverwaltungsgericht
PrOVGE	=	Entscheidungen des Preußischen Oberverwaltungsgerichts
PrVBl.	=	Preußisches Verwaltungsblatt (Zeitschrift)
PVG	=	Polizeiverwaltungsgesetz
RBG	=	Gesetz, betreffend die Rechtsverhältnisse der Reichsbeamten vom 31. 3. 1873 (RGBl. S. 61)
RFlaggenG	=	Reichsflaggengesetz vom 15. 9. 1935 (RGBl. I S. 1145)
RG	=	Reichsgericht
RGBl. (I, II)	=	Reichsgesetzblatt (Teil I und II)
RGSt	=	Entscheidungen des Reichsgerichts in Strafsachen
RGZ	=	Entscheidungen des Reichsgerichts in Zivilsachen
RHO	=	Reichshaushaltsordnung vom 31. 12. 1922 (RGBl. 1923 II S. 17)
rhpf	=	rheinland-pfälzisch
RiA	=	Das Recht im Amt (Zeitschrift)
RMinBl.	=	Reichsministerialblatt
RN	=	Randnote
Rspr.	=	Rechtsprechung
SOG	=	(Nds) Gesetz über die öffentliche Sicherheit und Ordnung i. d. F. vom 23. 4. 1955 (GVBl. S. 175)
SoldG	=	Gesetz über die Rechtsstellung der Soldaten (Soldatengesetz) vom 19. 3. 1956 (BGBl. I S. 114)
st. (Rspr.)	=	ständig(e Rechtsprechung)
StGB	=	Strafgesetzbuch vom 15. 5. 1871
str.	=	streitig
ÜbergangsG	=	Übergangsgesetz vom 4. 3. 1919 (RGBl. S. 285)
unstr.	=	unstreitig
Verf.	=	Verfassung
VerfGH	=	Verfassungsgerichtshof (Bayern)
VerfGHE	=	Entscheidungen des (bayerischen) Verfassungsgerichtshofs
VerwArch	=	Verwaltungsarchiv (Zeitschrift)
VerwRspr	=	Verwaltungsrechtsprechung in Deutschland (Entscheidungssammlung)
VGH	=	Verwaltungsgerichtshof
Vorb.	=	Vorbemerkung
VVDStRL	=	Veröffentlichungen der Vereinigung der Deutschen Staatsrechtslehrer
VVG	=	Gesetz über den Versicherungsvertrag vom 30. 5. 1908 (RGBl. S. 263)
VwGO	=	Verwaltungsgerichtsordnung vom 21. 1. 1960
WehrG	=	Wehrgesetz (mehrmals erlassen; Datum und Fundstelle jeweils im Text)
WPflG	=	Wehrpflichtgesetz i. d. F. vom 25. 5. 1962 (BGBl. I S. 349)
WV	=	Verfassung des Deutschen Reichs (Weimarer Verfassung) vom 11. 8. 1919
ZBR	=	Zeitschrift für Beamtenrecht
zutr.	=	zutreffend

Einleitung

Ziel und Aufbau der Arbeit

In den konstitutionellen Monarchien der deutschen Einzelstaaten, besonders in Preußen, spielte im 19. Jahrhundert der Streit um das sog. selbständige Verordnungsrecht der Krone eine große Rolle. Er gab Anlaß zu vielen verfassungsrechtlichen Schriften[1] und kam erst zu Beginn des 20. Jahrhunderts zur Ruhe. In der Weimarer Republik waren es wiederum Verordnungen des Staatsoberhaupts, nämlich die Notverordnungen des Reichspräsidenten auf Grund Art. 48 II WV, welche die zeitgenössische Staatsrechtslehre wegen ihrer großen praktischen Bedeutung beschäftigten[2]. Auch die Organisationsverordnungen des Reichspräsidenten lieferten einigen Streitstoff[3]. Unter der Herrschaft des GG ist es stiller geworden um die Verordnungsgebung des Staatsoberhaupts. Das hat seinen Grund im geltenden Verfassungsrecht, welches eine „Präsidialdiktatur" verhindern will: Es gibt heute keine dem Art. 48 II WV entsprechende Norm mehr. Ferner heißt es in Art. 80 GG, der den Erlaß von Rechtsverordnungen besonders behandelt, daß dazu die Bundesregierung, ein Bundesminister oder die Landesregierungen ermächtigt werden dürfen; vom Bundespräsidenten ist jedoch nicht die Rede. Auch über Verwaltungsverordnungen dieses Organs schweigt das GG (vgl. Art. 84 II, 85 II 1, 86,1 129 I 1 GG). Das alles wirft die Frage auf, ob das Staatsoberhaupt heute noch Rechts- und Verwaltungsverordnungen erlassen darf. Sie ist in der Tat bereits schlechthin verneint worden, zumindest was die Rechtsverordnungen anbetrifft. So führt z. B. F. Klein aus, daß der Bundespräsident keine Nationalflaggen setzen dürfe, weil ihm nach dem GG weder das Verordnungsrecht noch die Verordnungsgewalt zustehe[4]. Im Gegensatz dazu meint Hamann[5], daß es ein Verordnungsrecht des Bundespräsidenten

---

[1] Vorallem *Arndt*, Selbst. Verordnungsrecht, und — als Entgegnung — *Anschütz*, Gegenwärt. Theorien.
[2] Vgl. die zahlreichen Literaturangaben bei *Anschütz*, WV, vor den Anm. zu Art. 48.
[3] Siehe *Richter*, passim.
[4] *v. Mangoldt-Klein* Art. 22 Anm. II. 4, S. 637 und Vorb. III 3d zum V. Abschnitt, S. 1064 f.
[5] Präsidialdemokratie S. 163.

gebe, soweit „das GG selbst ein solches geschaffen oder belassen hat"; er sieht z. B. Art. 60 III GG als Ermächtigung desselben zum Erlaß von Rechtsverordnungen an[6]. Auch Thieme[7] und Dahlmann[8] vertreten die Auffassung, daß das heutige Staatsoberhaupt in gewissen Fällen (Setzung von Staatssymbolen) Verordnungsgeber sein dürfe.

Man ist sich also im neueren Schrifttum durchaus noch nicht darüber einig, wie die oben gestellte Frage nach dem geltenden Verfassungsrecht beantwortet werden muß, wenn auch die Mehrzahl der Autoren sie bejaht. Diese Antwort möglichst abschließend zu geben, ist das Ziel der vorliegenden Arbeit. Sie befaßt sich also weniger mit der verfassungsrechtlichen Stellung und den Befugnissen des Bundespräsidenten im allgemeinen. Seine Zuständigkeiten sollen vielmehr nur auf einem bestimmten Gebiet behandelt werden, das bisher kaum beachtet wurde, weil der Bundespräsident noch nicht viel Verordnungsrechte in Anspruch genommen hat. Das könnte jedoch noch geschehen, z. B. in Krisenzeiten. Daher scheint es gerechtfertigt, die folgenden Untersuchungen anzustellen.

Diese müssen mit der Definition der hier laufend verwendeten Begriffe Rechtsverordnung und Verwaltungsverordnung beginnen (Erster Teil). Die dabei gewonnenen Ergebnisse zwingen dazu, anschließend die allgemeine Position des Bundespräsidenten im gewaltenteilenden System des GG zu skizzieren (Zweiter Teil): Denn nur eine bestimmte Art von Staatsorganen eignet sich — zunächst rein formal und ohne Rücksicht auf die besonderen Voraussetzungen der jeweiligen Befugnisse betrachtet — zum Verordnungsgeber. Es wird sich herausstellen, daß unser heutiges Staatsoberhaupt grundsätzlich zu diesen Organen gehört. Deshalb muß näher auf seine Tätigkeit und vor allem auf seine Kompetenzen im einzelnen eingegangen werden. Dabei ist zunächst anhand der Erkenntnisse aus den beiden ersten Teilen an einigen besonders bemerkenswerten Beispielen aufzuzeigen, welche Hoheitsakte des Bundespräsidenten möglicherweise Rechts- oder Verwaltungsverordnungen sind. Damit wird der Blick zugleich auf die Bereiche seiner Organtätigkeit gelenkt, auf denen er Verordnungsbefugnisse haben könnte (Dritter Teil). Dies erleichtert die genaue Darstellung, wie weit solche Kompetenzen reichen können und wie weit sie heute tatsächlich reichen (Vierter Teil).

---

[6] a. a. O.; ebenso GG, Art. 60 Anm. B 5.
[7] Ehrentitel S. 240 f.
[8] Insbesondere S. 68 ff.

Erster Teil

Rechtsverordnung und Verwaltungsverordnung

Bevor wir uns den Hauptfragen dieser Arbeit zuwenden und untersuchen, auf welchen Rechtsgebieten der Bundespräsident Rechts- und Verwaltungsverordnungen erlassen darf, muß geklärt werden, was man darunter versteht (Erster Abschnitt). Das ist insbesondere deshalb notwendig, weil unsere durch das Bonner GG errichtete moderne staatsrechtliche Ordnung diese Begriffe möglicherweise in einem anderen Lichte erscheinen läßt als das konstitutionelle Verfassungsrecht, welches sie prägte und inhaltlich festlegte. So ist es nicht erstaunlich, wenn in der neueren Staatsrechtswissenschaft Streitfragen auftauchen und diskutiert werden, die man früher entweder schon als ausgetragen ansah oder noch nicht kannte. Das gilt nicht so sehr für den Begriff der Verordnung; dieser soll im folgenden zuerst definiert werden (Erster Abschnitt, A), weil es sich dabei um den Oberbegriff der Rechts- und Verwaltungsverordnung handelt. Unsicher ist heute vielmehr, wie die Rechts- von der Verwaltungsverordnung abzugrenzen ist (Erster Abschnitt, B). Sobald die genannten Begriffe hinreichend bestimmt sind (vgl. Erster Abschnitt, C), soll in gebotener Kürze auf die einzelnen Unterarten der Rechts- und Verwaltungsverordnungen eingegangen werden (Zweiter Abschnitt).

Das ist deshalb erforderlich, weil sich mit den einzelnen Unterarten oft die jeweiligen Kompetenzen zum Erlaß der entsprechenden Verordnungen decken.

Erster Abschnitt

Die Begriffe Rechts- und Verwaltungsverordnung

A. Die Verordnung als Oberbegriff der Rechts- und Verwaltungsverordnung

Der Begriff der Verordnung — als Oberbegriff der Rechts- und Verwaltungsverordnung — läßt sich am besten dadurch bestimmen, daß man ihn von gewissen anderen staatlichen Hoheitsakten abzugrenzen versucht. Es muß sich dabei um solche Staatsakte handeln, die in wenigstens einem Merkmal von vornherein anders zu sein scheinen als jene, obwohl sie sonst vielleicht ähnlich geartet sind. Sie sollen deshalb im folgenden der Verordnung gegenübergestellt und daraufhin untersucht werden, ob und gegebenenfalls wodurch sie sich von ihr unterscheiden, und zwar sowohl hinsichtlich ihres Zustandekommens, ihrer Quelle und Gestalt (formelle Unterscheidung), als auch bezüglich ihres Inhalts (materielle Unterscheidung)[1]. Zu einem solchen Vergleich besonders geeignet erscheinen das Gesetz (I), der Rechtsprechungsakt (II), der Verwaltungsakt bzw. die innerdienstliche Weisung (III), die autonome Satzung (IV) und der Regierungsakt (V). Auf Grund dieser Abgrenzung kann schließlich die Definition des Begriffes Verordnung gewonnen werden (VI).

I. Gesetz und Verordnung

Das Staatsrecht der absoluten Monarchien sah Gesetz und Verordnung nicht als wesensmäßig verschiedene Unterarten geschriebener staatlicher Hoheitsakte an. Das war auch nicht notwendig, weil alle Staatsgewalt beim Herrscher lag, der deshalb alle obrigkeitlichen Anordnungen selbst und allein erließ. Die genannten Begriffe wurden folglich in dieser Zeit synonym gebraucht. Das änderte sich erst, als sich in der Epoche der konstitutionellen Monarchien das Gewaltenteilungsprinzip durchsetzte und die Volksvertretung maßgeblichen Anteil an der Gesetzgebung erhielt. Nun wurde es notwendig, die unter Beteiligung der Volksvertretung erlassenen Staatsakte auch begrifflich von denen des Monarchen zu trennen. Man tat dies allgemein auf Grund eines rein *formalen* Kriteriums, welches sich als Unterscheidungsmerkmal geradezu anbot: Unter einem Gesetz (im formellen Sinn) verstand man fortan eine geschriebene Anordnung, bei deren Erlaß die Volksvertretung mitzuwirken hatte. Als Verordnungen galten dagegen diejenigen (allgemeinen)

---

[1] Vgl. hierzu *Thoma* in HdbDStR II S. 124.

geschriebenen Befehle der Staatsgewalt, welche nicht im Wege der formellen Gesetzgebung, sondern von Exekutivorganen erlassen wurden[2].

Einen begriffsnotwendigen *materiellen* Unterschied zwischen Gesetz und Verordnung gibt es im Gegensatz dazu nicht. Ein Gesetz kann denselben Inhalt haben wie eine Rechts-, aber auch wie eine Verwaltungsverordnung oder sogar wie ein Verwaltungsakt. Diese hier angeschnittenen Fragen sind erst im Zusammenhang mit der Abgrenzung der Verordnung vom Verwaltungsakt und der Rechts- von der Verwaltungsverordnung näher zu behandeln[3].

II. Rechtsprechungsakt und Verordnung

Im formellen Sinne unterscheiden sich Rechtsprechungsakt und Verordnung dadurch, daß ersterer von Organen der rechtsprechenden Gewalt, also von Richtern erlassen wird, letztere dagegen von Exekutivorganen. Zwischen beiden besteht aber auch noch ein materieller Unterschied: Rechtsprechung im materiellen Sinn ist die streitentscheidende Rechtsanwendung durch einen (neutralen) Dritten[4]. Die Organe der Rechtsprechung üben also eine Tätigkeit aus, die ihrem Wesen nach an bereits vorhandene Normen gebunden und daher rein *erkennend* ist[5]. Im Gegensatz dazu wendet der Verordnungsgeber keine Rechtsregeln an, sondern er schafft durch verbindlichen Befehl neue Normen. Er ist also nicht rechtserkennend, sondern (einseitig) rechts*gestaltend* tätig[6], wobei er sich, anders als der Richter, über bereits bestehende gleich- oder niederrangige Vorschriften hinwegsetzen kann. Aus diesem Grunde bezeichnet man die Verordnung seit jeher zu Recht als (geschriebene) „Anordnung"[7].

---

[2] So besonders *Jellinek*, G., Gesetz und Verordnung S. 226 ff., 366 ff.; außerdem *Laband*, Staatsrecht II S. 85 ff.; *Meyer-Anschütz* S. 668; *Mayer*, O., Verw.R. I S. 84 ff.; *Zorn*, Staatsrecht I S. 481 ff.; *Arndt*, Selbst. Verordnungsrecht S. 2 f.; *Thoma* in HdbDStR II S. 125; *Jacobi*, daselbst S. 238; *Jellinek*, W., Verw.R. S. 126; *Fleiner* S. 69; aus dem neueren Schrifttum z. B. *Maunz-Dürig* Art. 80 RN 1; *Klein*, F., Ermächtigungen S. 28 f.; *Schack*, Rechtsverordnungen S. 276; vgl. *Wolff*, H. J., Verw.R. I S. 100 f.

[3] Unten S. 18 ff., 25 ff.

[4] *Friesenhahn* S. 29 ff.; *Forsthoff*, Verw.R. S. 5 f.

[5] Von der „richterlichen Rechtsschöpfung" kann hier abgesehen werden, da sie eine für den Richter atypische Tätigkeit ist.

[6] *Thoma* in HdbDStR II S. 128 und 129 Fußnote 49.

[7] *Jellinek*, G., Gesetz und Verordnung S. 367; *Meyer-Anschütz* S. 668; *Jacobi* in HdbDStR II S. 236 und 257; *Wolff*, H. J., Verw.R. I S. 103 und 107; *Forsthoff*, Verw.R. S. 119.

III. Verwaltungsakt bzw. innerdienstliche Weisung und Verordnung

Während sich Gesetz und Verordnung nur formell nach dem sie erlassenden Organ voneinander abgrenzen lassen, nicht jedoch nach ihrem Inhalt, ist dies beim Verwaltungsakt bzw. der innerdienstlichen Weisung und der Verordnung gerade umgekehrt. Alle soeben genannten Akte werden von Exekutivorganen erlassen, wobei sich nur beim jeweiligen Verfahren formelle Unterschiede ergeben können (z. B. bei der Verkündung), die für uns aber nicht ins Gewicht fallen. Das Abweichende muß daher im Inhalt dieser Akte gesucht werden.

Die Verordnung wird spätestens seit den begriffsbildenden Darstellungen der positivistisch ausgerichteten konstitutionellen Staatsrechtslehre als *allgemeine* Anordnung der Exekutive bezeichnet. G. Jellinek nannte sie in seiner eingehenden Untersuchung[8] „die Anordnung abstrakter, für eine unbestimmte Anzahl von Fällen berechneter Vorschriften[9]". Ihr gegenübergestellt wird der Verwaltungsakt bzw. die innerdienstliche (Einzel-)Weisung als hoheitliche Anordnung zur Regelung eines konkreten *Einzelfalles* im allgemeinen bzw. besonderen Gewaltverhältnis[10]. Daß man die Allgemeinheit so einmütig als Wesensmerkmal der Verordnung ansieht, überrascht besonders bei der konstitutionellen Staatsrechtslehre. Bei den Diskussionen über den Gesetzesbegriff war man sich hier nämlich keineswegs darüber einig, ob sie ein „essentiale" oder nur ein „naturale" des (formellen) Gesetzes sei[11]. Wie groß jedoch die Meinungsverschiedenheiten über die essentialia formeller Gesetze waren und heute noch sind, so unbestritten war es von Anfang an, daß Verordnungen notwendigerweise allgemeine Regeln aufstellen müssen. So setzt Laband, der einflußreichste Vertreter der Auffassung, daß die Allgemeinheit nur ein naturale der formellen Gesetze sei, beim Verordnungsbegriff[12] voraus, daß es sich hier um all-

---

[8] Gesetz und Verordnung S. 366.
[9] Ebenso *Meyer-Anschütz* S. 668; *Mayer, O.*, Verw.R. I S. 84 ff.; *Jellinek, W.*, Gesetz S. 142; *Hatschek*, Staatsrecht II S. 113; *Thoma* in HdbDStR II S. 126; *Fleiner* S. 70; *Peters*, Verwaltung S. 74; *Nebinger* S. 164; *Forsthoff*, Verw.R. S. 118.
[10] Z. B. *Jellinek, G.*, a. a. O. S. 367; *Mayer, O.*, Verw.R. I S. 95; *Forsthoff*, Verw.R. S. 185, 188 f.
[11] Für die Beschränkung des Gesetzesbegriffs auf allgemeine Anordnungen traten besonders ein: *Meyer, G.*, S. 15 f.; *Mayer, O.*, Verw.R. I S. 12 Fußnote 18; *Kelsen*, Staatslehre S. 232; *Schmitt*, Verfassungslehre S. 151 ff.; dagegen haben sich ausgesprochen: *Laband*, Staatsrecht II S. 2 f.; *Jellinek, G.*, Gesetz und Verordnung S. 236 ff.; *Meyer-Anschütz* S. 640; *Hatschek*, Staatsrecht II S. 6; *Jellinek, W.*, Verw.R. S. 9; *Heller* S. 109; vermittelnd *Thoma* in HdbDStR II S. 126; über den heutigen Meinungsstand, besonders über die Frage der Zulässigkeit sog. Einzelfallgesetze nach dem GG siehe Schneider, Einzelfallgesetze, passim; *v. Mangoldt-Klein* Art. 19 Anm. III 2 c S. 544 ff.
[12] Staatsrecht II S. 85 ff., 165 ff.

gemeine Anordnungen handelt; er zählt nämlich die konkreten „Verfügungen" und sonstigen Entscheidungen der Verwaltung ausdrücklich nicht zu den Verordnungen, sondern zu den „Rechtsgeschäften" der Verwaltung[13]. Auch die anderen Autoren, die Labands Lehre von der Zulässigkeit von „Individualgesetzen" folgen, bestimmen die Verordnung stets als allgemeine Regelung[14]. Von dieser Definition kann daher im folgenden ausgegangen werden.

Es ist jedoch zu klären, wann ein staatlicher Hoheitsakt als allgemeine Regelung angesehen werden kann. Dies ist im Gegensatz zu der vorhin behandelten Frage stets umstritten gewesen. Es ist das Verdienst von Volkmar, die verschiedenen Auffassungen hierüber geordnet dargestellt[15] und anhand eigener Untersuchungen brauchbare Definitionen gefunden zu haben[16], die wohl fundiert und für uns vor allem deswegen besonders nützlich sind, weil sie auch das heutige positive Recht berücksichtigen. Volkmars Ergebnisse[17] können daher hier im wesentlichen übernommen werden, ohne daß auf die historische Entwicklung im einzelnen eingegangen werden müßte[18]: Allgemeinheit ist Unbestimmtheit im Zeitpunkt des Normerlasses, und zwar im objektivlogischen Sinne, nicht etwa aus der Sicht des Erlassenden heraus. Ein Hoheitsakt kann in zweierlei Beziehung unbestimmt sein; einmal hinsichtlich des von ihm geregelten Falles (abstrakte Norm; Gegensatz: konkrete), zum anderen bezüglich des Normadressaten (generelle Norm; Gegensatz: individuelle oder spezielle). Was dabei unter Fall und Adressat zu verstehen ist, läßt sich nicht für alle Rechtsvorschriften gleichermaßen bestimmen, weil deren Inhalt verschieden sein kann. Es gibt einerseits Regeln, die Menschen zu irgendeinem Tun, Dulden oder Unterlassen verpflichten bzw. sie zu etwas berechtigen, andererseits solche, die Rechtsverhältnisse gestalten, indem sie diese konstitutiv begründen. Demgemäß ist der Fall bei verpflichtenden und berechtigenden Normen ein menschliches Verhalten, z. B. eine Arbeitsleistung; bei rechtsgestaltenden Normen ist er ein zu gestaltendes Rechtsverhältnis, z. B. die Staatsangehörigkeit. Adressat ist bei verpflichtenden und berechtigenden Normen die jeweilige verpflichtete

---

[13] Staatsrecht II S. 188 ff., besonders 191 f.; darauf weist *Böckenförde*, Gesetz S. 232 zutr. hin.
[14] *Jellinek, G.*, Gesetz und Verordnung S. 367; *Meyer-Anschütz* S. 668; *Jellinek, W.*, Gesetz S. 142; *Hatschek*, Staatsrecht II S. 113; *Stier-Somlò* S. 333.
[15] *Volkmar* S. 24—46.
[16] Derselbe, S. 47 ff.
[17] Hierzu insbesondere *Volkmar* S. 47 ff., 57 ff., 132 ff.
[18] Ausführungen über dasselbe Thema finden sich auch bei *Kopp* II S. 414 ff.; *Kopp* behandelt jedoch die hier in erster Linie interessierende Abgrenzung zwischen Verordnung und Verwaltungsakt nicht, vgl. II S. 421, weshalb seine Erörterungen für uns weniger wertvoll sind.

bzw. berechtigte Person, bei rechtsgestaltenden das Subjekt des Rechtsverhältnisses. Hieraus folgt: Verpflichtende und berechtigende Anordnungen regeln dann unbestimmt viele Fälle, wenn das betreffende menschliche Verhalten unbestimmt oft geübt werden soll oder darf. Sie richten sich an unbestimmt viele Adressaten, wenn sie unbestimmt viele Personen berechtigen oder verpflichten. Dementsprechend normieren rechtsgestaltende Vorschriften eine unbestimmte Anzahl von Fällen, wenn sie unbestimmt viele Rechtsverhältnisse gestalten, was seinerseits wieder von der Zahl der am Rechtsverhältnis beteiligten Personen abhängt. Sie richten sich an unbestimmt viele Adressaten, wenn die Subjekte der geregelten Rechtsverhältnisse zahlenmäßig nicht feststehen. Da eine Rechtsvorschrift in zweierlei Beziehung, nämlich hinsichtlich Fall und Adressat, unbestimmt bzw. bestimmt sein kann, sind zumindest theoretisch vier verschiedene Arten von Normen denkbar: abstrakt-generelle, abstrakt-individuelle, konkret-generelle und konkret-individuelle[19].

Es fragt sich nun, welche dieser vier Normarten so „allgemein" ist, daß sie als Verordnung zu gelten hat. Dabei bedarf es keiner weiteren Begründung, daß abstrakt-generelle Akte allgemein und somit Verordnungen sind, während konkret-individuelle Anordnungen zu den Einzelakten gehören. Zweifelhaft kann die Zuordnung nur bei den beiden Mischformen sein. Hier weist Volkmar zutreffend darauf hin, daß sich diese Zuordnung nicht allgemeinverbindlich auf Grund rechtstheoretischer Untersuchungen vornehmen läßt. Wo dabei die Grenzlinie zu verlaufen hat, ist nur vom jeweiligen positiven Recht zu beantworten[20]. Nach unserem geltenden Recht ist allein der Hoheitsakt als Verordnung zu bezeichnen, der eine allgemeine Regelung *sowohl* hinsichtlich des Falles *als auch* des Adressaten enthält. Das beweisen die Definitionen des Begriffs „Polizeiverordnung" in den neuen Polizeigesetzen der Länder. So ist z. B. gemäß § 10 badwürtt. PolG eine Polizeiverordnung ein Gebot oder Verbot, das für eine unbestimmte Anzahl von Fällen an eine unbestimmte Anzahl von Personen gerichtet ist[21]. Abstrakt-individuelle und konkret-generelle Anordnungen sind also Einzelakte.

Daß das heutige positive Recht die Verordnung auch als allgemeine (i. S. von abstrakt-generelle) Regel definiert, zeigt zugleich, daß an dieser Allgemeinheit als Wesensmerkmal der Verordnung festzuhalten

---

[19] *Volkmar* S. 76; vgl. auch *Kopp* II S. 414 ff.
[20] *Volkmar* S. 259.
[21] Inhaltlich übereinstimmend schon § 24 pr PVG; heute Art. 13 III bay PAG, § 47 hess PolG, § 15 nds SOG, § 28 nw OBG, § 28 rhpf PVG.

ist[22]. Ein anderes Abgrenzungskriterium gegenüber dem Verwaltungsakt bzw. der innerdienstlichen Weisung ist nämlich nicht ersichtlich. Die scharfe Unterscheidung beider Institute hat jedoch nicht nur wissenschaftlich-theoretischen, sondern auch großen praktischen Wert. Gegen Verwaltungsakte kann heute gemäß § 42 VwGO mit der Anfechtungsklage, gegen Rechtsverordnungen nur im Normenkontrollverfahren nach § 47 VwGO vorgegangen werden. Ein genaues Auseinanderhalten ist also schon deshalb wichtig. Dieses Problem besteht bei (formellen) Gesetzen nicht, da sie vom Einzelnen nur mit der Verfassungsbeschwerde angefochten werden können; hier kommt es aber nicht darauf an, ob sie einen allgemeinen Satz enthalten oder Individualgesetze sind.

IV. Autonome Satzung und Verordnung

Die autonome Satzung ist eine abstrakt-generelle, gestaltende Anordnung, welche von einem Inhaber staatlich verliehener Autonomie zur Regelung eigener Angelegenheiten erlassen wird[23]. Eine solche Autonomie besitzen vor allem die Träger mittelbarer Staatsverwaltung, also die Körperschaften, Anstalten und Stiftungen des öffentlichen Rechts[24]. Zwischen autonomen Satzungen und Verordnungen scheint demnach weder formell noch materiell ein notwendiger Unterschied zu bestehen. Man muß jedoch beachten, daß juristische Personen des öffentlichen Rechts beim Erlaß von autonomen Satzungen nicht als unmittelbare Verwaltungsträger des Staates, sondern eben als autonome Gebilde auftreten. Dieser Gedanke führt uns zu folgender Abgrenzung der beiden Arten von Rechtsquellen: Die Verordnung beruht unmittelbar auf der Gewalt des Staates, während die autonome Satzung auf

---

[22] Die Figur der „Rechtsverordnung im formellen Sinn", die in der neueren Literatur und Rechtsprechung bisweilen im Zusammenhang mit kommunalen Gebiets- und Statusänderungen auftaucht und die ähnlich wie ein Individualgesetz einen Einzelakt enthalten soll (Bay VGH vom 20. 1. 1956, Bay VBl 1956, S. 121 ff. mit Anm. von *Obermayer*), spricht nur scheinbar dagegen. Man hat nämlich erkannt, daß diese Verordnungen eine Doppelnatur besitzen: Sie sind zwar gegenüber der betroffenen Gebietskörperschaft ein Einzelakt, gegenüber den betroffenen Gemeindebürgern jedoch eine abstrakt-generelle Anordnung (*Schweiger* S. 361 ff.; *Obermayer*, Gebietsänderungen S. 69 ff.; *Eyermann-Froehler* § 42 RN 38; *Volkmar* S. 196 ff.).

[23] *Forsthoff*, Verw.R. S. 129; *Wolff*, H. J., Verw.R. I S. 109.

[24] Ob diese Autonomie auch unmittelbaren Staatsorganen ohne eigene Rechtspersönlichkeit, wie z. B. den Parlamenten oder der Regierung, zukommt, ist sehr streitig. Die h. M. (*Maunz-Dürig* Art. 80 RN 32; *v. Mangoldt-Klein* Art. 40 Anm. IV 1, S. 914 f., Art. 50 Anm. VI 1 a S. 1047 f., Art. 65 Anm. VI 1 und 2 S. 1269 f.; *Koellreutter* S. 187; BVerfG vom 6. 3. 1952, BVerfGE 1, 148; abw. *Hamann*, GG Art. 65 Anm. B 6) bejaht dies und zählt daher die Geschäftsordnungen der obersten Bundesorgane zu den autonomen Satzungen, obwohl sie ebenso unmittelbar aus der Staatsgewalt selbst hervorgehen wie die Gesetze. Die obersten Staatsorgane besitzen nämlich keine staatlich verliehene Gewalt, sie sind vielmehr in ihrem Zuständigkeitsbereich selbst „Staat".

Grund einer eigenen, wenn auch vom Staate verliehenen Gewalt erlassen wird[25].

V. Regierungsakt und Verordnung

Als wir die Verordnung dem formellen Gesetz, dem Rechtsprechungsakt, dem Verwaltungsakt bzw. der innerdienstlichen Einzelweisung und der autonomen Satzung gegenüberstellten, sahen wir, daß sich diese staatlichen Maßnahmen jeweils in mindestens einem formellen oder materiellen Begriffsmerkmal von ihr unterscheiden.

Es fragt sich nun, ob die Verordnung auch gegenüber dem sog. Regierungsakt konträre Eigenschaften besitzt. Wäre dies ebenfalls zu bejahen, ließe sich der Verordnungsbegriff auch noch nach einer bisher wenig beachteten Seite hin definieren, etwa hinsichtlich der erlassenden Stelle innerhalb der Exekutive oder des Inhalts. Formell könnte man unter einem Regierungsakt eine hoheitliche Maßnahme der Bundesregierung (i. S. von Art. 62 GG) oder eines ihrer Mitglieder verstehen[26]. Damit erschienen die Regierungsakte als Untergruppe der Maßnahmen der Exekutive. Sie wären so nur vom Verwaltungsakt, nicht aber von der Verordnung formell abzugrenzen, da auch letztere meist von Regierungsorganen erlassen wird. Der einzige Unterschied hinsichtlich der Quellen von Regierungsakt und Verordnung bestünde darin, daß Verordnungsgeber des Bundes nicht *nur* die Bundesregierung i. S. von Art. 62 GG sein kann, sondern auch nachgeordnete Stellen. Diese Abweichung ist aber nicht bedeutsam. Daher muß untersucht werden, ob sich Regierungsakt und Verordnung in materiellen Merkmalen unterscheiden.

Bei diesem Bemühen stößt man allerdings sofort auf eine Schwierigkeit. Diese liegt im Begriff des Regierungsakts. Es ist nämlich streitig, ob er materiell überhaupt eine eigene Kategorie staatlicher Maßnahmen darstellt. Eine Richtung in der Literatur bejaht dies und kennzeichnet ihn unter Berufung auf Smend[27] als wesensmäßig politischen Akt, der inhaltlich die oberste Staatsleitung betrifft[28]. Besonders anschaulich drückt dies Schneider aus[29]: Der Regierungsakt unterscheide sich vom Verwaltungsakt wie der Operationsplan eines Feldherrn vom Befehl aller unteren Stellen. Nach einer anderen Auffassung ist der Begriff

---

[25] *Wolff*, H. J., a. a. O.; *Hamann*, GG Art. 80 Anm. B 3 b; BVerfG vom 7. 3. 1958, BVerfGE 6, 249 f.
[26] Vgl. *Loening*, Regierungsakt S. 235; *Scheuner*, Regierung S. 276, 284.
[27] S. 18.
[28] *Loening*, Regierungsakt S. 236; *Schneider*, Gerichtsfreie Hoheitsakte S. 42; *Scheuner*, Regierung S. 277; *Wolff*, H. J., Verw.R. I S. 64 f.; vgl. auch *Thoma* in HdbDStR II S. 135.
[29] a. a. O. S. 41.

Regierungsakt ein „schwimmender Begriff" und deshalb für die Praxis nicht zu gebrauchen[30]. Auch seine Definition als staatsleitende, wesensmäßige politische Maßnahme sei unfruchtbar, denn das Politische sei „kein Sachbereich, nicht Stoff, sondern Färbung"[31]. Sollte die zuletzt genannte Meinung zutreffend sein, kann der Verordnungsbegriff von dem des Regierungsakts her nicht bestimmt werden. Wenn man von einem Begriff ausgehend die Merkmale eines anderen definieren will, so muß der erste klar abgrenzbar sein.

Ob auf die angedeutete Streitfrage hier ausführlicher eingegangen werden muß, hängt davon ab, ob sich Regierungsakt und Verordnung wenigstens dann gegenseitig begrifflich ausschließen, wenn jener gemäß der Auffassung Smends und der ihm folgenden Autoren tatsächlich eine eigenständige Gruppe staatlicher Akte bildet. Dies soll zunächst als zutreffend unterstellt werden. Die Verordnung müßte dann ein wesensmäßig *nicht* staatsleitender Akt sein, also etwa eine Maßnahme, die den staatlichen „Operationsplan" lediglich ausführt, ihn aber nie selbst verfaßt. In diesem Sinne hat man den Verordnungsbegriff, soweit ersichtlich, noch nie zu definieren versucht. Die Staatsrechtslehre und die Praxis kennen vielmehr mehrere Arten von Hoheitsakten, die einhellig sowohl als Verordnung als auch als Regierungsakt (i. S. einer staatsleitenden Anordnung) bezeichnet werden[32]. Als Hauptbeispiele seien genannt:

a) *Notverordnungen*, die in Krisenzeiten zur Selbstbehauptung des Staates erlassen werden. Sie sind unzweifelhaft Verordnungen, können gleichzeitig aber auch als typisch staatsleitende Maßnahmen Regierungsakte sein[33], z. B. bei Übertragung der vollziehenden Gewalt auf die bewaffnete Macht[34]. Es besteht kein Grund, den Verordnungscharakter hier deswegen zu leugnen, weil sich das Ganze auf der Ebene der obersten Staatsleitung und damit zugleich auf der Ebene des Verfassungsrechts bewegt.

b) *Die Festlegung der Geschäftsbereiche* der einzelnen Bundesminister durch den Bundeskanzler oder — bei Meinungsverschiedenheiten — durch die Bundesregierung (Art. 65, 3 GG; § 9 GeschOBReg) regelt die gegenseitigen Beziehungen oberster Verfassungsorgane und sorgt so für das Funktionieren der Staatsleitung. Sie ist deshalb ein Regierungsakt[35]. Da die Anordnung des Bundeskanzlers bzw.

---
[30] *Van Husen* S. 71; *Obermayer*, Verwaltungsakt S. 96 ff.; *Köttgen*, Behörden S. 9; *Kastner* S. 45.
[31] *Ipsen*, Politik S. 169.
[32] Vgl. *Eyermann-Froehler* § 42 RN 36.
[33] Vgl. *Loening*, Regierungsakt S. 237; *Scheuner*, Regierung S. 289.
[34] Verordnung des Reichspräsidenten vom 8. 11. 1923, RGBl. I S. 1084.
[35] *Lechner-Hülshoff* § 9 GeschOBReg Anm. 2 S. 335; *v. Mangoldt-Klein*

der Bundesregierung aber allgemein bestimmte Zuständigkeiten festlegt, enthält sie gleichzeitig abstrakt-generelle Regeln[36]. Daher ist sie nach unseren bisherigen Feststellungen auch eine Verordnung.

c) Der Erlaß von *Geschäftsordnungen oberster Verfassungsorgane*[37] dient ebenfalls dem reibungslosen Funktionieren der Staatsleitung; die Geschäftsordnungen wirken nur im Tätigkeitsbereich dieser Organe[38]. Man kann sie daher als staatsleitende Maßnahmen und somit als Regierungsakte bezeichnen. Zugleich enthalten sie aber auch abstrakt-generelle Regeln für die Parlaments- oder Regierungsarbeit. Daß sie von der h. M. trotzdem nicht als Verordnungen, sondern als autonome Satzungen eingestuft werden, dürfte nur an einer unzutreffenden Auslegung des Autonomiebegriffs liegen[39].

Diese Beispiele mögen genügen, um aufzuzeigen, daß ein von der Exekutive erlassener Regierungsakt im materiellen Sinne der Lehre Smends durchaus auch abstrakt-generelle Anordnungen enthalten kann. Daß er sich in der Regel an oberste Verfassungsorgane wendet, nimmt ihm den Verordnungscharakter nicht. Ob der Begriff Regierungsakt damit wirklich nur ein „schwimmender" ist, mag offenbleiben, da es für die vorliegende Untersuchung nicht bedeutsam ist. Entscheidend ist das gewonnene Ergebnis, daß sich Regierungsakt und Verordnung jedenfalls nicht gegenseitig ausschließen und daß damit der Verordnungsbegriff weder formell noch materiell von dem des Regierungsakts her bestimmt werden kann. Ob letzterer wenigstens für die Abgrenzung der Rechts- von der Verwaltungsverordnung nutzbar gemacht werden kann, ist erst in einem anderen Zusammenhang zu erörtern (unten B).

VI. Teilergebnis: Der Begriff Verordnung

Nach dem Vergleich mit dem (formellen) Gesetz, dem Rechtsprechungsakt, dem Verwaltungsakt bzw. der innerdienstlichen Einzelweisung, der autonomen Satzung und dem Regierungsakt kann man den Begriff Verordnung wie folgt definieren:

Art. 62 Anm. III 5 S. 1215; vgl. *Scheuner*, Regierung S. 287; noch weitergehend bezeichnen *Eyermann-Froehler* § 42 RN 38 alle staatlichen Organisationsakte als Regierungsakte.

[36] Näheres hierüber unten S. 66 ff.

[37] Z. B. gemäß Art. 40 I 2 GG für den Bundestag, nach Art. 52 III 2 GG für den Bundesrat, gemäß Art. 65, 4 GG für die Bundesregierung.

[38] BVerfG vom 6. 3. 1952, BVerfGE 1, 148: „Sie — die GeschOBT — sichert das geordnete Funktionieren des Parlaments im Staats- und Verfassungsleben."

[39] Oben S. 21 Fußnote 24.

Die Verordnung ist eine von staatlichen Exekutivorganen in Ausübung unmittelbarer Staatsgewalt erlassene, geschriebene Anordnung, welche rechtlich verbindliche Regeln für unbestimmt viele Fälle und für unbestimmt viele Personen aufstellt.

B. Der Unterschied zwischen der Rechts- und der Verwaltungsverordnung

Nachdem der Verordnungsbegriff bestimmt ist, müssen nunmehr die Unterscheidungsmerkmale zwischen der Rechts- und der Verwaltungsverordnung festgestellt werden. Hierbei klare Abgrenzungen zu treffen, erweist sich gerade in neuerer Zeit als besonders notwendig, da — wie bereits angedeutet — heute wieder vieles in Fluß geraten ist, was früher als völlig feststehend galt. Daraus läßt sich aber auch erkennen, daß Begriffe wie Rechtsverordnung und Verwaltungsverordnung nicht apriorisch vorgegeben, sondern geschichtlich gewachsen sind — als Zweckschöpfungen der jeweiligen Verfassungsepoche, welche sie prägte[40]. Das zwingt dazu, zunächst die historische Entwicklung der genannten Begriffe in der gebotenen Kürze darzustellen (I). Erst dann kann auf die heutige moderne Problematik auf diesem Gebiet eingegangen (II) und können die heute maßgeblichen Unterscheidungsmerkmale festgehalten werden (III).

I. Die Unterscheidung zwischen Rechts- und Verwaltungsverordnung als Ergebnis einer verfassungsgeschichtlichen Entwicklung

In vorkonstitutioneller Zeit war eine begriffliche Unterscheidung zwischen Gesetz und Verordnung, Rechtsverordnung und Verwaltungsverordnung nicht notwendig und daher auch nicht üblich. Alle Staatsgewalt ging vom absoluten Monarchen aus. In den konstitutionellen Monarchien der deutschen Einzelstaaten des 19. Jahrhunderts mußte man dann erstmals Gesetz und Verordnung voneinander abgrenzen. Zeitlich, aber nicht ursächlich fiel mit diesen Begriffsbildungen auch die Schöpfung der termini „Rechtsverordnung" und „Verwaltungsverordnung" zusammen. Im Zuge des sog. staatsrechtlichen Positivismus, der seine Aufgaben darin sah, alle Fragen des Staatsrechts konstruktiv, begriffsbildend zu bewältigen, wurden unter der Führung seiner prominentesten Vertreter, Paul Laband, Georg Jellinek und Gerhard Anschütz, die Begriffe Rechtsverordnung und Verwaltungsverordnung im Zusammenhang mit der Theorie vom „*dualistischen Gesetzesbegriff*" entwickelt.

---

[40] *Forsthoff*, Verw.R. S. 121.

Dieser Begriff erscheint erstmals in Labands verfassungstheoretischen Betrachtungen zum Preußischen Verfassungskonflikt von 1862/66[41]. Nach seiner Ansicht, die nach und nach zur weitaus h. L. wurde[42], kommt dem Begriff Gesetz in der Rechtswissenschaft eine doppelte Bedeutung zu: In einem materiellen (= inhaltlichen)[43] Sinne ist es der „Ausspruch eines Rechtssatzes"[44], die „rechtsverbindliche Anordnung eines Rechtssatzes"[45]. Demgegenüber bezeichnet das Gesetz im formellen Sinn die „Form, in der der staatliche Wille erklärt wird, gleichviel, was der Inhalt dieses Willens ist"[46]. Materielles und formelles Gesetz verhalten sich also zueinander wie zwei sich schneidende Kreise.

Etwas anders ist nach Laband das Verhältnis zwischen Rechtsverordnung und Verwaltungsverordnung. Hier überschneiden sich die Begriffe nicht, sondern beide sind Unterarten der Verordnung und schließen sich daher gegenseitig aus. In einer entscheidenden Beziehung läuft die Abgrenzung aber parallel zu der Lehre vom formellen und materiellen Gesetz: Rechtsverordnungen enthalten stets materielle Rechtssätze, Verwaltungsverordnungen dagegen nicht[47]. Auch mit dieser These setzte sich Laband bald allgemein durch[48].

In der Frage, was unter einem materiellen Rechtssatz, dem essentiale einer Rechtsverordnung, zu verstehen sei, brachten Labands Lehren noch nicht den endgültigen Abschluß der Diskussionen. Dieser wurde erst später unter dem maßgeblichen Einfluß von G. Jellinek und vor allem Anschütz erreicht.

Laband bestimmt den Rechtssatz vom Wesen und der Aufgabe des Rechts her. Das Recht bestehe darin, Befugnisse und Pflichten einzelner (Rechts-) Subjekte gegeneinander abzugrenzen. Inhalt eines Rechtssatzes

---

[41] *Laband*, Budgetrecht S. 3 ff.; später auch Staatsrecht II S. 1 ff., 61 ff.
[42] Insbesondere *Jellinek*, G., Gesetz und Verordnung S. 226 ff.; *Anschütz*, Gegenwärt. Theorien S. 15; ders. in *Meyer-Anschütz* S. 637 ff.; *Mayer*, O., Verw.R. I S. 4 ff., 65 ff.; *Meyer*, G., S. 6 ff.; *Rosin*, F., S. 5; zur Zeit der Weimarer Republik: *Anschütz*, WV Art. 85 Anm. 5; *Thoma* in HdbDStR II S. 124 ff.; *Hatschek*, Staatsrecht II S. 4; *Kelsen*, Hauptprobleme S. 538 ff.; *Fleiner* S. 67 Fußnote 3; *Stier-Somlò* S. 323 mit Einschränkungen; a. M. mit teilweise verschiedener Begründung *Haenel* S. 99 ff.; *Zorn*, Staatsrecht I S. 404 ff.; *Arndt*, Staatsrecht S. 156 ff.
[43] *Laband*, Budgetrecht S. 177.
[44] Derselbe, Budgetrecht S. 3.
[45] Staatsrecht II S. 2.
[46] Derselbe, a. a. O. S. 62.
[47] Derselbe, a. a. O. S. 87.
[48] Ihm folgen *Jellinek*, G., Gesetz und Verordnung S. 368 ff.; *Anschütz*, Gegenwärt. Theorien S. 8 ff., 19 ff., 62 ff.; derselbe in *Meyer-Anschütz* S. 668 ff.; *Rosin*, H. S. 32; im Ergebnis ebenso *Mayer*, O., Verw.R. I S. 84 ff.; für die Weimarer Republik: *Anschütz*, WV Art. 77 Anm. 2; *Poetzsch-Heffter*, WV Art. 77 Anm. 1; *Gebhard* Art. 77 Anm. 2 a und Anhang; *Hatschek*, Staatsrecht II S. 113 ff.; *Stier-Somlò* S. 333 ff.; *Fleiner* S. 61 ff.; *Jacobi* in HdbDStR II S. 237, 255; *Jellinek*, W., Verw.R. S. 126; *Schoen* S. 133 ff.

sei es also, durch eine verbindliche Anordnung Schranken zwischen den Willenssphären der Rechtssubjekte zu ziehen[49]. Darunter versteht Laband den einzelnen Staatsbürger, zugleich aber auch den Staat selbst, „insofern er nicht als der Schöpfer der Rechtsordnung..., sondern als eine innerhalb derselben handelnde und waltende Persönlichkeit erscheint"[50]. Danach ist der Staat ein in sich geschlossenes Individuum, das neben den übrigen Rechtspersonen — der Gesellschaft — sein eigenes Leben führt. Von seinem materiellen Gesetzesbegriff ausgehend zieht Laband dann konsequent den Schluß, daß alle Anordnungen, die sich innerhalb des Staatsverbandes selbst halten, die also den „Außenstehenden" keine Schranken auferlegen, keine Rechtssätze seien[51]. Damit trennt er erstmals scharf zwischen den beiden verschieden gearteten Rechtsverhältnissen, die Otto Mayer später das „allgemeine" und das „besondere" Gewaltverhältnis nannte. Dabei wird unter dem ersteren die allgemeine Beziehung Staat — Bürger und unter dem letzteren das gesteigerte Abhängigkeitsverhältnis bestimmter Personengruppen zum Staat oder mittelbaren öffentlichrechtlichen Körperschaften und Anstalten, also z. B. das Beamten-, Soldaten- oder Schülerverhältnis, verstanden[52]. Alle Anordnungen im besonderen Gewaltenverhältnis sollen also aus dem Rechtssatzbegriff herausfallen, ebenso wie die Vorschriften über die interne Verfassung und Tätigkeit des Staatsapparats. Nicht ganz klar zum Ausdruck kommt bei Laband, ob staatliche Anordnungen, welche die Rechtsmacht des Einzelnen nicht einschränken, auch Rechtssätze sein sollen. Er scheint dies zu bejahen, wenn er meint, daß die Rechtsordnung (auch) dort walte, wo die „Willenssphäre eines Subjekts durch... *Gewährungen* gegen fremde Willenssphären abgegrenzt" sei[53].

Nachdem sich G. Jellinek in den für die vorliegende Untersuchung maßgeblichen Punkten weitgehend an Laband angeschlossen hatte[54], erhält der Rechtssatzbegriff die vorerst letzte und für die zeitgenössische und spätere Doktrin richtungweisende Definition durch Gerhard Anschütz. Dieser bleibt zunächst bei der Labandschen „objektiven Schrankenziehung zwischen Willenssphären": Bei Anschütz ist Rechtssatz jede Anordnung, mit welcher der Staat zwischen seinen Bürgern oder zwischen ihnen und sich selbst die Grenzen des Dürfens und Müssens festlegt[55]. Damit zählt er genau wie seine Vorgänger die „internen" Vorschriften für Be-

---

[49] Staatsrecht II S. 2, 4 und bes. 181.
[50] a. a. O. S. 181.
[51] Staatsrecht II S. 181.
[52] *Mayer*, O., Verw.R. I S. 104 ff.; sinngemäß auch *Laband*, Staatsrecht II S. 198.
[53] Staatsrecht II S. 181.
[54] Vgl. *Jellinek*, G., System S. 194, 223; Gesetz und Verordnung S. 245, 387.
[55] *Meyer-Anschütz* S. 655, 671.

hörden und Personen, die sich in einem besonderen Gewaltverhältnis zum Staat befinden, nicht zu den Rechtssätzen[56]. Ebenso läßt sich aus seinen Ausführungen erkennen, daß er nur rechtsbelastende Normen dazurechnet. Anschütz beschreibt nämlich dasjenige, was bei einer hoheitlichen Anordnung die Grenzen des Dürfens und Müssens des Staates und seiner Bürger ausmacht, mit der schon historisch gewordenen „Freiheits- und Eigentumsklausel"[57]. Das ist etwas Neues, hatte man doch seither mittels dieser Formel nur das Gesetzgebungsrecht der Stände vom selbständigen Verordnungsrecht der Krone abgegrenzt, und zwar in dem Sinne, daß bei Eingriffen in Freiheit und Eigentum des Bürgers die „Kammern" an der Normsetzung beteiligt werden mußten. Anschütz verwendet die Klausel dagegen nicht zur Aufspaltung der Gesetzgebungsbefugnisse, sondern zur Definition des materiellen Rechtssatzbegriffs. Danach sind Rechtssätze alle (und nur die) Vorschriften, welche belastend in Freiheit und Eigentum der im allgemeinen Gewaltverhältnis stehenden Staatsbürger eingreifen[58].

Trotz einiger schon damals gegen diese Konstruktion geäußerter Bedenken[59] wurde in der Folgezeit, vor allem in der Weimarer Republik, der Eingriff in Freiheit und Eigentum als *das* Wesensmerkmal des materiellen Gesetzes angesehen[60]. Nur diejenigen Verordnungen, welche einen solchen Eingriff enthielten, galten als Rechts-, alle anderen dagegen als Verwaltungsverordnungen.

II. Die heutige Problematik bei der Abgrenzung von Rechts- und Verwaltungsverordnung

Ob sich Rechts- und Verwaltungsverordnung auch unter der Herrschaft des Bonner GG noch so voneinander abgrenzen lassen, wie dies nach dem von Anschütz geprägten „historisch-konventionellen"[61] Rechtssatzbegriff praktiziert wurde, hängt davon ab, ob unsere heutige Verfassung diesen übernommen hat. Die Rechtslage während des Dritten Reiches kann dabei unberücksichtigt bleiben. Das nationalsozialistische Regime hob das Ge-

---

[56] *Anschütz*, Gegenwärt. Theorien S. 71; in *Meyer-Anschütz* S. 655.

[57] Diese hat ihren Ursprung bei John Locke und taucht dann wieder in den Werken des deutschen Frühkonstitutionalismus auf, eingeführt durch den Freiherrn vom Stein (Nachw. bei *Rosin, F.*, S. 34 ff.). Sie findet dann auch Eingang in einige deutsche Territorialverfassungen, z. B. § 65 badVerf. vom 22. 8. 1818, Titel VII § 2 bayVerf. vom 26. 5. 1818. Vgl. zum ganzen *Rosin, F.*, S. 15 ff.; *Jesch*, Gesetz S. 123 ff.

[58] *Anschütz*, Gegenwärt. Theorien S. 83, 167 f. und passim; *Meyer-Anschütz* S. 655 ff.

[59] *Mayer, O.*, Verw.R. I S. 71 Fußnote 11 und Besprechung S. 468; *Heller* S. 124. Näheres unten S. 31.

[60] *Thoma* in HdbDStR II S. 125, 223; *Jacobi* in HdbDStR II S. 237; *Hatschek*, Staatsrecht II S. 128; *Jellinek, W.*, Verw.R. S. 122.

[61] *Thoma* a. a. O. S. 125.

waltenteilungsprinzip auf und machte alle Staatstätigkeit vom „Führerwillen" abhängig[62]. Damit wurde der materiellen Unterscheidung zwischen Rechts- und Verwaltungsverordnung der Boden entzogen. Sie wurde erst wieder bedeutsam, als das GG zum Grundsatz der Gewaltenteilung zurückkehrte (Art. 20 II 2). Das GG definiert nicht ausdrücklich, was es unter einem Rechtssatz, einer Rechtsverordnung u. dgl. versteht. Es knüpft jedoch in seinen tragenden Grundentscheidungen an überkommenes deutsches Verfassungsrecht, insbesondere das der Weimarer Republik, an[63]. Das ist auch beim Rechtssatzbegriff der Fall: Über ihn wurde in den Verhandlungen des Parlamentarischen Rates gar nicht diskutiert[64]. Hieraus kann gefolgert werden, daß man den herkömmlichen Begriff von Anschütz übernahm, da man sich sonst über einen neuen Begriff hätte verständigen müssen[65]. Damit steht auch fest, daß der Rechtssatzbegriff des GG ein einheitlicher ist, so wie er von der konstitutionellen Lehre eingeführt und immer gebraucht worden war. Das GG macht zwar formelle Unterschiede hinsichtlich der zum Erlaß von Rechtsverordnungen berechtigten Organe sowie des Entstehungstatbestandes: Für die Rechtsverordnungen, zu deren Erlaß der einfache Gesetzgeber ermächtigt, enthalten die Art. 80, 82 GG verschiedene Regeln über die Ermächtigungsadressaten, die Form und das Verfahren der Ermächtigung sowie des Verordnungserlasses. Es ist aber auch möglich, daß die Verfassung selbst zum Erlaß von Rechtsverordnungen ermächtigt (z. B. Art. 119, 1; 132 IV GG). Für diese gelten dann die formellen Voraussetzungen der Art. 80, 82 GG nicht[66]. Das GG kennt dagegen keine von der Exekutive in Ausübung unmittelbarer Staatsgewalt erlassenen materiellen Rechtssätze, die nicht als Rechtsverordnungen zu bezeichnen wären[67]. Es verwendet daher diesen terminus im materiellen Sinne immer einheitlich (Art. 80, 82, 119, 129, 132 GG). Aus dem Fehlen einer Definition des Rechtssatzbegriffs muß man aber auch schließen, daß es den früheren Begriff nicht „versteinert", sondern ihn allen Wandlungen der Gesetzgebung, Rechtsprechung und Lehre unterworfen hat[68].

Entsprechend der Tendenz des GG, an den überkommenen Begriff anzuknüpfen, definiert auch die heutige h. M. die Rechts- und Verwaltungs-

---

[62] Vgl. *Huber* S. 237, 251.
[63] Vgl. *Lechner-Hülshoff*, Bekanntmachung betreffend das Bundeswappen und den Bundesadler, Anm. 2 S. 245 f.
[64] Vgl. die Entstehungsgeschichte des Art. 80 I GG, dargestellt bei *Doemming-Füßlein-Matz* S. 588 f. und bei *v. Mangoldt* Art. 80 Anm. 1.
[65] *Hamann*, Autonome Satzungen S. 63 f.; im Ergebnis ebenso *Jesch*, Verw. Verordnungen S. 82.
[66] *Hamann*, Autonome Satzungen S. 64 f.; *Groß*, Auslegung S. 54 und Organisationsgewalt S. 52 ff.
[67] *Dahlmann* S. 71 f.
[68] Zutr. *Hamann*, Autonome Satzungen S. 63 f.; vgl. ferner *Kleiser* S. 127; *Jesch*, Verw. Verordnungen S. 82 ff.

verordnung noch im Sinne der traditionellen Lehre[69]. Dies geschieht jedenfalls insoweit, als man unter einer Rechtsverordnung eine Vorschrift versteht, welche sich rechtssatzmäßig an die Allgemeinheit wendet, und unter einer Verwaltungsverordnung eine solche, die staatliche Interna regelt. Der historisch-konventionelle Rechtssatzbegriff, d. h. die Definition des materiellen Rechtssatzes nach der Freiheits- und Eigentums-Klausel in ihrer traditionellen Form ist dagegen heute im wesentlichen aufgegeben worden[70]. Allerdings befinden sich diese neuen rechtstheoretischen Erörterungen meist noch im Anfangsstadium und weichen die Lösungsvorschläge zum Teil zu weit voneinander ab, als daß man bereits von einem gefestigten neuen Rechtssatzbegriff und einer eindeutig geklärten Beziehung desselben zum Gesetzesvorbehalt sprechen könnte. Es ist auch nicht Ziel und Aufgabe der vorliegenden Arbeit, diese Reformversuche im einzelnen darzustellen oder fortzuführen. Hier sind neue wissenschaftliche Erkenntnisse auf diesem Gebiet nur so weit zu verwerten, als jene bereits eine größere Gefolgschaft in Theorie und Praxis haben. Im übrigen muß auf die herkömmlichen Abgrenzungen zurückgegriffen werden.

In zwei Bereichen des Staats- und Verwaltungsrechts zwingt die veränderte verfassungspolitische Situation am stärksten zu einer Überprüfung des traditionellen Rechtssatzbegriffes. Hier ist die Neuorientierung teilweise schon so weit gediehen, daß man feste Standpunkte beziehen kann. Vor allem aber ist im Rahmen dieser Arbeit immer wieder auf die beiden Rechtsgebiete zurückzukommen, weshalb hier näher darauf eingegangen werden muß. Es handelt sich um die Bereiche der „nicht eingreifenden" Staatstätigkeit (1) und um das sog. besondere Gewaltverhältnis (2).

1. Die „nicht eingreifende" Staatstätigkeit

Nach der im konstitutionellen Staat h. L. galten nur die Anordnungen, welche in Freiheit und Eigentum (im weitesten Sinne) des Einzelnen eingreifen, als materielle Rechtssätze. Es war daher völlig konsequent, daß damals beispielsweise die — praktisch noch seltenen — Gesetze über staatliche Leistungen an den Bürger nicht als Gesetze im materiellen

---

[69] Z. B. *Maunz-Dürig* Art. 80 RN 1; *v. Mangoldt* Art. 80 Anm. 2; *Giese-Schunck* Art. 80 Anm. II 2; *Hamann*, GG Art. 80 Anm. B 4; derselbe, Autonome Satzungen S. 64; *Klein, F.*, Ermächtigungen S. 20; *Forsthoff*, Verw.R. S. 119 ff., 127 ff.; *Obermayer*, Vorbehalt S. 354 ff.; grundsätzlich auch BVerfG vom 6. 5. 1958, BVerfGE 8, 155.

[70] Vgl. *Forsthoff*, Verw.R. S. 116 ff.; *Scheuner*, Übertragung S. 134 ff.; *Krüger, Herb.*, Rechtsverordnungen S. 211 ff.; besonders umfassend neuerdings die Arbeiten von *Böckenförde* (Gesetz), ferner von *Kopp*, *Jesch* (Gesetz) und *Kleiser*, jeweils passim.

Sinne angesehen wurden[71]. Das gleiche mußte für die Hoheitsakte gelten, die primär staatsleitender Natur sind, also auf der Ebene des Verfassungsrechts liegen.

Diese Auffassung ist jedoch schon vom Ausgangspunkt her verfehlt. Schon Otto Mayer warf der h. M. vor, sie vermenge zwei verschiedene Dinge, nämlich „rechtssatzschaffende Kraft und Vorbehalt" (des formellen Gesetzes)[72]. Dieser zutreffende Hinweis blieb jedoch zunächst fast unbeachtet[73]. Erst in jüngster Zeit wurden die Gedanken Otto Mayers wieder aufgegriffen und weiter vertieft[74]. Man ist sich heute weitgehend darüber klar, daß der Rechtssatzbegriff nicht vom Gesetzesvorbehalt, d. h. von den allgemein dem Einfluß der Parlamente unterworfenen Materien der Rechtssetzung, her bestimmt werden kann. Auf diese Weise kann nämlich der Bereich des Rechts (i. S. der Labandschen Schrankenziehungstheorie) nicht von dem des angeblichen „Nichtrechts" abgegrenzt werden. Zur materiellen Rechtssetzung müssen alle Anordnungen, die Rechte des Einzelnen „betreffen", gezählt werden, ohne Rücksicht darauf, ob sie in Individualrechte eingreifen oder die Rechtsstellung des Bürgers verbessern.

Damit sind ganz eindeutig alle diejenigen Anordnungen als Rechtssätze im materiellen Sinne zu qualifizieren, welche dem Einzelnen staatliche Leistungen gewähren, also insbesondere die auf dem Gebiete der sog. Daseinsvorsorge. Sie legen die Schranken staatlichen Müssens gegenüber dem Bürger fest, und zwar auch dann, wenn letzterem kein positiver Anspruch auf die Leistung selbst, sondern nur ein formelles Recht auf gleichmäßige Behandlung eingeräumt wird[75]. Nur diese Definition ist mit modernem sozialstaatlichem Denken vereinbar. Zu einer Zeit, da der Bürger infolge der immer weitergehenden Einengung seines individuellen Lebensbereiches nicht nur auf den Schutz seiner bestehenden Rechte vor dem Staat, sondern auch auf positive Leistungen durch den Staat angewiesen ist[76], kann ein anderer Rechtssatzbegriff nicht mehr gelten. Es gibt auch keinen vernünftigen Grund dafür, eine Vorschrift, die einen Anspruch des Einzelnen gegen den Staat in vollem Umfang begründet, nicht als Gesetz im materiellen Sinne anzusehen, eine andere, die ihn später geringfügig einengt, dagegen doch.

---

[71] *Meyer-Anschütz* S. 655, 657, 661, 672; ferner die oben S. 28 Fußnote 60 zitierten Autoren.
[72] *Mayer, O.*, Verw.R. I S. 71 Fußnote 11 und Besprechung S. 468.
[73] Wie *Mayer* nur *Heller* S. 124.
[74] Vor allem bei *Jesch*, Gesetz S. 145 f.; *Böckenförde*, Org.gewalt S. 66; *Kleiser* S. 123 ff.
[75] Vgl. hierzu *Krüger*, Hild., Gleichbehandlung S. 211 ff.
[76] *Forsthoff*, Verw.R. S. 320 ff.

Etwas schwieriger gestaltet sich die Untersuchung für die staatlichen Anordnungen, welche ihrem Inhalt nach den Bürger weder unmittelbar belasten noch begünstigen. Es handelt sich dabei z. B. um definierende Normen, besonders aber um die sog. verfassungsrechtlichen Hilfstätigkeiten[77], um Akte also, die primär nur die oberste Staatsleitung als solche im Auge haben. Der Erlaß geschäftsleitender Anordnungen innerhalb der obersten Staatsorgane, das Ergreifen von Maßnahmen im Staatsnotstand oder die Durchführung von Wahlen und Abstimmungen sind Beispiele dafür[78]. Auch die Setzung von Staatssymbolen, worauf später noch ausführlich einzugehen sein wird, gehört in gewissem Sinne hierher. Diese Anordnungen sind ihrem Wesen nach Verfassungsakte, haben das Staat-Bürger-Verhältnis also meist nur mittelbar im Auge. Damit regeln sie aber auch keine besonderen Gewaltverhältnisse. Soweit die genannten Maßnahmen als Einzelakte anzusehen sind, wurde für sie der Begriff des Regierungsakts im funktionellen (und materiellen) Sinne geprägt[79]. Den terminus „Regierungsverordnung" oder „Verfassungsverordnung" als dritte Kategorie neben der Rechts- und der Verwaltungsverordnung kennt unsere Staatsrechtslehre dagegen nicht. Es sind soweit ersichtlich auch noch keine Versuche unternommen worden, ihn zu schaffen und dogmatisch zu begründen. Schon dieser Umstand deutet darauf hin, daß es einer solchen Begriffsbildung nicht bedarf. Dies ist in der Tat auch der Fall. Während nämlich die dogmatische Erfassung der sog. Regierungsakte erforderlich ist, um diese Maßnahmen als nicht justiziable von den verwaltungsgerichtlich nachprüfbaren Verwaltungsakten abzugrenzen[80], würde eine Normenkategorie „Regierungsverordnung" weder für die Festlegung des Rechtssatzbegriffes noch für die des allgemeinen Gesetzesvorbehalts etwas hergeben. Beide Institute sind nach unserer feststehenden Verfassungstradition, an der zu rütteln hier nicht der Ort ist, ganz nach dem Staat-Bürger-Verhältnis ausgerichtet. Für die Eingruppierung abstraktgenereller Verfassungsakte in die Normenkategorien unserer Rechtssatzlehre bedeutet dies nichts anderes, als daß die aufgeführten Akte als Rechts- oder Verwaltungsverordnungen zu behandeln sind, je nachdem, ob sie die Rechtssphäre des Einzelnen betreffen oder nicht.

Eine Ausdehnung des materiellen Gesetzesbegriffs gegenüber dem der historisch-konventionellen Lehre findet damit eigentlich nur bei der Leistungsverwaltung statt. Sie ist aber auch dort nur dann zulässig, wenn ihr keine zwingenden Verfassungsnormen entgegenstehen. Es sei hier nochmals betont, daß damit die Frage nach dem Umfang des all-

---

[77] Begriff von *Mayer*, O., Verw.R. I S. 7.
[78] *Forsthoff*, Verw.R. S. 11.
[79] Insbesondere bei *Wolff*, H. J., Verw.R. I S. 264.
[80] Hierzu *Maunz-Dürig* Art. 19 IV RN 24 mit weiteren Nachw.

gemeinen Gesetzesvorbehaltes nicht aufgeworfen wird. Sie kann u. U. durchaus im Sinne der klassischen Lehre zu beantworten sein, da sich Rechtssatzbegriff und Vorbehalt nach richtiger Auffassung nicht zu decken brauchen. Hier genügt es, an die bereits getroffene Feststellung zu erinnern, daß das GG zwar an den überkommenen Rechtssatzbegriff anknüpft, ihn aber nicht ein für allemal starr definiert, sondern der Fortbildung durch Wissenschaft und Praxis zugänglich macht. Unsere Verfassung läßt es also durchaus zu, ihn im oben beschriebenen Sinne auszudehnen.

2. Das besondere Gewaltverhältnis

Wir haben bereits gesehen, daß die überkommene Staatsrechtslehre die abstrakt-generellen Anordnungen, welche staatliche Interna regeln, nicht als materielle Rechtssätze ansah, weil nach ihrer Auffassung in diesem Innenverhältnis durch keinerlei hoheitliche Akte Rechte des Bürgers berührt werden können. Das Innenverhältnis betrafen nach dieser Lehre die Normen zur Gestaltung besonderer Gewaltverhältnisse, instruktionelle Anordnungen gegenüber Staatsorganen, nach wohl überwiegender Meinung aber auch Vorschriften über die Organisation des staatlichen Behördenapparates[81]. Hinsichtlich des letzteren stieß die traditionelle Doktrin aber bereits in der konstitutionellen Monarchie, besonders aber in der Weimarer Republik auf Widerstand. Man schrieb denjenigen Organisationsnormen, die behördliche Zuständigkeiten gegenüber Bürgern regeln, immer häufiger auch Außenwirkung zu[82]. Eben diese Lehre hat sich inzwischen so gefestigt, daß sie heute als die herrschende bezeichnet werden kann[83, 84].

Trotz dieses frühen Meinungswandels über die Rechtsnatur der Organisationsnormen hielten Wissenschaft und Praxis jedoch bis zum Ende der Weimarer Republik unbeirrt daran fest, daß bei der Ausgestaltung besonderer Gewaltverhältnisse nicht in die Rechtssphäre der betroffenen Personen eingegriffen werde[85].

---

[81] *Meyer-Anschütz* S. 670 mit vielen weiteren Nachw.
[82] So schon ganz eindeutig *Jellinek, G.*, Gesetz und Verordnung S. 243, 387; *Laband*, Staatsrecht II S. 183 ff.; später *Jacobi* in HdbDStR II S. 223, 251; *Jellinek, W.*, Verw.R. S. 127; *Nawiasky*, Bayer. Verfassungsrecht S. 344.
[83] Sie wird insbesondere vertreten bei *Forsthoff*, Verw.R. S. 386; *Rasch*, Festlegung S. 337, Behörde S. 7 und in *Rasch-Patzig* S. 4; *Obermayer*, Vorbehalt S. 354; *Volkmar* S. 198; *Groß*, Organisationsgewalt S. 52; bayVGH, Urteile vom 10. 10. 1952, DVBl 1953, 246 und vom 20. 1. 1956, BayVBl 1956, 121 mit Anm. von *Obermayer*; bayVerfGH vom 24. 7. 1963, DÖV 1964, 22; a. M. noch Peters, Verwaltung S. 78; *Nebinger* S. 238 f.; vgl. auch BVerfG vom 6. 5. 1958, BVerfGE 8, 155; *Böckenförde*, Org.gewalt S. 93.
[84] Näheres dazu unten S. 67 ff.
[85] Statt vieler *Jacobi* in HdbDStR II S. 255 ff.; PrOVG vom 21. 3. 1922, PrVBl 44 (1922), 164 unter Bezugnahme auf PrOVG vom 11. 1. 1901, PrOVGE 38, 58.

Nachdem aber das GG in Kraft getreten war, entstand eine heftige Diskussion darüber, ob man die herkömmliche Trennung von Innen- und Außenverhältnis noch vertreten könne. Es erschien mit der Konzeption des GG, dem Einzelnen weitgehenden Rechtsschutz gegen die staatliche Gewalt zu gewähren, nicht mehr vereinbar, der Exekutive „Hausgüter" vorzubehalten, innerhalb derer sie ohne Kontrolle durch Legislative (Gesetzesvorbehalt) und Justiz (Rechtsweg zu den Verwaltungsgerichten) frei schalten und walten dürfe. Der erste bedeutsame Versuch, den Rechtssatzbegriff auf Regelungen besonderer Gewaltverhältnisse auszudehnen, stammt von Herb. Krüger[86]. Er knüpft an Gedanken von Smend[87] an und unterscheidet im besonderen Gewaltverhältnis (wie auch sonst) Akte, die dem Rechtswert, und solche, die dem Verwaltungswert dienen. Erstere seien Rechtssätze und damit dem Gesetzesvorbehalt unterworfen, letztere nicht[88]. Eine ähnliche materiale Unterscheidung schlägt W. Thieme[89] vor: Bezieht sich der staatliche Akt auf Positionen, die auch unter Berücksichtigung von Zweck und Eigenart des besonderen Gewaltverhältnisses schutzwürdig sind, so soll dieser als Rechtssatz (bzw. bei Regelungen von Einzelfällen als Verwaltungsakt) behandelt werden. Auf das prozessuale Rechtsschutzbedürfnis als Abgrenzungsmerkmal zwischen Rechtsakt und „interner Weisung" stellt dagegen Obermayer[90] ab. Herb. Krüger, Thieme und Obermayer wird durchweg entgegengehalten, daß ihre Vorschläge nicht genügend praktikabel seien[91]. Wohl deshalb haben sie sich auch nicht durchsetzen können. Immer größeren Anklang findet dagegen die 1957 veröffentlichte Abgrenzung von Ule[92]. Dieser unterscheidet beim besonderen Gewaltverhältnis ein Grund- und ein Betriebsverhältnis. Ersteres soll die Zugehörigkeit zum besonderen Gewaltverhältnis und alles, was damit zusammenhängt, bezeichnen; das Grundverhältnis regeln demnach Akte wie die Beamtenernennung und -entlassung, die Zulassung zum Besuch einer höheren Schule oder die Verweisung von dieser Schule. Letzteres soll dagegen alles umfassen, was sich innerhalb der Zugehörigkeit zwischen dem Gewalthaber und dem Gewaltunterworfenen abspielt; das Betriebsverhältnis normieren daher z. B. dienstliche Weisungen an Beamte oder Anordnungen über den Schularrest. Maßnahmen, die das Grundverhältnis regeln, sind nach Ule Verwaltungsakte, während die anderen innerdienstliche Akte

---

[86] Rechtsverordnung S. 211 ff.
[87] S. 82 f.
[88] *Krüger*, Herb., a. a. O. S. 230 ff.
[89] Bes. Gewaltverhältnisse S. 528.
[90] Verwaltungsakt S. 168 ff.
[91] *Bachof*, Verwaltungsakt S. 293; *Forsthoff*, Verw.R. S. 128, 189.
[92] S. 133 ff., besonders 151 f.

bleiben. Diese Unterscheidung ist auch den abstrakt-generellen Regelungen zugrunde zu legen[93], da es hier um dasselbe Problem, nämlich um die richtige Abgrenzung von Außen- und Innenbereich geht. Ules System läßt dabei im Gegensatz zu den vorher erwähnten materialen Theorien scharfe Trennungen zu und ist vom Rechtsstaatsgedanken her gesehen sinnvoll. Es gewinnt deshalb zu Recht in Wissenschaft und Rechtsprechung immer mehr Anhänger[94] und soll daher auch hier übernommen werden.

III. Teilergebnis: Die heute maßgeblichen Unterscheidungsmerkmale zwischen der Rechts- und der Verwaltungsverordnung

Rechtsverordnung und Verwaltungsverordnung unterscheiden sich (sowohl nach früherer als auch nach heutiger Ansicht) dadurch, daß jene einen materiellen Rechtssatz enthält, diese dagegen nicht. Eine Verordnung enthält dann einen materiellen Rechtssatz, wenn ihr Inhalt die Rechtssphäre des Staatsbürgers betrifft. Das geschieht dann, wenn sie in Individualrechte (Freiheit und Eigentum im weitesten Sinn) eingreift, dem Einzelnen staatliche Begünstigungen gewährt bzw. vorenthält oder sonst auf seinen Rechtskreis einwirkt. Die Rechtssphäre des Staatsbürgers ist auch durch solche staatliche Akte betroffen, die das Grundverhältnis eines besonderen Gewaltverhältnisses regeln.

C. Ergebnis des Ersten Abschnitts

Eine Rechtsverordnung ist eine von staatlichen Exekutivorganen in Ausübung unmittelbarer Staatsgewalt erlassene, geschriebene Anordnung, welche verbindliche Regeln für unbestimmt viele Fälle und für unbestimmt viele Personen aufstellt und dabei die Rechtssphäre des Staatsbürgers betrifft.

Eine Verwaltungsverordnung ist eine von staatlichen Exekutiv· organen in Ausübung unmittelbarer Staatsgewalt erlassene, geschriebene Anordnung, welche verbindliche Regeln für unbestimmt viele Fälle und für unbestimmt viele Personen oder staatliche Institutionen aufstellt, dabei aber die Rechtssphäre des Staatsbürgers nicht betrifft.

---

[93] Was *Ule* S. 178 offenläßt.
[94] v. *Mangoldt-Klein* Art. 19 Anm. 6 a S. 575; *Forsthoff*, Verw.R. S. 189; ähnlich BVerwG vom 10. 12. 1954, BVerwGE 1, 260; ausdrücklich in den Urteilen vom 29. 6. 1957, BVerwGE 5, 154, vom 24. 4. 1959, BVerwGE 8, 274 und vom 20. 3. 1962, BVerwGE 14, 84; weitere Nachw. aus der umfangreichen Rspr. der OVGe bei *Maunz-Dürig* Art. 19 IV RN 25; auch die das Betriebsverhältnis regelnden Akte werden als Rechtssätze bzw. Verwaltungsakte angesehen bei *Maunz-Dürig* a. a. O.

Zweiter Abschnitt

Die Arten der Rechts- und Verwaltungsverordnungen

A. Die Arten der Rechtsverordnungen

Rechtsverordnungen können nach verschiedenen Gesichtspunkten eingeteilt werden, z. B. nach ihrem Verhältnis zum formellen, ermächtigenden Gesetz, nach der erlassenden Stelle oder nach dem Inhalt[1]. Für die vorliegende Arbeit, deren Hauptaufgabe es ist, die Verordnungsbefugnisse des Bundespräsidenten darzustellen, empfiehlt sich in erster Linie eine Einteilung nach dem Verhältnis der Rechtsverordnung zum ermächtigenden Gesetz. Danach richten sich nämlich wegen des Vorbehalts des Gesetzes wenigstens teilweise auch die Kompetenzen des Bundespräsidenten.

Die h. M.[2] unterscheidet hier gesetzesvertretende (a) und gesetzesabhängige Rechtsverordnungen (b).

a) Das Gesetz, welches den *gesetzvertretenden* Rechtsverordnungen zugrunde liegt, trifft noch keine vollständige materielle Regelung, sondern ermächtigt die Exekutive dazu, sie vorzunehmen. Gesetzesvertretende Rechtsverordnungen haben daher den gleichen Rang und die gleiche Wirksamkeit wie ein formelles Gesetz. Es werden meist drei Unterarten genannt:

aa) *Not- und Ausnahmeverordnungen,* wie sie von der Exekutive in bestimmten Krisenfällen anstelle des verhinderten Gesetzgebers erlassen werden, z. B. die Notverordnungen des Weimarer Reichspräsidenten auf Grund Art. 48 II WV.

bb) *Rechtsverordnungen des „vereinfachten Gesetzgebungsverfahrens",* also Vorschriften mit Gesetzeskraft, die von Organen der vollziehenden Gewalt auf Grund einer gesetzgeberischen Generalermächtigung geschaffen werden, ohne daß in concreto ein Ausnahmezustand vorliegen müßte.

cc) *Gesetzesändernde und -ergänzende Rechtsverordnungen.* Diese unterscheiden sich von den vorher genannten Arten nicht prinzipiell, sondern nur graduell. Hier ist die Materie bereits vom Gesetzgeber geregelt. Er überträgt aber einem Exekutivorgan die Befugnis, eben diese Regelung abzuändern oder zu ergänzen.

---

[1] Vgl. *Wolff,* H. J., Verw.R. I S. 105 ff.
[2] Insbesondere *Jacobi* in HdbDStR II S. 248 ff.; *Schack,* Verlagerung S. 336 ff.; *Klein,* F., Ermächtigungen S. 39 ff.; *Wolff,* B., S. 200 ff.; *Wolff,* H. J., Verw.R. I S. 105 ff.

b) Das Wesensmerkmal der *gesetzesabhängigen* Rechtsverordnungen ist es, daß sie mit dem formellen Gesetz, welches ihnen zugrunde liegt, nicht ranggleich, sondern diesem nachgeordnet sind. Gesetzesabhängige Rechtsverordnungen können daher formelle Gesetze nicht aufheben, abändern oder ergänzen. Nach den praktischen Zwecken, welchen sie dienen, lassen sich folgende Untergruppen bilden:

aa) *Ausführungsrechtsverordnungen* spezialisieren und konkretisieren Rechte und Pflichten des Staatsbürgers, welche von formellen Gesetzen begründet werden. Sie führen damit den Willen des Gesetzgebers fort, dürfen aber nicht darüber hinausgehen. „Die Ausführungsverordnung soll den Zweck des Gesetzes herbeiführen helfen, nicht aber hemmen, auch nicht ihn erweitern. Sie soll wollen, was das veranlassende Gesetz will: alles, aber nicht mehr[3]."

Ausführungsrechtsverordnungen können inhaltlich sehr verschieden sein. Meist enthalten sie bis ins einzelne gehende Vorschriften für die Verwaltung, welche ein Gesetz über einen Gegenstand des materiellen Verwaltungsrechts durchführen soll, z. B. auf dem Gebiet des Steuer-, Bau- oder Sozialrechts. Ausführungsrechtsverordnungen sind in der Regel[4] auch die Organisations(rechts)verordnungen und die Anstaltsbenutzungsordnungen, auf die im folgenden noch des öfteren zurückzukommen sein wird.

Organisationsrechtsverordnungen beziehen sich nicht unmittelbar auf Rechte und Pflichten des Bürgers, welche durch materielle Gesetze begründet werden. Sie stellen vielmehr den staatlichen Verwaltungsapparat bereit, der das Gesetz vollziehen soll, indem sie Behörden bilden, errichten, einrichten und ihre Zuständigkeit festsetzen.

Während „Anstaltsordnungen" öffentlich-rechtliche Anstalten ins Leben rufen und die Zuständigkeiten ihrer Organe abgrenzen, ihrem Wesen nach also Organisationsnormen sind, regeln die *Anstalts-Benutzungsordnungen* die Einzelheiten der Benutzung dieser Anstalten. Ist das Rechtsverhältnis zwischen der Anstalt und den Personen, die ihr freiwillig oder gezwungenermaßen eingegliedert sind, oder welche sie sonst benutzen, öffentlich-rechtlich ausgestaltet, besteht zwischen Anstalt und Benutzer ein besonderes Gewaltverhältnis[5]. Beziehen sich die Anstaltsbenutzungsordnungen auf dessen Grundverhältnis, so sind sie nach heute h. M.

---

[3] *Anschütz* in *Holtzendorff-Kohler* IV S. 165.
[4] Überschneidungen mit den unter bb) behandelten gesetzesanwendenden Verordnungen kommen freilich vor, da ja die Einteilungsebenen verschieden sind.
[5] Vgl. *Wolff*, H. J., Verw.R. II S. 270.

Rechtsverordnungen[6]. Im hier verwendeten engeren Sinn sind das allerdings nur Benutzungsordnungen, die von der unmittelbaren Bundesexekutive für Anstalten des Bundes erlassen werden. Die von rechtsfähigen Bundesanstalten für sich selbst geschaffenen Normen haben zwar materiell betrachtet denselben Inhalt, stellen aber wegen der andersartigen Voraussetzungen ihres Erlasses eine eigene Kategorie von Rechtsquellen dar, nämlich die „autonomen Satzungen"[7].

bb) *Gesetzesanwendende Rechtsverordnungen* dienen nicht dazu, den Willen des Gesetzgebers im einzelnen auszuprägen und fortzuführen, sondern vollziehen eine Norm, welche der Exekutive bestimmte gegenständlich abgegrenzte Befugnisse zuweist. So führen z. B. Polizeiverordnungen (Hauptbeispiel der gesetzesanwendenden Rechtsverordnungen) nicht den Willen der Polizeigesetze näher aus, sondern machen von den Befugnissen Gebrauch, welche diese Gesetze den Trägern vollziehender Gewalt (generell oder speziell) verleihen. Sie sind daher nicht so sehr Hilfsmittel der Gesetzgebung, sondern eher Mittel der Verwaltung, indem sie zur Erfüllung bestimmter Verwaltungsaufgaben generelle Regeln aufstellen[8].

B. Die Arten der Verwaltungsverordnungen

Auf die systematische Einteilung der verschiedenen Arten der Verwaltungsverordnungen und auf ihre Benennung ist schon viel Mühe verwandt worden[9]. Dennoch hat sich hier im Gegensatz zu den entsprechenden Arbeiten über die Rechtsverordnungen bis jetzt noch keine einheitliche Systematik oder Terminologie durchgesetzt. Fast alle mit dem Thema Befaßten teilen die Verwaltungsverordnungen nach anderen Gesichtspunkten ein und bezeichnen die einzelnen Unterarten verschieden. Das zeigt, wie komplex dieser Gegenstand ist. Die vorliegende Arbeit will diese Systeme nicht um ein weiteres vermehren. Für sie ist die Verordnungskompetenz auch hier das maßgebliche Einteilungskriterium. Verwaltungsverordnungen, die auf demselben staatlichen Hoheitsrecht beruhen, werden daher im folgenden in einer Gruppe zusammengefaßt, ohne daß damit ein allgemeingültiges

---

[6] Nachw. oben S. 34 Fußnote 92 und S. 35 Fußnote 94; anders noch *Jacobi* in HdbDStR II S. 262.

[7] Vgl. oben S. 21.

[8] *Schack*, Verlagerung S. 356 unter Bezugnahme auf *Huber* S. 257.

[9] Siehe besonders die Darstellungen von *Jacobi* in HdbDStR II S. 259 ff.; *Nebinger* S. 192 ff.; *Forsthoff*, Verw.R. S. 127 ff.; *Obermayer*, Verwaltungsakt S. 107 ff.

Schema geschaffen werden soll. Das Einteilungsprinzip für die Rechtsverordnungen kann nicht übernommen werden, da es hauptsächlich nach dem Verhältnis der Rechtsverordnung zum Gesetz ausgerichtet ist. Dies hat hier keine Bedeutung. Bei den Verwaltungsverordnungen hält man am besten die Dienstvorschriften (aa), Anstalts-Benutzungsordnungen (bb) und Organisations-Verwaltungsverordnungen (cc) auseinander.

a) *Abstrakt-generelle Dienstvorschriften* richten sich entweder an Personen, welche in einem öffentlich-rechtlichen Dienstverhältnis zum Staate stehen, also namentlich an Beamte und Soldaten, oder an Institutionen, die Glieder des staatlichen Verwaltungsaufbaus sind, d. h. an Behörden (behördliches Abhängigkeitsverhältnis)[10]. Sie enthalten Weisungen für die dienstliche Tätigkeit von Beamten, Soldaten und Behörden. So regeln sie hauptsächlich die technischen Einzelheiten der Verwaltungsarbeit, z. B. die Dienststunden der Behörden, die Aktenführung, das Formularwesen, die Inventarbeschaffung usw. Sie können aber auch Richtlinien für einen einheitlichen Ermessensgebrauch oder für die Auslegung von Rechtsvorschriften aufstellen, welche dann freilich nur intern verbindlich sind[11]. Auch das innere behördliche Verfahren wird durch Dienstvorschriften festgelegt, wie z. B. die bei der Behandlung von Anträgen zu beachtende Reihenfolge u. dgl. Das Verfahren gegenüber dem Staatsbürger, welches Art. 84 I GG meint, darf dagegen nicht auf diesem Wege normiert werden: Regeln über Antragsfristen und -formen, Anhörungsrechte Dritter, Verwaltungszustellung, -anfechtung und -vollstreckung berühren die individuelle Rechtssphäre und sind daher (Ausführungs-) Rechtsverordnungen[12]. Dasselbe gilt für die Normen über die Besoldung, Beförderung, den Urlaub u. dgl. der Dienstverpflichteten. Sie beziehen sich nicht auf deren amtliche Tätigkeit, sondern auf das Grundverhältnis ihres besonderen Gewaltverhältnisses zum Staate. Demnach sind sie keine internen Dienstvorschriften, sondern Rechtsverordnungen[13].

Die Kompetenz zum Erlaß personeller und institutioneller Dienstvorschriften hat letztlich dieselbe Wurzel[14]. Es ist deshalb angebracht, beide Untergruppen gemeinsam zu behandeln, zumal sie sich in der Praxis oft nur schwer voneinander trennen lassen: Be-

---

[10] Vgl. *Obermayer*, Verwaltungsakt S. 107.
[11] *Maunz-Dürig* Art. 84 RN 33.
[12] *Maunz-Dürig* Art. 84 RN 18 und 29; *Hamann*, GG Art. 84 Anm. B 4; *Kratzer* S. 233; *Bettermann* S. 120 ff.; *Köttgen*, Verfahren S. 425; *Wolff*, H. J., Verw.R. I S. 96.
[13] *Wolff*, H. J., Verw.R. I S. 107.
[14] Näheres unten S. 156.

hörden können nur durch Amtswalter tätig werden; es ist daher selten eindeutig festzustellen, ob z. B. Anordnungen über die Aktenführung an Beamte oder an Behörden gerichtet sind. Auch das GG gebraucht in seinen einschlägigen Bestimmungen über die Bundesverwaltung (Art. 84 II; 85 II 1; 86,1) für diese Untergruppen der Verwaltungsverordnungen einen einheitlichen Begriff, nämlich „allgemeine Verwaltungsvorschriften"[15].

b) Soweit die *Anstalts-Benutzungsordnungen* nicht das Grund-, sondern nur das Betriebsverhältnis einer auf öffentlichem Recht beruhenden Anstaltsbenutzung regeln, z. B. die nähere Ausgestaltung des Schulunterrichts, haben sie keine Außenwirkung und sind deshalb Verwaltungsverordnungen. In der Praxis werden freilich oft beide Bereiche des besonderen Gewaltverhältnisses in einer Benutzungsordnung normiert, womit diese eine Doppelnatur erhält. Überhaupt nicht hierher gehören die Dienstvorschriften für die Anstaltsverwaltung und das Anstaltspersonal[16].

c) *Organisations-Verwaltungsverordnungen* sind solche abstraktgenerellen Organisationsnormen, die ebenfalls nicht nach außen wirken. Von den Dienst-, insbesondere von den internen Verfahrensvorschriften unterscheiden sie sich dadurch, daß sie nicht angeben, *wie* die Verwaltungsarbeit vor sich zu gehen, sondern *wer* sie zu leisten hat[17].

---

[15] *Maunz-Dürig* Art. 84 RN 33, Art. 85 RN 20 und Art. 86 RN 10.
[16] Andere Systematik bei *Jacobi* in HdbDStR II S. 262.
[17] *Maunz-Dürig* Art. 84 RN 29 und Art. 86 RN 16; *Bettermann* S. 131 f.

Zweiter Teil

Die allgemeine verfassungsrechtliche Stellung des Bundespräsidenten, besonders im Hinblick auf die Verordnungsgebung nach dem GG

Weil Verordnungen auch im Sinne der heutigen Theorie und Praxis nur von Exekutivorganen erlassen werden, ist jetzt der „Standort" des Bundespräsidenten im gewaltenteilenden System des GG zu bestimmen (Erster Abschnitt). Anschließend ist darauf einzugehen, welches staatspolitische Gewicht dem Amt des Bundespräsidenten nach unserer heutigen Verfassung zukommt (Zweiter Abschnitt). Da nämlich der Erlaß von Verordnungen, namentlich von Rechtsverordnungen, nach den Verfassungen in der Regel Sache politisch „starker" Exekutivorgane ist, läßt das staatspolitische Gewicht des heutigen Präsidentenamtes bereits gewisse Schlüsse auf den Umfang der Verordnungsgebung durch das Staatsoberhaupt zu. Unter Umständen kann daraus später für einen konkreten Einzelfall abgeleitet werden, ob dem Bundespräsidenten die jeweils zweifelhafte Verordnungsbefugnis zusteht.

Erster Abschnitt

Das Staatsorgan „Bundespräsident" im Verfassungssystem des GG

Wie Art. 20 II 2 GG zeigt, bekennt sich auch die Verfassung der Bundesrepublik zum überkommenen Prinzip der Gewaltentrennung. Die Staatsgewalt wird verschiedenen Organen zur Ausübung zugewiesen, welche nach dem Kernbereich ihrer Tätigkeit Organe der gesetzgebenden, vollziehenden und rechtsprechenden Gewalt heißen. Im vorigen Abschnitt wurde dargestellt, daß Verordnungen von Organen der vollziehenden Gewalt erlassen werden. Wenn also der Bundespräsident zur Exekutive gehört, zählt er grundsätzlich auch zum Kreis der möglichen Verordnungsgeber.

Es ist offensichtlich, daß der Bundespräsident nicht zur Legislative i. S. von Art. 20 II 2 GG zu rechnen ist. Die gesetzgebende Gewalt liegt in der Bundesrepublik gemäß Art. 77 GG beim Bundestag und Bundesrat. Diesen Körperschaften darf der Bundespräsident nach Art. 55 GG nicht angehören. Er übt nur einen gewissen Einfluß auf ihre Bestellung (z. B. Art. 63 GG) und auf ihre Tätigkeit (z. B. Art. 39 III 3, 68 I 1 GG) aus. Daß er kein Rechtsprechungsorgan gemäß Art. 20 II 2 GG ist, folgt aus Art. 92 ff. GG und bedarf ebenfalls keiner weiteren Ausführungen.

Die heutige h. L. sieht den Bundespräsidenten trotz der Tatsache, daß das GG seine Stellung anders als die WV nicht im gleichen Abschnitt regelt wie die der Bundesregierung, neben dieser als „Mitträger der exekutiven Gewalt" und somit als Exekutivorgan i. S. von Art. 20 II 2 GG an[1]. Nach v. Mangoldt-Klein[2] teilt das GG die vollziehende Gewalt derart zwischen Bundesregierung und Bundespräsident auf, daß das Schwergewicht der Zuständigkeiten bei jener, die mehr repräsentativen und einige besonders hervorgehobene Befugnisse jedoch bei diesem liegen[3]. Nach der Auffassung von Lehne steht der Bundespräsident dagegen als pouvoir neutre neben den anderen Staatsgewalten[4]. Lehne folgert dies z. B. daraus, daß sein Amt mit anderen Ämtern weitgehend unvereinbar ist (Art. 55 GG), und daß fast alle seine Organakte gegengezeichnet werden müssen (Art. 58 GG)[5]. Falls dies zutrifft, der Bundespräsident also gewissermaßen eine eigenständige vierte Staatsgewalt verkörpert[6], scheidet er u. U. ganz aus dem Kreis der möglichen Verordnungsgeber aus. Es erübrigt sich indes, auf die damit angeschnittene Problematik näher einzugehen, da der Bundespräsident kein echter pouvoir neutre ist. Betrachtet man diesen nämlich im „klassischen" theoretischen Sinne der französischen Staatsrechtslehre des 19. Jahrhunderts[7] als Neutralisation des pouvoir suprême, d. h. des Inhabers der höchsten politischen Staatsmacht, so kommt dem Bundespräsidenten jene Stellung nicht zu. Um ein eigenständiges Gegengewicht zur Macht der politisch bedeutsamsten Staatsorgane, also des Parlaments und der ihm verantwortlichen Regierung, darstellen zu können, müßte seine Position von diesen Organen völlig unabhängig sein. Das ist jedoch gerade nicht der Fall: Nach Art. 54 GG wird der Bundespräsident von der Bundesversammlung gewählt, welche aus den

---

[1] *Maunz-Dürig* Art. 54 RN 7; *Kern* in BK Art. 54 Anm. II 2; *Drath* S. 218; *Glum* S. 180; *Scheuner*, Regierung S. 253 ff., 284.
[2] Vorb. III 3 a zum V. Abschnitt S. 1061 und Art. 65 a Anm. II 3 c S. 1275.
[3] Vgl. auch *Maunz* S. 328.
[4] *Lehne*, passim.
[5] S. 193.
[6] Vgl. *Schmitt, Hüter* S. 132.
[7] Vorallem *Constant*, passim.

Abgeordneten des Bundestages und ebenso vielen von den Länderparlamenten gewählten Mitgliedern besteht. Da in der Bundesversammlung ebenso wie in den einzelnen Parlamenten die Parteivertreter maßgebend sind, und die nicht aktuell an der Leitung des Staates beteiligten Kräfte an der Präsidentenwahl nicht teilnehmen, liegt die Abhängigkeit des Staatsoberhauptes von den parteipolitisch organisierten Inhabern des pouvoir suprême auf der Hand[8]. Hinzu kommt, daß der Bundespräsident nach dem GG die Entscheidungen von Parlament und Regierung nicht „neutralisieren" kann. Er besitzt diesen Organen gegenüber keine autonomen Vetorechte und wird in seiner gesamten Tätigkeit vom Bundesverfassungsgericht überwacht (Art. 61 und 93 I Ziff. 1 GG). So verliert z. B. auch sein materielles Prüfungsrecht, auf Grund dessen er die Ausfertigung von Gesetzen verweigern darf, wenn er sie für verfassungswidrig hält[9], an Bedeutung. Letztlich entscheidet nämlich auch hier das Bundesverfassungsgericht darüber, ob die Vorlage gegen das GG verstößt[10]. Der Bundespräsident ist damit auch kein pouvoir neutre im Sinne von C. Schmitt, der darunter einen pouvoir activ, also eine aktiv tätig werdende „Gewalt" versteht, welche die staatliche Einheit im Antagonismus politischer Kräfte des modernen Staates zu wahren bzw. herzustellen hat[11]. Um diese Aufgabe lösen zu können, müßte der Bundespräsident Autorität gegenüber den politisch bedeutsamsten Mächten, d. h. letztlich den Parteien, besitzen. Das ist aber gerade deshalb nicht der Fall, weil er von den Parteivertretern gewählt wird[12]. Daß ihn die Gegenzeichnungspflicht zum pouvoir neutre macht, trifft auch nicht zu, da sie ihm keine Unabhängigkeit von Regierung und Parlament und keine Autorität gegenüber diesen Organen verleiht, sondern eher noch entzieht. Freilich soll nicht verkannt werden, daß der Bundespräsident im Staatsleben eine gewisse neutral-integrierende Funktion gegenüber Bundesregierung, Bundestag, Bundesrat, Koalition und Opposition, Mehrheit und Minderheit auszuüben hat und auch ausübt[13]. Ihn deswegen aber als eigenständige Staatsgewalt sogar formell von der Exekutive, deren Aufgaben er wesensmäßig wahrnimmt, zu trennen, erscheint nicht richtig[14]. Der h. M., die ihn als Mitträger der vollziehenden Gewalt ansieht, ist also zu folgen.

---

[8] *Grauhan* S. 90 f.; vgl. auch *Koellreutter* S. 197.
[9] Hierzu *Maunz-Dürig* Art. 82 RN 2 mit vielen weiteren Nachw.
[10] *Doehring* S. 209 f.
[11] Vgl. *Schmitt, Hüter* S. 100, 114 f.
[12] *Weber,* Spannungen S. 32; *Grauhan* S. 86 ff.; vgl. *Schmitt, Hüter* S. 158 für die durch unmittelbare Volkswahl anders geartete Stellung des Weimarer Reichspräsidenten.
[13] Vgl. *v. Mangoldt-Klein* Vorb. III 3 zum V. Abschnitt S. 1067.
[14] *Grauhan* S. 21.

Von seiner Stellung im gewaltenteilenden System des GG her gesehen gehört der Bundespräsident demnach zu den möglichen Verordnungsgebern.

Zweiter Abschnitt

Die verfassungspolitische Machtstellung des Bundespräsidenten vor allem im Bereich der Verordnungsgebung

Den Umfang der staatspolitischen Machtfülle, die das GG dem obersten Bundesorgan „Bundespräsident" als dem Staatsoberhaupt und höchsten Repräsentanten der Bundesrepublik verleiht, erkennt man am besten, wenn man seine verfassungsrechtliche Stellung mit der des Weimarer Reichspräsidenten vergleicht. Letzterer war den Schöpfern des GG nämlich in vielem, aber gerade nicht in allem, ein Vorbild für die Ausgestaltung des neuen Präsidentenamtes[1]. Insbesondere im Hinblick auf den Erlaß von Verordnungen durch das Staatsoberhaupt sind hier deutliche Unterschiede erkennbar. Im folgenden ist daher zuerst die Stellung des Weimarer Reichspräsidenten, vor allem seine Befugnis zur Verordnungsgebung, zu skizzieren (A). Anschließend ist auf die abweichenden Regelungen des GG einzugehen (B).

A. Die Stellung des Reichspräsidenten nach der WV

I. Allgemeines

Der Weimarer Reichspräsident hatte als Nachfolger des Deutschen Kaisers (§ 4 ÜbergangsG und Art. 179 I WV) noch eine durchaus monarchenähnliche Stellung[2]. Er war ein an der Regierungsgewalt des Reiches beteiligtes Exekutivorgan, da die WV diese Funktion nicht einer einzigen Stelle vorbehielt, sondern sie auf Reichsregierung und Reichspräsidenten verteilte[3]. Das zeigt bereits ihr Aufbau: Der 3. Abschnitt lautet „Der Reichspräsident und die Reichsregierung". Im Gegensatz dazu trennt das GG die Bestimmungen über Bundespräsident und Bundesregierung voneinander (Abschnitt V und VI des GG). Für die starke monarchenähnliche Stellung des Reichspräsidenten waren entscheidend:

---

[1] Vgl. zur Entstehungsgeschichte des V. Abschnitts des GG *Doemming-Füßlein-Matz* S. 397 ff.; *v. Mangoldt* Vorb. 1 zum V. Abschnitt S. 293 ff.
[2] *Maunz* S. 323; *Grauel* S. 131 f.; *Martens* S. 161 Anm. 2: „republikanischer Kaiserersatz".
[3] *Schmitt*, Verfassungslehre S. 341; *Anschütz*, WV Vorb. zu Art. 45—53.

a) Seine unmittelbare Volkswahl, Art. 41 WV;

b) sein Recht zur jederzeitigen Auflösung des Reichstages, Art. 25 WV;

c) seine Befugnis, den Volksentscheid über ein vom Reichstag bereits beschlossenes Gesetz anzuordnen, Art. 73 WV (allerdings nie praktisch geworden);

d) sein Recht zur eigenmächtigen Ernennung des Reichskanzlers und auf dessen Vorschlag der Reichsminister, Art. 53 WV; eine Wahl des Kanzlers durch den Reichstag fand nicht statt, das Vertrauen des Reichstages wurde vermutet[4];

e) sein Exekutionsrecht gegenüber den Ländern, Art. 48 I WV;

f) seine umfangreichen Verordnungsbefugnisse (II).

II. Die Verordnungsrechte des Reichspräsidenten

Wegen des in der WV verwirklichten Gewaltenteilungsprinzips und dem damit zusammenhängenden Vorbehalt des Gesetzes stand dem Reichspräsidenten kein selbständiges allgemeines Verordnungsrecht zu. Die Verfassung verlieh ihm aber eine Reihe bedeutender abgeleiteter Rechtssetzungsbefugnisse:

a) Der Reichspräsident konnte durch einfaches Gesetz die Befugnis *zum Erlaß von Rechtsverordnungen aller Art* erhalten. Dies war in der WV zwar nicht ausdrücklich gesagt; es war jedoch unbestritten[5].

b) Das *Notverordnungsrecht des Art. 48 II WV* machte die Notstandsrechte des Staatsoberhauptes entgegen der entsprechenden Bestimmung des Art. 68 aRV nicht mehr von einer vorhergehenden ausdrücklichen Erklärung des Ausnahmezustandes abhängig. Dieser war vielmehr stets latent vorhanden, so daß die Maßnahmen des Reichspräsidenten zur Wiederherstellung der öffentlichen Sicherheit und Ordnung i. S. von Art. 48 II WV „wie der Blitz aus heiterem Himmel"[6] auf die Staatsbürger herabkommen konnten. Die Begriffe „öffentliche Sicherheit und Ordnung" wurden zwar aus dem Polizeirecht entlehnt, doch legten sie die h. L. und Staatspraxis schon in den ersten Jahren der Weimarer Republik sehr weit aus. Man verstand darunter auch Störungen im staatsinternen Wirtschafts- und Finanzorganismus sowie im Behörden- und parlamentarischen Apparat.

Als Maßnahmen gegen solche Störungen durfte der Reichspräsident auch Rechtsverordnungen mit einfacher Gesetzeskraft erlassen. Auf

---

[4] *Anschütz*, WV Art. 54 Anm. 2.
[5] *Poetzsch-Heffter*, WV Art. 77 Anm. 1; *Giese*, WV Art. 77 Anm. 4; *Dahlmann* S. 61.
[6] *Maunz-Dürig* Art. 81 RN 1.

diesem Wege setzte er dann meist Grundrechte außer Kraft, soweit sie gemäß Art. 48 II WV suspendiert werden durften, bzw. übertrug die vollziehende Gewalt in den Ländern auf Reichsorgane oder auf außerordentliche Reichskommissare. In der Endphase der Weimarer Republik wurde dann sogar der Staatshaushaltsplan durch Notverordnungen des Reichspräsidenten erlassen[7].

c) Die Organisationsgewalt des Kaisers, welche auch das *Recht zum Erlaß von Organisationsverordnungen* enthielt, wurde gemäß § 4 ÜbergangsG, Art. 179 I WV auf den Reichspräsidenten als den Nachfolger des Kaisers übergeleitet. Darauf beruhten einige positive Bestimmungen der Weimarer Zeit, z. B. § 8 GeschORReg., wonach der Geschäftsbereich der Reichsministerien durch Verordnung des Reichspräsidenten festzulegen war, und § 65 des Besonderen Teils der Gemeinsamen Geschäftsordnung der Reichsministerien vom Juli 1924[8], demzufolge die Reichsbehörden durch Verordnung des Staatsoberhauptes errichtet und aufgehoben wurden.

d) Nach Art. 47 WV hatte der Reichspräsident den Oberbefehl über die gesamte Wehrmacht des Reiches. Dazu gehörte gemäß § 11 WehrG vom 23. 3. 1921[9] das Verordnungsrecht in allen Kommando- und Militärverwaltungssachen sowie nach § 47 des genannten Gesetzes auch die Zuständigkeit zum Erlaß sämtlicher Ausführungsbestimmungen zum WehrG. Dem Reichspräsidenten stand also das ganze *Militärverordnungsrecht* zu.

e) Ebenso wie der Reichspräsident jederzeit zum Erlaß von Rechtsverordnungen ermächtigt werden durfte, konnte ihm durch einfaches Gesetz *die Befugnis zum Erlaß von Verwaltungsverordnungen aller Art* eingeräumt werden. Art. 77 WV lief dem nicht zuwider, da die dort begründete allgemeine Kompetenz der Reichsregierung nur bestehen sollte, soweit formelle Gesetze nichts anderes bestimmten (Art. 77, 1 WV).

B. Die Neugestaltung des Präsidentenamtes durch das GG

In ihren letzten Jahren trieb die Weimarer Republik von einer Staats- und Regierungskrise zur anderen. Besonders die Legislative war infolge der verfassungsfeindlichen, in sich aber uneinigen links- und

---

[7] Vgl. zum ganzen *Anschütz*, WV Art. 48 Anm. 6 mit weiteren Nachw.; *Forsthoff*, Verfassungsgeschichte S. 173 f. Aufzählungen der Notverordnungen des Reichspräsidenten finden sich bei *Poetzsch-Heffter*, Staatsleben I S. 141 ff. und II S. 99.

[8] Abgedruckt bei *Poetzsch-Heffter*, Staatsleben I S. 180 ff.

[9] RGBl I S. 329.

rechtsradikalen Parlamentsmehrheit schließlich handlungsunfähig. So wurde aus dem Staatswesen spätestens seit den Septemberwahlen von 1930 eine „Präsidialdiktatur". Der Reichspräsident stützte die von ihm ernannten Minderheitsregierungen (Brüning, v. Papen), indem er ihre politische Konzeption gegen eine erklärte Mehrheit des mit Auflösung bedrohten Reichstags durch Notverordnungen gemäß Art. 48 II WV auch gesetzgeberisch durchsetzte. So lag praktisch die gesamte Legislativgewalt in der Hand eines Exekutivorgans, was der Verfassungsgeber 1919 wohl kaum vorausgesehen oder gar beabsichtigt hatte.

Der 1948 zusammengetretene Verfassungskonvent von Herrenchiemsee und der im gleichen Jahr gebildete Parlamentarische Rat standen noch ganz unter dem Eindruck der Weimarer Republik (und natürlich erst recht unter dem des Dritten Reiches). Es war daher selbstverständlich, daß man auf Abhilfe durch das neu zu schaffende „Grundgesetz" sann. Das erklärt seine deutliche Tendenz zur „Entmachtung" des Staatsoberhaupts. Man wollte ein Präsidialsystem, wie es in den letzten Jahren der Weimarer Republik bestand, auf jeden Fall vermeiden.

Der Machtverlust des Bundespräsidenten zeigt sich im einzelnen an folgendem:

a) Der Bundespräsident wird nicht mehr unmittelbar vom Volk gewählt, sondern gemäß Art. 54 GG von der Bundesversammlung, einem aus Parlamentariern bestehenden bzw. von solchen gewählten Gremium. Dadurch wird seine Autoritätsgrundlage (i. S. einer demokratischen Legitimation) geringer[10].

b) Der Bundespräsident hat wichtige staatsleitende politische Befugnisse verloren.

   aa) Er hat keinen bestimmenden Einfluß auf die Regierungsbildung. Der Bundeskanzler wird vom Bundestag gewählt; der Bundespräsident muß ihn dann in der Regel auch ernennen, Art. 63 I, II, IV 2 GG. Nur im Falle des Art. 63 IV 3 GG entscheidet *er* über die Ernennung. Auch im Hinblick auf die Entlassung des Bundeskanzlers ist der Bundespräsident nicht so frei wie der Weimarer Reichspräsident. Entscheidend ist allein das „konstruktive Mißtrauensvotum" des Bundestages, Art. 67 GG (Satz 2: Bundespräsident „muß" entlassen). Bei der Ernennung der Bundesminister ist die Rechtslage gegenüber der WV dieselbe geblieben: Hier findet eine Wahl durch den Bundestag nicht statt. Ob sich der Bundespräsident allerdings auch heute noch weigern darf, einen vom Bundeskanzler berufenen bzw.

---

[10] Zutr. *Martens* S. 48.

abberufenen Minister zu ernennen bzw. zu entlassen, ist streitig[11].

bb) Der Bundespräsident hat nur ausnahmsweise das Recht zur Auflösung des Bundestages: Beim Fehlen einer absoluten Mehrheit nach der dritten Phase der Bundeskanzlerwahl und nach einem Mißtrauensvotum des Bundestages gegen den Bundeskanzler, Art. 63 IV 3, 68 I 1 GG.

cc) Er darf Gesetze nicht mehr einem Volksentscheid unterwerfen.

dd) Der Bundespräsident wirkt bei einer Bundesexekution gegen ein Land nicht mit, Art. 36 GG;

ee) Er wird vom Bundesverfassungsgericht überwacht.

Ob der Bundespräsident demgemäß noch wie der Weimarer Reichspräsident als Mitträger der materiellen Regierungsgewalt angesehen werden darf, mag fraglich erscheinen. Regierung im materiellen Sinn kann, wie bereits dargestellt[12], als dem Wesen nach politische, d. h. die oberste Staatsleitung betreffende Tätigkeit definiert werden[13]. Dazu gehören nach h. L. hauptsächlich folgende Gruppen von Staatsakten[14]:

1. Politische Gespräche und Äußerungen;
2. Anhörungen, z. B. die der Präsidenten von Bundestag und Bundesrat nach Art. 59a II 2 GG;
3. Bestellungen und Abberufungen oberster Staatsorgane;
4. Einwirkung auf die Tätigkeit dieser Organe;
5. Bestimmung der Richtlinien der Politik;
6. Selbstbehauptung des Staates (Staatsnotrecht);
7. das Staatsganze betreffende Handlungen der auswärtigen Politik, z. B. Anerkennung fremder Staaten, Neutralitätserklärungen, Abschluß völkerrechtlicher Verträge.

Einige zu diesem Katalog gehörende bedeutsame Regierungshandlungen zählen nach dem GG zum Aufgabenbereich des Bundespräsidenten. Es sollen hier nur die wichtigsten genannt werden: Verlangen nach Einberufung des Bundestages (Art. 39 III 3 GG), Ernen-

---

[11] Hierzu v. *Mangoldt-Klein* Art. 64 Anm. III 2—4 S. 1242 ff. mit Nachw.
[12] Oben S. 22.
[13] Die Bedenken der h. M. gegen den materiellen Regierungsbegriff spielen in diesem Zusammenhang keine Rolle, da sie sich im wesentlichen nur gegen die Anerkennung des Regierungs*akts* als eine eigene Kategorie der Staatsakte richten, vgl. oben S. 23.
[14] In Anlehnung an *Scheuner*, Regierung S. 286 f.; vgl. auch *von Mangoldt-Klein* Art. 19 Anm. VII 6 b S. 576; *Schneider*, Gerichtsfreie Hoheitsakte S. 47.

nung und Entlassung des Bundeskanzlers und der Bundesminister (Art. 63, 64, 67 I 2 GG), Auflösung des Bundestages (Art. 68 I, 63 IV 3 GG), Erklärung des Gesetzgebungsnotstandes (Art. 81 GG), ausnahmsweise die Feststellung des Verteidigungsfalles (Art. 59a II GG), sowie die völkerrechtliche Vertretung der Bundesrepublik einschließlich des Abschlusses völkerrechtlicher Verträge (Art. 59 I GG). Das läßt den Schluß zu, daß der Bundespräsident trotz des Verlustes einer monarchenähnlichen Stellung auch nach dem GG an der Regierung im materiellen Sinne beteiligt ist[15].

c) Wohl am schwerwiegendsten, für die vorliegende Arbeit auf jeden Fall am wichtigsten ist, daß der Bundespräsident bedeutsame Verordnungsbefugnisse verloren hat.

aa) Ihm steht kein *Notverordnungsrecht* entsprechend dem des Art. 48 II WV mehr zu. Bei der Schaffung des GG wurde auf eine allgemeine Notstandsbefugnis der Exekutive bewußt verzichtet; es wurden lediglich einige typische Fälle des Ausnahmezustandes normiert (Art. 37, 59a, 81, 91 GG). Nur unter den Voraussetzungen und allein im Umfang dieser Regeln sollen Staatskrisen und Verfassungsstörungen legal bekämpft werden können; weitergehende Befugnisse der Exekutive sind damit heute ausgeschlossen[16], da die genannten Verfassungsvorschriften als Ausnahmetatbestände restriktiv auszulegen sind. Es gibt deshalb auch im Verteidigungsfall kein Notverordnungsrecht des Bundespräsidenten[17].

bb) *Zum Erlaß von Militärverordnungen* ist der Bundespräsident nach dem GG nicht berechtigt, da die Befehls- und Kommandogewalt über die Bundeswehr gemäß Art. 65a GG nicht mehr ihm zukommt und auch kein eigenständiges Verordnungsrecht mehr enthält[18]. Dem entspricht der neue terminus „Befehls- und Kommandogewalt" anstelle des früheren „Oberbefehls".

cc) Die Befugnis zur Behördenorganisation liegt heute nicht mehr beim Bundespräsidenten, wie sich aus Art. 86, 2 GG entnehmen läßt[19]. Ob ihm daneben ein Rest *organisatorischer Verordnungsbefugnisse* verblieben ist, wird später zu untersuchen sein[20].

---

[15] So zutr. *v. Mangoldt* Vorb. 2 a zum V. Abschnitt S. 295; *v. Mangoldt-Klein* Vorb. III 3 a zum V. Abschnitt S. 1061; a. M. aus den oben bereits genannten Gründen *Lehne* S. 193; *Grauel* S. 137.
[16] *Maunz* S. 287; *Martens* S. 56.
[17] *Hamann*, Besprechung S. 1449; *v. Mangoldt-Klein* Art. 59 a Anm. III 4 f. S. 1162 f.
[18] *Maunz-Dürig* Art. 65 a RN 5 und 7; *Martens* S. 161.
[19] Statt vieler *v. Mangoldt-Klein* Art. 22 Anm. III 4 S. 637; *Grauel* S. 146.
[20] Unten S. 140 ff.

dd) Sehr zweifelhaft ist, ob bzw. inwieweit der Bundespräsident *Rechtsverordnungen auf Grund spezialgesetzlicher Ermächtigung* erlassen darf. Der Wortlaut des Art. 80 I 1 GG spricht zumindest dafür, daß es dem nachkonstitutionellen Bundesgesetzgeber verwehrt ist, ihn heute zu ermächtigen[21].

Angesichts dieser Kompetenzverschiebung zuungunsten des Bundespräsidenten läßt sich schon jetzt vermuten, daß seine Verordnungsgebung keinen allzugroßen Umfang haben kann. Es fragt sich vielmehr, ob er überhaupt noch konkrete Verordnungsbefugnisse innehat.

Diese Frage ließe sich dann von vornherein bejahen, wenn man Art. 58, 1 GG, wonach die Anordnungen und Verfügungen des Bundespräsidenten durch den Bundeskanzler oder einen Bundesminister gegengezeichnet werden müssen, so auszulegen hätte, daß — ähnlich wie im Verwaltungsrecht — unter „Anordnungen" alle abstrakt-generellen und unter „Verfügungen" alle konkret-individuellen, konkret-generellen und abstrakt-individuellen Präsidialakte zu verstehen wären. Dann stünde nämlich fest, daß das GG ausdrücklich von Verordnungsrechten des Bundespräsidenten ausgeht. Die eben beschriebene Auslegung des Art. 58,1 GG ist im Schrifttum in der Tat weit verbreitet[22]. Sie ist jedoch nicht richtig. Der Ausdruck „Anordnungen und Verfügungen" in den Verfassungsnormen über die Gegenzeichnungspflicht ist historisch überkommen; er findet sich in allen einschlägigen Verfassungsartikeln sei 1867[23] und stammt somit aus einer Zeit vor der verfassungsrechtlichen Begriffsbildung durch Lehre und Rechtsprechung. Deshalb dürfen diese modernen Ausdrücke zur Deutung der Verfassungsklausel über die Gegenzeichnung nicht herangezogen werden, abgesehen davon, daß man im Verwaltungsrecht unter Anordnung manchmal auch konkret-individuelle Akte versteht. Das Begriffspaar „Anordnungen und Verfügungen" in Art. 58, 1 GG läßt also keine Schlüsse auf die Rechtsnatur von Präsidialakten zu[24]. Die Gegenzeichnung nimmt diesen aber auch nicht ihre Eigenständigkeit als Organhandlungen des Bundespräsidenten, zumal er dafür rechtlich nach wie vor die volle Verantwortung trägt (Art. 61 GG)[25].

---

[21] Näheres hierüber unten S. 99 ff.
[22] *Hamann*, GG Art. 58 Anm. B 1; *Münch* S. 132; *Kniesch* S. 1326 Anm. 6.
[23] Art. 17 der Verfassung des Norddeutschen Bundes; Art. 17 aRV; Art. 50 WV.
[24] Zutr. *Kastner* S. 49.
[25] *Maunz-Dürig* Art. 58 RN 1.

Es sprechen jedoch viele Tatsachen dagegen, daß der Bundespräsident auf Grund seiner verfassungsrechtlichen Position überhaupt keine Verordnungen mehr erlassen darf. Das GG betraut ihn trotz aller „Entmachtung" mit verschiedenen Aufgaben, die staatspolitisch bedeutsam sind. Er hat zu ihrer Erfüllung Hoheitsakte zu erlassen, welche durchaus den Charakter von Verordnungen haben könnten, z. B. die Feststellung des Verteidigungsfalles in der Ausnahmesituation von Art. 59a II GG oder die Erklärung des Gesetzgebungsnotstandes nach Art. 81 GG. Auch könnten vorkonstitutionelle Spezialgesetze oder Gewohnheitsrecht den Bundespräsidenten zum Erlaß von Rechts- oder zumindest von Verwaltungsverordnungen ermächtigen. Es sei hier nur angedeutet, daß er bereits eine ganze Anzahl von Staatssymbolen gesetzt hat[26]. Der Bundespräsident könnte ferner gewisse Angelegenheiten des Organisations- oder Dienstrechts abstrakt-generell regeln dürfen. Außerdem delegiert der eigene Befugnisse (z. B. gemäß Art. 60 III GG), was möglicherweise auch nur durch eine Verordnung geschehen kann. Es erscheint daher gerechtfertigt, auf seine Verordnungsgebung und seine Kompetenzen dazu näher einzugehen.

---

[26] Näheres unten S. 72 ff.

Dritter Teil

Einzelne Organakte des Bundespräsidenten und ihr Verordnungscharakter

Im folgenden sollen einige wichtige Staatsakte des Bundespräsidenten genannt und auf ihren Verordnungscharakter untersucht werden, um die spätere Darstellung seiner Befugnisse zum Erlaß von Rechts- und Verwaltungsverordnungen verständlicher zu machen. Daß hier nur auf einige besonderes wichtige bzw. problematische Beispiele eingegangen und nicht etwa die Rechtsnatur aller denkbaren Präsidialakte abgehandelt werden kann, leuchtet ein, wenn man sich das schon wiederholt genannte Hauptanliegen dieser Arbeit (Vierter Teil) vor Augen hält.

A. Auflösung des Bundestages

Im Gegensatz zur WV sieht das GG nur zwei bestimmte Fälle vor, in denen der Bundespräsident den Bundestag auflösen darf:

a) beim Fehlen einer absoluten Mehrheit für einen Kandidaten nach der dritten Phase der Bundeskanzlerwahl (Art. 63 IV 3 GG);

b) nach einem Mißtrauensvotum des Bundestages gegen den Bundeskanzler (Art. 68 I 1 GG).

Die Rechtsnatur der Auflösungsverfügung war bereits in der Weimarer Republik aus praktischem Anlaß Gegenstand staatsrechtlicher Diskussionen. Es ging im Falle der Reichstagsauflösung vom 20. 10. 1924 um die Frage, ob diese als Rechtsverordnung veröffentlicht werden müsse[1]. Die h. L. verneinte damals eine Publikationspflicht, da die Auflösungsverfügung keine die Allgemeinheit bindende Rechtsvorschrift, sondern ein Staatsakt gegenüber dem Reichstag sei, der einen konkreten Einzelfall bestimme und seine Kraft an ihm erschöpfe[2].

---

[1] Siehe *Poetzsch-Heffter*, Staatsleben I S. 161.
[2] *Anschütz*, WV Art. 25 Anm. 3; *Poetzsch-Heffter* a. a. O.

Dieser Ansicht, der auch die neuere Literatur zum GG beitritt[3], ist zuzustimmen. Die Auflösung des Bundestages ist ein rechtsgestaltender Akt des Bundespräsidenten: Mit ihr enden kraft Verfassungsgewohnheitsrechts[4] die besonderen Rechtsverhältnisse (Mandate) aller Abgeordneten *dieses* Bundestages (sog. personelle Diskontinuität), und werden alle bei ihm anhängigen Vorlagen, Anträge, Ersuchen usw. mit Ausnahme der Petitionen hinfällig (sog. sachliche oder materielle Diskontinuität, § 126 GeschOBT). Die Auflösungsanordnung des Bundespräsidenten ist also nicht gegen das Organ Bundestag als verfassungsmäßige Institution, sondern nur an die gerade amtierende Volksvertretung in ihrer individuellen persönlichen Zusammensetzung und mit ihren konkreten Aufgaben gerichtet. Da sowohl die Zahl der betroffenen Abgeordneten als auch die der betroffenen anhängigen Sachen genau feststeht, ist der Auflösungsakt konkret-individuell[5] und daher keine Verordnung[6].

B. Feststellung des Verteidigungsfalles

Bei einer militärischen Bedrohung der Bundesrepublik von außen muß nach der ausdrücklichen Vorschrift des Art. 59 a GG der „Verteidigungsfall" konstitutiv vom Bundestag oder — falls dieser nicht mehr zusammentreten kann — vom Bundespräsidenten „festgestellt" und von ihm verkündet werden. Erst dann darf der Bundespräsident völkerrechtliche Erklärungen (Kriegserklärung) abgeben. Damit hat Art. 59a GG Ähnlichkeit mit Art. 68 aRV, wonach der Kaiser einen jeden Teil des Bundesgebietes „in Kriegszustand erklären" konnte, aber auch mit Art. 45 II WV, obwohl die innerstaatliche Erklärung des Kriegszustandes damals durch Reichsgesetz erfolgte.

Zur Rechtsnatur des Feststellungsakts ist zunächst zu sagen, daß es materiell gesehen keinen Unterschied macht, ob der Bundestag durch Beschluß oder der Bundespräsident durch „Verfügung" tätig wird. Die Feststellungsbefugnis bei Funktionsunfähigkeit des Bundestags wurde nur aus praktischen Erwägungen dem Bundespräsidenten übertragen, da er als „Ein-Mann-Organ" im Katastrophenfalle leichter und vor allem schneller handeln kann als das Parlament als Kollektivorgan. Die Vor-

---

[3] *v. Mangoldt-Klein* Art. 63 Anm. VI 3 d S. 1239; *Scheuner*, Regierung S. 276 f.
[4] *Lechner-Hülshoff* § 126 GeschOBT Anm. 1 S. 220; *v. Mangoldt-Klein* Art. 39 Anm. III 5 b S. 899.
[5] Vgl. das Parallelbeispiel *Volkmars* — S. 147 Fußnote 41 —: Auflösung einer Partei bzw. eines Vereins.
[6] Im Ergebnis ebenso *Scheuner*, Regierung S. 276 f.

aussetzungen für das Tätigwerden des Bundespräsidenten zeigen dies deutlich. Ihr Gegenstück hat die Feststellung des Verteidigungsfalles im Friedensschluß, welcher auch nach dem GG (Art. 59 a IV) durch Gesetz erfolgt, weil es hier keiner Eilentscheidung bedarf[7]. Inhaltlich entsprechen sich die Feststellung des Verteidigungsfalles, die frühere Kriegserklärung und der Friedensschluß vollständig: sie stellen jeweils einen Zustand *konstitutiv* fest.

Uns interessiert in erster Linie, ob der Feststellungsakt nach Art. 59a II GG eine Verordnung ist. Ohne Zweifel ist er ein Regierungsakt i. S. Smends und der ihm folgenden Lehre[8]. Das allein sagt über den Verordnungscharakter jedoch nichts aus[9]. Dieser wäre nur zu bejahen, wenn der Akt abstrakt-generelle Normen enthielte.

Die Feststellung des Verteidigungsfalles ist eine rechtsgestaltende Anordnung, und zwar die Willenserklärung der Bundesrepublik, in einen bestimmten Krieg einzutreten[10]. Diese Bezugnahme auf einen konkreten Krieg bedeutet jedoch noch nicht zwingend, daß der Hoheitsakt nur einen Einzelfall regelt. Er könnte trotzdem darauf gerichtet sein, die Rechtsverhältnisse unbestimmt vieler Staatsbürger oder Staatsorgane zu gestalten und wäre dann abstrakt-generell.

Der Eintritt des Verteidigungsfalles bewirkt beispielsweise, daß die Wehrpflicht der Soldaten anstatt wie im Frieden nach der Vollendung des 45. jetzt erst nach der Vollendung des 60. Lebensjahres endet (§ 3 II, IV WPflG). Mit ihm werden also die Rechtsverhältnisse zwischen dem Staat und unbestimmt vielen Wehrpflichtigen konstitutiv umgestaltet. Ebenso verhält es sich mit Gewaltanwendungen durch das Militär: Sie sind jetzt nicht mehr als Mord, Körperverletzung o. dgl., sondern als Kriegshandlungen anzusehen. Dies ist jedoch alles nur mittelbar auf den Feststellungsakt zurückzuführen. In erster Linie folgt es aus anderen abstrakt-generellen Normen, z. B. dem WPflG bzw. Art. 25 GG. Infolgedessen kann man die Rechte und Pflichten sowie die Rechtsverhältnisse aller, welche von diesen Normen betroffen sind, nicht als unmittelbar *vom Feststellungsakt* geregelte Fälle und die vom WPflG, SoldG, BLG oder den allgemeinen kriegsrechtlichen Bestimmungen Betroffenen nicht als Adressaten des Feststellungsaktes bezeichnen. Dieser richtet sich vielmehr zunächst an den Bundespräsidenten selbst. Er wird durch die „auf den Kriegseintritt gerichtete (innerstaatliche) Wil-

---

[7] Vgl. *v. Mangoldt-Klein* Art. 59 a Anm. III 4 a S. 1160.
[8] *Anschütz,* WV Art. 45 Anm. 7; *Maunz-Dürig* Art. 59 a RN 21; *v. Mangoldt-Klein* Art. 59 a Anm. IV 2 S. 1166; *Forsthoff,* Verw.R. S. 114; *Maunz* S. 304; *Martens* S. 156.
[9] Oben S. 23 f.
[10] *v. Mangoldt-Klein* Art. 59 a Anm. III 3 S. 1159.

lenserklärung" ermächtigt und verpflichtet, die entsprechenden völkerrechtlichen Erklärungen an den Gegnerstaat abzugeben[11].

Im übrigen zielt die Feststellung nur noch darauf ab, innerstaatlich den Verteidigungszustand herzustellen[12]. Damit wird jedoch unmittelbar nur der inhaltlich schwer zu definierende[13] Rechtsstatus der juristischen Person „Staat" gestaltet, nicht derjenige der einzelnen Staatsbürger. In jeder Beziehung ist also der vom Feststellungsakt geregelte Fall konkret und sein Adressat speziell, die Maßnahme selbst also keine Verordnung.

Man kann sie selbst dann nicht so bezeichnen, wenn man der zum Teil umstrittenen Lehre W. Jellineks von der abgeleiteten Rechtssatzwirkung erläuternder und „begriffsentwickelnder" Staatsakte folgt[14]. Diese Theorie besagt zwar, daß u. a. auch solche Staatsakte Normen mit (abgeleiteter) Rechtssatzwirkung und damit selbst *Rechtssätze* seien[15], welche lediglich die in einem Rechtssatz verwendeten Begriffe erläutern oder Feststellungen treffen, an die er tatbestandsmäßig anknüpft. Letzteres wäre bei Art. 59a GG i. V. m. den entsprechenden Spezialgesetzen (WPflG, SoldG, BLG) der Fall. W. Jellinek macht dabei jedoch selbst die wichtige Einschränkung, daß ein solcher Akt nur dann ein Rechtssatz sein könne, wenn die „in der Form einer Verordnung" ergehende Feststellung auch *sachlich* wie ein Rechtssatz beschaffen sei[16]. Das trifft aber auch nach W. Jellinek nur dann zu, wenn es sich um eine abstrakt-generelle Maßnahme handelt[17]. Seine Theorie ist also nur bedeutsam bei der Unterscheidung zwischen Rechts- und Verwaltungsverordnung, nicht bei der zwischen Verordnung und Einzelakt. Um nach dieser Lehre Rechtssatz sein zu können, müßte der Feststellungsakt selbst allgemeine Regeln enthalten; er müßte z. B. allgemein etwas darüber aussagen, unter welchen Voraussetzungen der

---

[11] *Kraus* in HdbDStR II S. 345; *Anschütz*, WV Art. 45 Anm. 5 Fußnote 3; vgl. Art. 59 a III GG.

[12] Vgl. *v. Mangoldt-Klein* a. a. O.

[13] Vgl. *v. Mangoldt-Klein* Art. 59 a Anm. III 1 b S. 1158.

[14] *Jellinek, W.*, Gesetz S. 13 ff., 30 ff., 92; Verw.R. S. 132 ff.; gegen *Jellineks* Annahme, auch rechtserhebliche Tatsachen hätten die Wirkung von Rechtssätzen: *Forsthoff*, Verw.R. S. 114 Fußnote 6; *Kaufmann*, Kritik S. 32; vgl. zum ganzen auch unten S. 73 f.

[15] So ganz deutlich *Jellinek, W.*, Gesetz S. 92. Hier bringt *Jellinek* eine Dienstvorschrift über die Gestalt von Uniformen in Beziehung zu einer Norm des StGB und betont: „Insofern ist die Dienstanweisung mehr als eine bloße Dienstvorschrift; sie hat den Charakter eines erläuternden *Rechtssatzes*" (Hervorhebung von *Jellinek*).

[16] Gesetz S. 32.

[17] Gesetz S. 33, 155. Vgl. *Martens* S. 156: „Kein Akt der Rechtssetzung, sondern eine rein politische Entscheidung..."

56   Einzelne Organakte des Bundespräs. u. ihr Verordnungscharakter

Bundespräsident einen Verteidigungsfall annehmen darf. Das ist jedoch, wie bereits erläutert, nicht sein Inhalt.

Die Feststellung des Verteidigungsfalles hat daher nicht als Verordnung im eigentlichen Sinne zu gelten. Der für sie bestehende Publikationszwang (Art. 59a I 2, II 1 GG) und die Tatsache, daß sie mittelbar abstrakt-generelle Wirkungen hervorbringt, deuten jedoch auf einen rechtssatzähnlichen Charakter hin. Man kann sie somit durchaus als rechtssatzähnlichen Akt sui generis bezeichnen[18]. Da sich die vorliegende Untersuchung aber nur mit Verordnungen im Sinne der klassischen Rechtssatzlehre befaßt, ist im folgenden auf den Feststellungsakt nicht mehr einzugehen.

C. Erklärung des Gesetzgebungsnotstandes

Auf eine ganz bestimmte Verfassungsstörung bezieht sich Art. 81 GG: Der Bundestag kann die Arbeit der Bundesregierung dadurch blockieren, daß er dem Bundeskanzler das Mißtrauen ausspricht und gleichzeitig oder danach eine bestimmte Gesetzesvorlage ablehnt, obwohl sie die Bundesregierung als dringlich bezeichnet hat. Zur Lösung einer derartigen Regierungskrise ermöglicht es das GG, den „Gesetzgebungsnotstand" zu erklären. Ist dies geschehen, kommt das streitige Gesetz nach erneuter negativer Entscheidung des Bundestages auch ohne dessen Beschluß zustande, soweit der Bundesrat der Vorlage zustimmt. Die „Erklärung" des Gesetzgebungsnotstands obliegt dem Bundespräsidenten.

Über die Rechtsnatur dieser Maßnahme schweigt das Schrifttum. Unstreitig ist jedoch, daß die Erklärung noch nicht über die Vorlage entscheidet. Dazu ist zunächst der Bundestag (Art. 81 II GG), später u. U. das Kabinett und der Bundesrat berechtigt. Der Bundespräsident selbst hat keinen Einfluß auf das Schicksal der Vorlage oder den Inhalt der im Notstand erlassenen Gesetze[19]; er öffnet nur den eigenartigen „legislatorischen Notweg"[20]. Gesetzgeber sind hier allein die Bundesregierung und der Bundesrat. Das spricht bereits dagegen, die Erklärung des Staatsoberhaupts als Verordnung anzusehen.

Diese Auffassung erweist sich vollends als richtig, wenn man den Präsidialakt daraufhin untersucht, ob er abstrakt-generellen Inhalts ist. Die Erklärung des Gesetzgebungsnotstandes ist eine rechtsgestaltende

---

[18] Vgl. *Maunz* S. 304; BVerwG vom 12. 10. 1962, DÖV 1963, 142 f. (mit Anm. von *Czermak*).
[19] *Maunz-Dürig* Art. 81 RM 4.
[20] *Giese-Schunck* Art. 81 Anm. II 4.

Anordnung, da sie konstitutiv einen „legislatorischen Notweg" eröffnet. Sie begründet jedoch nicht selbst die außerordentliche Zuständigkeit der zum „Reservegesetzgeber" berufenen Organe. Dies ist schon durch Art. 81 GG geschehen, wenn auch nur bedingt. Der Akt des Bundespräsidenten läßt nur die Bedingung dafür eintreten, daß der besondere Gesetzgebungsweg eingeschlagen werden kann. Er ist also keine echte Zuständigkeitsnorm, so daß sich sein Verordnungscharakter auch nicht nach den dafür gültigen Maßstäben bestimmen läßt. Dies hat vielmehr nach seinem speziellen Gehalt zu geschehen: Die Erklärung richtet sich nur an Organe, deren Zahl feststeht, nämlich die ordentlichen und außerordentlichen Gesetzgebungsorgane. Sie bezieht sich ferner stets auf eine bestimmte Vorlage; für jede neue muß derselbe verfahrensmäßige Weg nochmals beschritten werden[21]. Weil sie also konkret-speziell ist, kann sie auch nicht wegen einer „abgeleiteten Rechtssatzwirkung" zur Verordnung werden[22]. Erhärtet wird dieses Ergebnis noch dadurch, daß es keine Publikationspflicht für die Erklärung des Bundespräsidenten gibt[23].

D. Ratifikation völkerrechtlicher Verträge

Von allen Hoheitsakten, die zur völkerrechtlichen Vertretung der Bundesrepublik gehören und daher gemäß Art. 59 GG in den Zuständigkeitsbereich des Bundespräsidenten fallen, kann Verordnungscharakter nur die Ratifikation völkerrechtlicher Verträge haben. Darunter versteht man die — nicht immer erforderliche — formelle Erklärung des Staatsoberhaupts gegenüber dem Partnerstaat, aus der hervorgeht, daß die verfassungsmäßig zuständigen innerstaatlichen Organe dem Inhalt des abgeschlossenen Vertrages zugestimmt haben, und daß das Staatsoberhaupt den Vertrag bestätigt und verspricht, ihn erfüllen zu lassen[24]. Andere Vertretungsakte wie z. B. die Erklärung über die Anerkennung von Staaten oder der Empfang von Gesandten sind eindeutig konkreter Natur bzw. haben keine unmittelbare Rechtswirkung. Auch die beim Abschluß völkerrechtlicher Verträge sonst noch vorzunehmenden Handlungen, z. B. die Unterzeichnung des Vertrages, scheiden hier aus, da

---

[21] Absolut h. M.: *Maunz-Dürig* Art. 81 RN 12; *v. Mangoldt* Art. 81 Anm. 2; *Hamann*, GG Art. 81 Anm. B 6; *Giese-Schunck* Art. 81 Anm. II 4 und 10; *Nawiasky*, Grundgedanken S. 60; *Schneider*, Kabinettsfrage S. 46; *Börner* S. 237; abw. nur *Herrfahrdt* in BK Art. 81 Anm. II 3; *v. d. Heydte* S. 73.
[22] Oben S. 55.
[23] *Schneider* a. a. O. S. 45; *Börner* S. 239.
[24] Die in der Bundesrepublik gebräuchliche amtliche Formel der Ratifikationserklärung ist abgedruckt bei *v. Mangoldt-Klein* Art. 59 Anm. 3 Fußnote 1.

der Vertrag erst mit Ratifikation (völkerrechtlich) bindend wird[25], was wiederum die Voraussetzung für die innerstaatliche Wirksamkeit ist[26].

Diese strenge Unterscheidung zwischen völkerrechtlicher und innerstaatlicher Wirksamkeit völkerrechtlicher Akte ist besonders wichtig. Sie beruht auf der absolut herrschenden sog. dualistischen Lehre, wonach Völkerrecht und innerstaatliches Recht zwei verschiedene Rechtskreise sind[27]. Der Inhalt völkerrechtlicher Verträge muß daher erst durch einen innerstaatlichen Gesetzesbefehl (Sanktion) in staatliches Recht umgesetzt (transformiert) werden, um im Inland verbindlich sein zu können. Sollte diese innerstaatliche Sanktion des Vertragsinhalts durch die Ratifikationserklärung des Bundespräsidenten (mit-)erteilt werden, könnte diese u. U. als Verordnung anzusehen sein. Im folgenden ist also zu prüfen, ob die Ratifikation gleichzeitig die Sanktion enthält. Dabei empfiehlt es sich, Staatsverträge (I) und Verwaltungsabkommen (II) getrennt zu behandeln, da an dem Verfahren jeweils verschiedene Organe beteiligt sein können.

I. Ratifikation von Staatsverträgen

Staatsverträge sind alle völkerrechtlichen Verträge, welche der Zustimmung oder sonstigen Mitwirkung der innerstaatlichen Gesetzgebungsorgane bedürfen. Dazu gehören gemäß Art. 59 II 1 GG einmal solche Verträge, die sich auf Gegenstände der Bundesgesetzgebung beziehen, auf Materien also, die wegen ihres Inhalts oder auf Grund besonderer Verfassungsbestimmung durch formelles Gesetz geregelt werden müssen[28]. Zum anderen sind es diejenigen Verträge, welche die politischen Beziehungen des Bundes gestalten.

Den innerstaatlichen Gesetzesbefehl erteilt bei Staatsverträgen entweder das „Vertragsgesetz" i. S. von Art. 59 II GG oder die Ratifikation. Alle anderen zum Verfahren des Vertragsabschlusses gehörigen Akte können ihrem Wesen nach nicht normsetzend sein. Sollte die folgende Untersuchung ergeben, daß die Sanktionswirkung von der Ratifikationserklärung ausgeht, so wäre diese — vorausgesetzt, daß der jeweilige Staatsvertrag abstrakt-generelle Regeln enthält — als allgemeine Anordnung eines Exekutivorgans eine (allerdings etwas atypische) Rechts- oder Verwaltungsverordnung. Vertragsgesetze hätten dann eine andere Funktion als „gewöhnliche" Gesetze. Dem Verord-

---

[25] *Maunz-Dürig* Art. 59 RN 11.
[26] Vgl. unten S. 59.
[27] Grundlegend *Triepel*, Völkerrecht passim; Nachw. zum neueren Schrifttum bei *v. Mangoldt-Klein* Art. 59 Anm. IV 7 S. 1145.
[28] Vgl. BVerfG vom 29. 7. 1952, BVerfGE 1, 388; *Maunz-Dürig* Art. 59 RN 17; *Menzel* in BK Art. 59 Anm. II 6; abw. *v. Mangoldt-Klein* Art. 59 Anm. IV 2 S. 1137 ff.

nungscharakter der Ratifikation würde nicht entgegenstehen, daß bei Staatsverträgen die parlamentarischen Körperschaften mitwirken. Es ist nämlich allgemein anerkannt, daß nach dem GG die Gültigkeit von Rechts- oder Verwaltungsverordnungen von einer Mitwirkung dieser Organe abhängig gemacht werden kann[29].

Nach der heute h. M. enthält das Vertragsgesetz die innerstaatliche Sanktion[30]. Es ermächtigt das Staatsoberhaupt zur Ratifikation und transformiert gleichzeitig den Vertragsinhalt in innerstaatliches Recht, gibt also auch den innerstaatlichen Vollzugsbefehl[31]. Gegen diese ziemlich einhellige Ansicht und damit für die Sanktionswirkung der Ratifikation könnte man allerdings vorbringen, daß das innerstaatliche Wirksamwerden des Vertragsgesetzes davon abhängt, ob der Staatsvertrag ratifiziert und damit völkerrechtlich bindend ist. Darüber ist man sich heute trotz dualistischer Konzeption weitgehend einig. Man nimmt an, daß das Vertragsgesetz unter der aufschiebenden Bedingung der Ratifikation des Staatsvertrages innerstaatlich wirksam wird[32]. Aus dieser Abhängigkeit des Vertragsgesetzes vom Staatsvertrag folgt jedoch, daß die Ratifikation auch innerstaatliche Rechtswirkungen erzeugt. Daraus ließe sich möglicherweise ableiten, daß sie der sanktionierende Akt ist, und zwar dann, wenn der Bundespräsident frei darüber zu entscheiden hat, ob er den Staatsvertrag ratifiziert. Steht diese Entscheidung nicht in seinem politischen Ermessen, sondern ist er zur Ratifikation rechtlich verpflichtet, so kann diese keine Sanktion enthalten.

Der Bundespräsident ist nicht deshalb zur Ratifikation gezwungen, weil er nach Art. 82 GG das formell und materiell verfassungsmäßig zustande gekommene Vertragsgesetz ausfertigen und verkünden muß[33]. Ausfertigung und Verkündung einerseits sowie Ratifikation andererseits haben verschiedene Bezugspunkte: Im ersten Falle prüft der Bundespräsident nur die Rechtmäßigkeit des Vertragsgesetzes, im zweiten hat er, wenn er nach seinem Ermessen handeln darf, außerdem noch eine politische Entscheidung zu treffen. Es könnte dann durchaus sein, daß er ein Vertragsgesetz zwar für formell und materiell recht-

---

[29] BVerfG vom 12. 11. 1958, BVerfGE 8, 319; *Maunz-Dürig* Art. 80 RN 26; *Klein*, F., Übertragung S. 100 ff.; vgl. § 4 Zolltarifgesetz vom 16. 8. 1951, BGBl. I S. 527.

[30] Nachw. bei *v. Mangoldt-Klein* Art. 59 Anm. IV 7 S. 1145 ff.

[31] Auf die in der dogmatischen Konstruktion voneinander abweichenden Auffassungen der herrschenden „Transformationslehre" und der von *Mosler* begründeten „Vollzugstheorie" braucht hier nicht näher eingegangen zu werden. Siehe dazu vorallem *Mosler*, Völkerrecht, insbesondere S. 16.

[32] So *Maunz-Dürig* Art. 59 RN 34; *Langner* S. 229.

[33] So aber *Schlochauer* S. 112; vgl. dagegen *Mosler*, Auswärtige Gewalt S. 285.

mäßig, den Staatsvertrag aber für politisch nicht opportun hält und ihn deshalb nicht ratifiziert.

Gegenüber den gesetzgebenden Organen kann der Bundespräsident frei über die Abgabe einer Ratifikationserklärung entscheiden[34]. Das zeigt ein Vergleich zwischen den Fassungen der Art. 59 II 1 und 59a IV GG: Während die gesetzgebenden Körperschaften beim Abschluß von Staatsverträgen nur zustimmen, wird gemäß Art. 59a IV GG über den Friedensschluß durch Bundesgesetz *entschieden.* Hierbei ist der Bundespräsident zur Ratifikation verpflichtet[35]. Diese ausdrückliche Bestimmung des Art. 59a IV GG hätte vom verfassungsändernden Gesetzgeber nicht eingeführt zu werden brauchen, wenn der Bundespräsident schon nach Art. 59 I GG alle Staatsverträge ratifizieren müßte[36].

Im Gegensatz hierzu ist der Bundespräsident jedoch innerhalb der Exekutive an den Willen anderer Organe gebunden, und zwar durch die Richtlinienkompetenz des Bundeskanzlers (Art. 65 GG). Diese wäre auf dem Gebiet der auswärtigen Gewalt durchbrochen, wenn der Bundespräsident die Ratifikation von Staatsverträgen nicht nur aus verfassungsrechtlichen, sondern auch aus politischen Gründen durchsetzen oder verweigern könnte. Einen so starken Einfluß auf die Außenpolitik will ihm das GG nicht geben. Art. 59 II GG behandelt nur die Zuständigkeitsverteilung zwischen Legislative und Exekutive, nicht die innerhalb der letzteren. Hier bleibt es bei der Regelung des Art. 65 GG. Der Bundeskanzler kann sich also auf dem Gebiete der auswärtigen Gewalt stets gegen den Bundespräsidenten durchsetzen[37]. Will er im Gegensatz zum Staatsoberhaupt eine Maßnahme nicht durchführen, so verweigert er die Gegenzeichnung. Im umgekehrten Fall kann er gemäß Art. 93 I Ziff. 1 GG, §§ 13 Ziff. 5, 63 BVerfGG das Bundesverfassungsgericht anrufen, welches dann die Pflicht des Bundespräsidenten feststellt (§ 68 BVerfGG) und ihn so indirekt zur Ratifikation zwingt. Diese hat deshalb keine innerstaatliche Rechtssatzwirkung.

Im übrigen enthielte die Erklärung auch dann, wenn man die Entscheidungsfreiheit des Bundespräsidenten bejahte, nicht den Gesetzesbefehl. Es wäre widersinnig, den Bundespräsidenten gerade auf dem

---

[34] Ebenso die h. M.; Nachw. bei *v. Mangoldt-Klein* Art. 59 Anm. IV 7 a S. 1145.

[35] Unstr.; statt vieler *v. Mangoldt-Klein* Art. 59 Anm. IV 4 S. 1167 mit weiteren Nachw.

[36] So besonders deutlich *Kraus* in HdbDStR II S. 356 zu den entsprechenden Fassungen von Art. 45 II und III WV; vgl. auch *Anschütz,* WV Art. 45 Anm. 5.

[37] *Maunz-Dürig* Art. 59 RN 5 und 18; im Ergebnis ebenso *Mosler,* Auswärtige Gewalt S. 285 f.; abw. *v. Mangoldt-Klein* Art. 59 Anm. III 3 S. 1133; *Nawiasky,* Grundgedanken S. 107 f.: „Einvernehmen" zwischen Bundespräsident und -kanzler.

wichtigen Gebiet der auswärtigen Gewalt als den eigentlichen Gesetzgeber anzusehen, obwohl ihn das GG auch hier entmachtet hat[38]. Die Ratifikation ist vielmehr nur Wirksamkeitsvoraussetzung des Vollzugsbefehls. Eine solche Konstruktion ist unserer Rechtsordnung keineswegs fremd. Es sei nur an die vielen Genehmigungen von Rechtsgeschäften im Zivilrecht erinnert. Auch hier gilt das Geschäft als eines der Person, die es im eigenen Namen abschließt, nicht als eines des Genehmigenden[39]. Die Ratifikation eines Staatsvertrages ist daher zwar ein die Rechtssetzung beeinflussender, aber kein eigentlich rechtssetzender Akt des Bundespräsidenten, also keine Verordnung[40].

II. Ratifikation von Verwaltungsabkommen

Verwaltungsabkommen sind alle völkerrechtlichen Verträge, die ohne Mitwirkung des Gesetzgebers innerstaatlich wirksam sind. Sie können alles das zum Inhalt haben, was durch Verwaltungsvorschriften geregelt werden darf. Ob Verwaltungsabkommen ratifiziert werden müssen, bestimmt sich wie bei den Staatsverträgen nach dem Willen der Vertragspartner[41]. Wird eine Ratifikation vereinbart, so ist sie auch hier vom völkerrechtlichen Vertretungsorgan der Bundesrepublik Deutschland, also vom Bundespräsidenten vorzunehmen. Dieser kann allerdings ein Regierungsmitglied zur Abgabe der Erklärung bevollmächtigen.

In ihrer innerstaatlichen Wirkung könnte sich die Ratifikation bei Verwaltungsabkommen von derjenigen bei Staatsverträgen unterscheiden, da bei ihrem Zustandekommen die gesetzgebenden Organe nicht eingeschaltet sind[42]. Das bedeutet möglicherweise, daß *der Bundespräsident* mit der Ratifikation den Inhalt des Verwaltungsabkommens innerstaatlich verbindlich macht, daß *er* also Normen für die staatlichen Organe und Organwalter setzt.

Auch Verwaltungsabkommen bedürfen nämlich eines innerstaatlichen Befehls, um im Inland rechtswirksam zu werden. Das kommt bei der herkömmlichen Lehre oft nicht klar genug zum Ausdruck, wenn von der Transformation des Inhalts völkerrechtlicher Verträge die Rede ist. Erst in der neueren Literatur wird dieser Gesichtspunkt wieder mit

---

[38] Vgl. Art. 59 II 1 GG mit Art. 11 aRV und Art. 45 III WV.
[39] Vgl. *Lehmann* S. 308; siehe auch unten S. 63.
[40] Ähnlich *Mallmann*, Sanktion S. 211 Anm. 84: „Rechtsbedingung für das Zustandekommen des Vertragsgesetzes."
[41] *Grewe*, Verwaltungsabkommen S. 372.
[42] Von der entsprechend Art. 83 ff., 59 II 2 GG teilweise erforderlichen Mitwirkung des Bundesrates abgesehen, die zur Wahrung von Länderinteressen, nicht aus rechtsstaatlichen Gründen erfolgt.

der nötigen Schärfe herausgearbeitet[43]. Fraglich bleibt nur, welches Exekutivorgan bei Verwaltungsabkommen den staatlichen Vollzugsbefehl erteilt. Hier ist Art. 59 II 2 GG zu beachten, der für Verwaltungsabkommen eine entsprechende Anwendung der Art. 83 ff. GG anordnet. Diese Vorschriften betreffen nämlich nicht nur das Bund-Länder-Verhältnis, sondern geben auch Auskunft darüber, wer bei der bundeseigenen Verwaltung allgemeine Verwaltungsvorschriften erläßt und die Organisation regelt[44]. Die Art. 83 ff. GG, ebenso die darauf beruhenden Spezialgesetze und sonstigen ergänzenden Normen über die bundeseigene Verwaltung bestimmen damit also auch, wem die Organkompetenz zum Erlaß von Verwaltungsverordnungen zusteht. Sie beantworten damit zugleich die vorliegende Frage: Wie nach Art. 59 II 1 GG nicht die Gegenstände der Bundesgesetzgebung, sondern die der Bundes*gesetzgebung* über die Einschaltung der Legislativorgane entscheiden, sind es nach Art. 59 II 2 GG die entsprechend Art. 83 ff. GG zuständigen Organe der Bundes*verwaltung*, welche bei der Transformation von Verwaltungsabkommen tätig werden müssen[45]. Diese Organe erteilen den nachgeordneten staatlichen Stellen auch den Vollzugsbefehl. Das ergibt wiederum eine Gegenüberstellung mit Art. 59 II 1 GG: Dort erlassen den Vollzugsbefehl die Organe der Bundesgesetzgebung, hier die der Bundesverwaltung. Daraus folgt, daß Verwaltungsabkommen vom jeweiligen Träger der (internen) Verwaltungs- und Organisationshoheit über die Materie, auf die das Abkommen sich bezieht, sanktioniert werden[46].

Eine solche Sanktion innerdienstlicher Normen ist aber von ihrer Ratifikation scharf zu trennen, mögen die beiden Akte auch äußerlich zusammenfallen. Die Ratifikation hat der Bundespräsident wie bei Staatsverträgen dann vorzunehmen oder zu unterlassen, wenn es der Bundeskanzler kraft seiner Richtlinienkompetenz anordnet. Sie ist deshalb auch hier kein rechtssetzender Akt, sondern allenfalls Wirksamkeitsvoraussetzung der anderweitig erteilten Sanktion.

Der Bundespräsident entscheidet jedoch, wie oben ausgeführt, dann über die innerstaatliche Anwendbarkeit von Verwaltungsabkommen, wenn der betreffende Gegenstand in seine interne Verwaltungskompetenz fällt. Hier hat er auf Grund freier Willensentschließung den Inhalt der Abkommen in innerstaatliches Recht zu transformieren und ihn damit zu sanktionieren. Ist dieser Inhalt abstrakt-generell, so erläßt der

---

[43] *Giese-Schunck* Art. 59 Anm. II 6; *Mosler*, Völkerrecht S. 17. Vgl. auch BVerfG vom 21. 3. 1957, BVerfGE 6, 294; bayVerfGH vom 24. 2. 1956, bayVerfGHE 9, 26.
[44] Z. B. Art. 84 II, 85 II 1, 86, 1 und 2, 87 I 2, 87 II 1 und 2 GG.
[45] Vgl. *Haas*, Internat. Verträge S. 386.
[46] *v. Mangoldt-Klein* Art. 59 Anm. V 7 S. 1155; *Haas* a. a. O.; vgl. auch *Laband*, Staatsrecht II S. 158.

Bundespräsident dabei innerstaatliche Verwaltungsverordnungen. Diese können allerdings — bei ratifikationsbedürftigen Abkommen — auch im Inland erst nach der Ratifikation in Kraft treten[47].

III. Ergebnis

Als Gesamtergebnis ist festzuhalten, daß der Bundespräsident im Zusammenhang mit der Ratifikation völkerrechtlicher Verträge dann eine Verwaltungsverordnung erläßt, wenn er zugleich den Vollzug eines Verwaltungsabkommens mit abstrakt-generellem Inhalt durch Bundesorgane anordnet.

E. Genehmigung der Geschäftsordnung der Bundesregierung

Nach Art. 65, 4 GG gibt sich die Bundesregierung selbst eine Geschäftsordnung (GeschOBReg), welche ihren „Geschäftsbetrieb", d. h. das Verfahren bei ihrer Arbeit, sowie die Stellung des Bundeskanzlers innerhalb der Regierung, die seines Stellvertreters und der anderen Bundesminister regelt.

Gemäß Art. 65, 4 GG bedarf die GeschOBReg der Genehmigung durch den Bundespräsidenten. Diese wäre dann als Verordnung zu qualifizieren, wenn sie die Sanktion der Geschäftsordnung enthielte.

Das ist jedoch nicht der Fall, auch wenn man mit der h. M. davon ausgeht, daß der Bundespräsident frei darüber zu entscheiden hat, ob er die Genehmigung erteilt[48]. Diese als Sanktion anzusehen, widerspräche bereits dem Wortlaut des Art. 65, 4 GG, wonach die GeschOBReg von der *Bundesregierung beschlossen* wird. Zum (Gesetzes-)Beschluß gehört nämlich auch die Sanktion[49]. Die Genehmigung des Bundespräsidenten ist eine Wirksamkeitsbedingung, jedoch nicht die „Sanktion" der Geschäftsordnung. Das entspricht auch der weitaus h. L. zur Rechtsnatur der Genehmigung kommunaler Satzungen, welche mit der Natur des hier behandelten Staatsaktes durchaus zu vergleichen ist. Die Genehmigung gilt als Wirksamkeitserfordernis der kommunalen Satzung, nicht als Rechtssatz, sondern als Verwaltungsakt bzw. als „Mitwirkungsakt" im Satzungsverfahren[50]. Ganz deutlich sagt dies Obermayer[51]: „Es handelt sich hier[52] um rechtserhebliche Mitwirkungs-

---

[47] Vgl. *Maunz-Dürig* Art. 59 RN 34.
[48] *v. Mangoldt-Klein* Art. 65 Anm. VI vor 1, S. 1269; *Giese-Schunck* Art. 65 Anm. II 7; ähnlich *Böckenförde*, Org.gewalt S. 126 f.
[49] *Maunz-Dürig* Art. 77 RN 3.
[50] BVerwG vom 14. 5. 1963, BVerwGE 16, 83; BayVerfGH vom 13. 10. 1951, GVBl. 1952 S. 4; OVG Lüneburg vom 23. 2. 1954, OVGE 7, 468; *Forsthoff*, Verw.R. S. 193; *Obermayer*, Übertragung S. 627; *Mörtel* S. 362 ff.
[51] a. a. O.

rechte... Keinesfalls aber kann man ihnen für sich allein die Qualität eines förmlich zu verkündenden Rechtssatzes beimessen, und zwar auch dann nicht, wenn von ihrem Vorhandensein die Rechtmäßigkeit einer Rechtsverordnung abhängt."

Die Genehmigung der GeschOBReg ist hiernach keine Verordnung.

F. Erlaß von Organisationsakten

Zum staatlichen Organisationsrecht i. e. S. zählt man herkömmlicherweise (nur) diejenigen Rechtsvorschriften, welche die Schaffung von Staatsorganen, ihre gegenseitigen Beziehungen und ihr Funktionieren regeln[53].

Innerhalb des großen Bereiches der staatlichen „Organisation" sind damit sinnvollerweise folgende Einzelaufgaben zu unterscheiden[54]:

a) Bildung (Stiftung) von Organen, d. h. der Befehl, daß gewisse Organe überhaupt entstehen sollen, z. B. die Finanzämter[55], das Bundesverfassungsgericht. Entsprechendes gilt für die Änderung und Aufhebung von Organen.

b) Errichtung eines bereits (abstrakt) gebildeten Organs, z. B. des Finanzamts A. Einzigartige Organe wie das Bundesverfassungsgericht werden in der Regel gleichzeitig gebildet und errichtet.

c) Bestimmung des Sitzes und besonders der Zuständigkeit (= Kompetenz) eines Organs. Dies geschieht oft uno actu mit der Bildung oder der Errichtung, ist aber inhaltlich ein selbständiger Akt[56].

d) Innere Organisation; dazu gehören

aa) die Einrichtung des Organs, d. h. das Bereitstellen der zu seiner Aufgabenerfüllung erforderlichen sachlichen Mittel und die Zuweisung des benötigten Personals (i. S. einer Besetzung der haushaltsmäßig vorhandenen Stellen, nicht einer dienstrechtlichen Ernennung der Organwalter);

bb) die Gestaltung der inneren Struktur des Organs; dieses wird in einzelne Ressorts eingeteilt, die interne Ressortzuständigkeit wird festgelegt (Geschäftsverteilung) und das interne Verfahren geregelt (Geschäftsordnung).

---

[52] Gemeint ist die Zustimmung des Landtags zu kommunalen Grenz- und Statusänderungen gemäß Art. 9 II bayVerf., Art. 5 III, IV bayGO.

[53] *Wolff*, H. J., Verw.R. II S. 8; *Maunz-Dürig* Art. 84 RN 3 und 5; *Ermacora* S. 201; vgl. auch *Meyer-Anschütz* S. 670.

[54] In Anlehnung an *Wolff*, H. J., Verw.R. II S. 96 ff.; *Rasch*, Behörde S. 31 ff.; *Rasch-Patzig* S. 4 ff.; *Maunz-Dürig* Art. 84 RN 20; *Böckenförde*, a. a. O. S. 47 f.

[55] Vgl. § 1 ff. FinVwG.

[56] Vgl. *Volkmar* S. 199.

Der Bundespräsident hat Organisationsakte im genannten herkömmlichen Sinne bisher nur bei der Organisation des Bundespräsidialamtes erlassen. Dieses ist zwar lediglich ein Organteil, Oberste Bundesbehörde ist es nur zusammen mit dem Bundespräsidenten[57]. Aber auch die Bildung und Errichtung sowie die innere Ausgestaltung von Organteilen sind Organisationsakte[58]. Zuständigkeiten kann der Bundespräsident seinem Amte jedoch nicht verleihen. Als Organteil kann das Amt nämlich über keine eigenen Zuständigkeiten verfügen. Vertretungsorgan des Staates kann eine Behörde nur als Ganzes sein[59]. Dem steht nicht entgegen, daß das Bundespräsidialamt einen relativ selbständigen Direktor im Range eines Staatssekretärs hat, welcher oft als „Chef des Bundespräsidialamts" bezeichnet wird[60]. Er ist nicht der Leiter einer selbständigen Behörde, sondern nur Vertreter des Bundespräsidenten in dessen Eigenschaft als Leiter seines „Büros"[61]. Wenn der Bundespräsident den Mitgliedern seiner Behörde Aufgaben überträgt, so verteilt er damit nur intern die Geschäfte, wie dies jeder Behördenchef für seine Dienststelle tut[62]. Alle Bediensteten des Bundespräsidialamts erledigen Geschäfte des Bundespräsidenten; sie sind sein Hilfspersonal. Alle Kompetenzen sind und bleiben dabei jedoch in *seiner* Hand.

Die Rechtsnatur der Organisationsnormen ist in zweierlei Hinsicht bemerkenswert, nämlich in bezug auf ihren Verordnungs- (I) und ihren Rechtssatzcharakter (II).

I. Organisationsvorschriften als Verordnungen oder Einzelakte

Die Organisationsvorschriften der Exekutive[63] sind dann als Verordnungen zu bezeichnen, wenn sie abstrakt-generelle Regeln enthalten.

---

[57] *Wolff*, H. J., Verw.R. II S. 36, 37, 72, 118; *Köttgen*, Behörden S. 5.
[58] Vgl. *Obermayer*, Verwaltungsakt S. 117; *Wolff*, H. J., Verw.R. II S. 99; *Rasch*, Behörde S. 41.
[59] Vgl. *Rasch*, Behörde S. 13, 18; *Wolff*, H. J., Verw.R. II S. 11.
[60] Z. B. in Art. 5 II, 6 II des Statuts des „Verdienstordens der Bundesrepublik Deutschland" vom 8. 12. 1955, BGBl. I S. 749.
[61] Unrichtig deshalb *Wolff*, H. J., Verw.R. II S. 37, wonach der Chef des Bundespräsidialamts als Organteil eigene Kompetenzen besitze und dieses Amt insoweit selbst Behörde sei; vgl. oben im Text.
[62] Der Bundespräsident handelt in einem solchen Falle überhaupt nicht als verfassungsmäßiges Staatsorgan, sondern eben als Behördenleiter. Deshalb sind seine Anweisungen zur internen Organisation seines Büros keine präsidialen „Organ"akte i. e. S.; sie brauchen daher auch nicht gegengezeichnet zu werden. So für die entsprechenden Akte des Weimarer Reichspräsidenten *Gebhard* Art. 50 Anm. 2 a; heute *Hamann*, GG Art. 58 Anm. B 5; *Kastner* S. 93 mit weiteren Nachw.
[63] Die der Legislative ergehen in Gesetzesform und interessieren daher hier nicht.

Bei der *Bildung* von Organen ist dies immer dann der Fall, wenn durch einen einzigen Akt eine unbestimmte Anzahl gleichartiger Organe gebildet wird, z. B. *die* Finanzämter. Damit werden ungewiß viele Rechtsverhältnisse unbestimmt vieler staatlicher Vertretungsorgane geregelt[64]. Mit der Bildung eines einzigartigen Organs, z. B. des Bundesverfassungsgerichts, wird dagegen das konkrete Rechtsverhältnis eines einzigen Vertretungsorgans gestaltet; dasselbe gilt für die Bildung von einzigartigen Organteilen. Sie ist deshalb konkret-speziell[65].

Errichtet wird ein bereits gebildetes Organ durch einen konkreten Akt, da er sich begrifflich nur auf ein bestimmtes Organ bezieht, z. B. das Finanzamt in A, also ein einziges Rechtsverhältnis eines einzigen Organs gestaltet.

Die *Regelung der* sachlichen oder örtlichen *Zuständigkeit* des jeweiligen Organs ist ein rechtsgestaltender Akt, weil dadurch Rechtsverhältnisse konstitutiv begründet werden. Die Zuständigkeit ist eine rechtliche Beziehung zwischen den Rechtssubjekten Staat und Staatsorgan, also ein Rechtsverhältnis[66]. Wird daher eine Kompetenz an unbestimmt viele Organe verliehen, so ist die zuweisende Norm generell und damit als rechtsgestaltende gleichzeitig abstrakt[67]. Aber auch die Zuständigkeitsregelung gegenüber einer bestimmten Anzahl staatlicher Organe kann abstrakt-generell sein, sie ist es sogar meist. Eine Kompetenzvorschrift gestaltet nicht nur die Rechtsverhältnisse zwischen dem Staat und seinen Organen, sondern auch die zwischen den Staatsorganen und den Personen und Institutionen (z. B. Behörden), mit welchen die Organe auf Grund der ihnen verliehenen Zuständigkeit rechtlich verkehren sollen. Diese Beziehung ist aber ebenfalls ein Rechtsverhältnis: Das jeweilige Staatsorgan ist gegenüber demjenigen, für bzw. gegen den es tätig wird, dazu befugt und verpflichtet, im Rahmen seiner örtlichen und sachlichen Zuständigkeit alle anfallenden Vorgänge zu bearbeiten[68]. Dadurch entsteht zwischen dem Staatsorgan und den von seiner Tätigkeit betroffenen Personen und Institutionen ebenfalls eine rechtliche Beziehung, welche auch die letzteren zu Adressaten der Kompetenznorm werden läßt. Dazu ist nicht erforderlich, daß der erwähnten Befugnis und Verpflichtung des Organs entsprechende Pflichten und Rechte der Betroffenen gegenüberstehen, die Organisationsvorschrift also i. S. der Rechtssatzlehre auch nach außen wirkt. Um ein Rechtsverhältnis zu begründen, genügt eine „Obliegenheit" des

---

[64] Vgl. oben S. 19 f.
[65] *Forsthoff*, Verw.R. S. 385; unklar *Wolff*, H. J., Verw.R. II S. 100.
[66] *Volkmar* S. 139, 198.
[67] Vgl. oben S. 19 f.
[68] *Volkmar* S. 198.

Zuständigkeitsträgers[69]. Die Frage der Außenwirkung spielt erst eine Rolle, wenn die Rechtssatzqualität der Organisationsnormen in Rede steht. Bezieht sich daher die Kompetenz auf ein Tätigwerden gegenüber unbestimmt vielen Personen bzw. Institutionen, so ist der Verleihungsakt abstrakt-generell, auch wenn er sich primär nur an ein einziges Staatsorgan wendet. Zuständigkeitsregelungen sind also nur dann *keine Verordnungen*, wenn sie Angelegenheiten eines zahlenmäßig feststehenden Adressatenkreises im Auge haben, z. B. den Erlaß eines Einzelpersonengesetzes oder eines an bestimmte Personen gerichteten Verwaltungsaktes[70].

Die *innere Organisation* einer staatlichen Stelle erfolgt oft abstrakt-generell, z. B. durch den Erlaß eines Geschäftsverteilungsplans (= Festlegung der nur intern wirkenden „Ressortzuständigkeiten") oder einer Geschäftsordnung, die sich beide an unbestimmt viele Bedienstete wenden. Sie kann aber auch für den bestimmten Einzelfall geschehen, beispielsweise durch die Weisung an ein Ressort, ausnahmsweise einen Fall zu bearbeiten, der sonst von einer anderen Abteilung erledigt wird.

Von den Organisationsvorschriften sind also nur die gleichzeitige Bildung unbestimmt vieler Organe, die allgemein gefaßten Zuständigkeitsregelungen, die Geschäftsordnungen und Geschäftsverteilungspläne als Verordnungen anzusehen.

II. Organisationsverordnungen als Rechts- oder Verwaltungsverordnungen

Bei den Organisationsverordnungen ist man sich bis heute noch nicht ganz darüber einig, ob ihnen Rechtssatzcharakter zukommt oder ob sie lediglich Verwaltungsverordnungen sind. Die Staatsrechtslehre des Kaiserreichs bejahte grundsätzlich das letztere, da „durch die Organisation der Behörden in den Rechtszustand der Untertanen nicht eingegriffen, sondern nur die Verteilung der Geschäfte unter die einzelnen Staatsorgane berührt wird[71]".

Aber auch die damals h. M. machte — was häufig übersehen wird — bereits bedeutende Einschränkungen. So hielt man diejenigen Organisationsverordnungen, welche nicht nur „organisieren", d. h. amtliche und dienstliche Interna regeln, sondern zugleich auch Rechte und Pflich-

---

[69] Vgl. *Volkmar* a. a. O. Fußnote 132; unten S. 104.
[70] Vgl. *Triepel*, Delegation S. 94; *Obermayer*, Übertragung S. 628; abw. *Barbey* S. 79 ff.
[71] *Meyer-Anschütz* S. 670; ebenso *Anschütz*, Gegenwärt. Theorien S. 65; *v. Stengel*, Verw.R. S. 25, 167 f.; *Zorn*, Staatsrecht I S. 289; im Ergebnis auch *Kelsen*, Hauptprobleme S. 566; a. M. besonders *Haenel* S. 223 ff., 284 ff., ausgehend von seinem gegen die h. L. gerichteten Rechtssatzbegriff; *Arndt*, Selbst. Verordnungsrecht S. 159 ff.; *Triepel*, Delegation S. 29, 30, 88, 91; *Richter* S. 11 ff.

ten der Bürger begründen und somit nach außen wirken, für Rechtssätze. Als solche Vorschriften wurden die Organisationsnormen der Verfassungen und vor allem die der Prozeßgesetze bezeichnet[72]. G. Jellinek leitete aus diesem Gedanken folgenden allgemeinen Grundsatz ab: Wenn Organisationsnormen nicht nur Organe schaffen, sondern auch deren Kompetenzen abgrenzen, sind sie dann Rechtsverordnungen, wenn darin zugleich eine „Verleihung von Imperium" gelegen ist, weil dadurch neue Rechte und Pflichten der Bürger begründet werden[73].

Damit bahnte sich schon frühzeitig eine differenzierende Betrachtungsweise an, die sich auch mehr und mehr durchsetzte. Die heute durchaus h. M. folgt im wesentlichen diesen Argumentationen[74]. Dem ist grundsätzlich zuzustimmen. Es ist heute allgemein anerkannt, daß zu innerdienstlichen Zwecken erlassene Normen dann ihren rein internen Charakter verlieren, wenn sie „nach außen durchschlagen", indem sie auch Rechte und Pflichten für den Einzelnen erzeugen[75]. Die Schwierigkeiten liegen im hier behandelten Fragenkreis allein darin, festzustellen, wodurch bei Organisationsverordnungen solche Außenwirkungen entstehen können und bei welchen dies der Fall ist.

Außenwirkungen auf Staatsbürger können nur solche Organisationsverordnungen haben, welche in irgendeiner Weise *Zuständigkeiten* des Vertretungsorgans zur Vornahme von rechtlich erheblichen Amtshandlungen festlegen. Dabei muß es sich um Amtsgeschäfte gegenüber den im allgemeinen Gewaltverhältnis stehenden Bürgern handeln, also nicht um staatsleitende, völkerrechtliche, verwaltungsinterne oder „rechtsfreie" Organakte. Allein die Zuständigkeit, also die rechtliche Macht eines Organs, den Staat bei der Wahrnehmung seiner Befugnisse und Aufgaben zu vertreten, ist es, welche den Rechtsverkehr mit den Staatsbürgern vermittelt. Nur über die Zuständigkeit tritt das Organ nach „außen" auf. Durch die bloße Bildung oder Errichtung eines Organs wird das rechtliche Band zwischen ihm und den gewaltunterworfenen Bürgern noch nicht hergestellt. Das Anknüpfen der h. L. an die Zuständigkeitsnormen ist also durchaus sinnvoll.

Die Außenwirkung der Zuständigkeitsnormen ergibt sich nicht daraus, daß diese zugleich den Staatsbürger anweisen, die von der Staatsgewalt erlassenen Weisungen zu befolgen[76]. Ein derartiges allgemeines Rechtsbefolgungsgebot wird bereits durch höherrangige Normen

---

[72] *Meyer-Anschütz* S. 671 Fußnote 5.
[73] Gesetz und Verordnung S. 387; weitere Literaturnachw. oben S. 33 Fußnote 82.
[74] Nachw. oben S. 33 Fußnote 83.
[75] Vgl. die umfangreiche Literatur zum sog. besonderen Gewaltverhältnis, oben S. 33 ff.
[76] So aber *Rasch*, Behörde S. 6 f. und in *Rasch-Patzig* S. 4.

begründet, z. B. durch die Verfassung[77]. Kompetenzregelnde Normen lassen auch keine neuen materiellen Pflichten für den Einzelnen entstehen[78], sondern sie dienen nur der Durchsetzung anderweitig festgelegter Verpflichtungen. Dagegen enthalten die Organisationsnormen insoweit einen Eingriff in individuelle Rechte, als sie kraft ihrer „Ausschließlichkeitsfunktion"[79] die Betätigungsfreiheit des Einzelnen beschränken. Durch ihre „Zuständigkeit" schließt eine staatliche Stelle jede andere vom Tätigwerden in ihrem Funktionsbereich aus[80]. Der Bürger wird dadurch genötigt, sich in bestimmten Angelegenheiten an bestimmte Behörden zu wenden, während er vorher grundsätzlich auch an andere herantreten konnte. Dabei ist es unerheblich, ob die staatlichen Organe Befehl und Zwang anwenden, ob sie Leistungen gewähren, schlicht hoheitlich oder (monopolartig) fiskalisch verwalten, ob sie selbst entscheiden dürfen oder nicht. Der Bürger ist stets auf die für ihn örtlich und sachlich zuständige Stelle beschränkt[81].

Rechtssatzcharakter erhalten die Kompetenznormen auch dadurch, daß ihr Erlaß ein subjektives öffentliches Recht für den Bürger begründet, nämlich das Recht darauf, daß staatliche Behörden ihm gegenüber nicht von ihrer vorgegebenen Zuständigkeit abweichen. Kompetenzen dienen nicht nur dem reibungslosen Funktionieren des Staatsapparats, (Ausschließlichkeitsfunktion), sondern sie sind *auch* im Interesse des Einzelnen erlassen[82]. Die Festlegung von Zuständigkeiten der Behörden soll eine erhöhte Rechtssicherheit verleihen. Indem bestimmte Organe bestimmte Angelegenheiten auszuführen haben, wird der Bürger beispielsweise davor bewahrt, zu irgendwelchen Leistungen mehrmals — u. U. jeweils sachlich zu Recht — herangezogen zu werden. Der Einzelne soll und muß wissen, welche staatliche Stelle ihm etwas befehlen darf und

---

[77] Vgl. *Küchenhoff* S. 44; *Nawiasky*, Rechtslehre S. 38 f. und in *Nawiasky-Leusser* Anm. zu Art. 117 S. 199.

[78] A. M. *Nawiasky*, Bayer. Verfassungsrecht S. 40, 116, 344 und in *Nawiasky-Leusser* Anm. zu Art. 9 S. 83 und zu Art. 77 S. 158; *Sembritzki* S. 30; neuerdings auch *Rasch*, Behörde S. 6 und in *Rasch-Patzig* S. 4.

[79] Ausdruck von *Rasch*, Behörde S. 7 und in *Rasch-Patzig* S. 4.

[80] Das gilt grundsätzlich auch dann, wenn ausnahmsweise einmal mehrere Organe zuständig sind; hier wird das Betätigungsmonopol zwar mehreren Organen verliehen, außer ihnen dürfen aber auch keine anderen eingreifen.

[81] Zutr. *Nawiasky*, Bayer. Verfassungsrecht S. 344; dagegen heben die meisten Autoren auf Entscheidungsbefugnisse ab: so *Wolff*, H. J., Verw.R. II S. 97 und 100; *Heinze* S. 375; *Schweiger* S. 363; wohl auch *Böckenförde*, Org.-gewalt S. 93.

[82] *Forsthoff*, Verw.R. S. 215; *Rasch*, Behörde S. 6; derselbe, Organisationsgesetz S. 380; *Obermayer*, Vorbehalt S. 335; OVG Münster vom 15. 11. 1956, ZBR 1957, 178; hess. VGH in st. Rspr., z. B. in den Urteilen vom 9. 4. 1958, ESVGH 8, 143 und vom 10. 9. 1959, ESVGH 10, 32; VGH Freiburg vom 12. 12. 1956, ZBR 1957, 176; abw. LVG Düsseldorf vom 17. 5. 1956, ZBR 1956, 193 (mit Anm. von *Lubbe*); a. M. *Heinze* S. 375; *Wolff*, H. J., Verw.R. II S. 99; *Köttgen*, Org.gewalt S. 177.

von welcher er Leistungen in Anspruch nehmen kann[83]. Dabei kommt es nicht darauf an, ob die betreffende Behörde nach gesetzlichen Regeln oder nach ihrem Ermessen zu entscheiden hat. Dem kann nicht entgegnet werden, daß bei Rechtsentscheidungen beide Stellen vom Bürger nur dasselbe verlangen dürfen und dies insgesamt nur einmal, ein Schutzbedürfnis hier also nicht gegeben ist[84]. Der Einzelne ist schon davor zu bewahren, daß er sich möglicherweise mit zwei staatlichen Behörden „herumschlagen" muß. Da die Kompetenznormen insoweit aber auch *seinem* Schutz dienen, verleihen sie ihm nach der modernen wertenden Unterscheidung zwischen durchsetzbaren Rechten (i. S. von Art. 19 IV GG) und bloßen Rechtsreflexen[85] ein subjektives öffentliches Recht. Sie haben demnach auch aus diesem Grunde Außenwirkung.

III. Ergebnis

a) Als organisatorische Rechtsverordnungen sind diejenigen Normen anzusehen, welche allgemein gefaßte Zuständigkeiten staatlicher Organe zum Rechtsverkehr mit Bürgern im allgemeinen Gewaltverhältnis begründen oder verändern.

b) Organisatorische Verwaltungsverordnungen sind dagegen alle Vorschriften, die

    aa) unbestimmt viele Staatsorgane bilden;

    bb) allgemein gefaßte Zuständigkeiten regeln, wenn dabei das allgemeine Gewaltverhältnis der Staatsbürger nicht berührt wird;

    cc) allgemeine Bestimmungen über die innere Organisation staatlicher Stellen enthalten.

G. Setzung von Staatssymbolen

Von seinem Zweck her, dem Bürger gegenüber die Wertfülle des Staates zu repräsentieren[86], wird der Begriff des Staatssymbols allgemein so definiert: Ein Staatssymbol ist ein sinnlich wahrnehmbarer Gegenstand oder Vorgang, welcher dem Einzelnen das Dasein des Staates, seine Hoheit und seinen Wertgehalt aufzeigt, um zersprengte innere Kräfte im Volke wieder zusammenzuführen[87].

---

[83] So besonders *Obermayer*, Übertragung S. 626; *Rasch*, Behörde S. 7.
[84] So aber LVG Düsseldorf a. a. O.
[85] Vgl. *Forsthoff*, Verw.R. S. 172, 174; *Wolff*, H. J., Verw.R. I S. 225 ff.; *Bachof*, Subjekt. Rechte S. 296 f.; *Maunz-Dürig* Art. 19 IV RN 36 f.
[86] *Smend* S. 48; vgl. *Dohna* in HdbDStR I S. 200; *Koellreutter* S. 100; *Dahlmann* S. 5.
[87] Vgl. *Maunz* S. 78; *Dahlmann* S. 4; *Krüger*, Herb., Staatslehre S. 226.

Unter Setzung von Staatssymbolen ist der Staatsakt zu verstehen, der ein Staatssymbol ins Leben ruft und seine äußere Gestalt (Form, Farbe) bestimmt, also z. B. die Regelung, wie die Nationalflagge oder der Verdienstorden der Bundesrepublik Deutschland gestaltet ist oder wie die Nationalhymne lautet. Nicht dazu gehören Normen, die sich mit dem Gebrauch von Staatssymbolen befassen, wie z. B. die Vorschriften über die Flaggen*führung*[88] oder das Verfahren bei Ordensverleihungen[89]; das sind reine Dienstregelungen. Besonders deutlich wird dieser Unterschied an § 81 BBG: Abs. I sieht vor, daß der Bundespräsident die Amtstitel der Bundesbeamten festsetzt, wogegen Abs. II unmittelbar über die Führung von Amtstiteln befindet.

Im folgenden sollen diejenigen Gegenstände aufgezählt werden, die nach heutiger Auffassung Staatssymbole sind[90]. Dabei sollen auch die symbolsetzenden Vorschriften, vor allem die des Bundespräsidenten, genannt werden, welche seit Inkrafttreten des GG erlassen wurden[91]. In diesem Zusammenhang ist jeweils die Rechtsnatur der Symbolsetzung zu untersuchen. Hierbei ist zu beachten, daß der Kreationsakt zwar seinem Wesen nach dem Verfassungsrecht angehört, weil er Symbole für den Staat als solchen schaffen soll. Dies ist jedoch nicht sein einziger Zweck. Die Symbolsetzung enthält in der Regel auch eine abstraktgenerelle Anordnung, welche sich auf das Staat-Bürger-Verhältnis bzw. auf das Verhältnis des Staates zu seinen Organen und Organwaltern auswirkt: Sie schreibt allgemeinverbindlich vor, in welcher Form die Symbole gebraucht oder hergestellt werden dürfen bzw. müssen. Damit bezieht sich die symbolsetzende Anordnung auf eine unbestimmte Vielzahl von Fällen menschlichen Tuns oder Unterlassens, auch wenn sie nur ein einziges Symbol (z. B. die Nationalflagge, den Verdienstorden der Bundesrepublik Deutschland) ins Leben ruft. Denn es werden künftig unbestimmt viele Nationalflaggen, Orden u. dgl. unbestimmt oft in der einheitlichen Gestalt hergestellt oder gebraucht, wie sie die Anordnung festlegt. Gleichzeitig wendet sich der Befehl an eine ungewisse Zahl von Adressaten: an alle, die das betreffende Symbol herstellen und gebrauchen. Das können die Staatsbürger, aber auch die Beamten und Behörden sein. Damit sind die Vorschriften in der Regel Verordnungen. Es ist daher, von Ausnahmen abgesehen, im einzelnen nur noch zu prüfen, ob der Kreationsakt ein materieller Rechtssatz oder eine Verwaltungsvorschrift ist.

---

[88] Abs. II der Flaggen AO.
[89] Vgl. Art. 5 ff. des Statuts des Verdienstordens der Bundesrepublik Deutschland i. d. F. des Erlasses vom 8. 12. 1955, BGBl. I S. 749.
[90] In Anlehnung an *Dahlmann* S. 17 ff.
[91] Zusammenstellung siehe BGBl. III, 1.

I. Flaggen

Daß Schwarz-Rot-Gold die Farben der Bundesrepublik Deutschland sein sollen, bestimmt das GG selbst in Art. 22. Über die Gestaltung der Flaggen im einzelnen ist aus dem GG jedoch nichts zu entnehmen. Hierüber ergehen folgende Rechtsvorschriften:

a) Allgemeine Nationalflagge: Abs. I, 1 der Anordnung des Bundespräsidenten über die deutschen Flaggen vom 7. 6. 1950 (BGBl. S. 205, sog. Flaggen AO).

b) Sonderflaggen (= Flaggen, die nur von staatlichen Organen und Institutionen geführt werden):

   aa) Standarte des Bundespräsidenten: Abs. I, 2 Flaggen AO;

   bb) Dienstflagge der Bundesbehörden (außer Bundespostverwaltung): Abs. I, 3 Flaggen AO;

   cc) Bundespostflagge: Abs. I, 4 Flaggen AO;

   dd) Dienstflagge der Seestreitkräfte: Anordnung des Bundespräsidenten vom 25. 5. 1956 (BGBl. I S. 447);

   ee) Truppenfahnen der Bundeswehr: Anordnung des Bundespräsidenten vom 18. 9. 1964 (BGBl. I S. 817).

Die Bestimmung der Nationalflagge hätte vor allem dann den Charakter einer Rechtsverordnung, wenn sie in irgendeiner Weise gebietend oder verbietend in die Freiheitssphäre des Einzelnen eingriffe. Ein Gebot an jedermann, die Bundesflagge zu führen, enthält Abs. I, 1 Flaggen AO nicht, ebensowenig ein generelles Verbot, andere Flaggen, z. B. Werbeflaggen zu gebrauchen. Will jemand jedoch die schwarzrotgoldene *Bundes*flagge führen, um damit den Staat zu ehren, dann hat er es in der vorgeschriebenen Gestalt (Reihenfolge der Farben; Querstreifen usw.) zu tun; er darf z. B. keine Flagge mit Längsstreifen von unterschiedlicher Breite verwenden[92]. Die Anordnung bestimmter Formen und Proportionen kann nicht den Sinn einer unverbindlichen Empfehlung haben. Schon die sonst vorhandene Gefahr, daß die Flagge der Bundesrepublik Deutschland mit derjenigen eines anderen Landes, das ebenfalls die Farben Schwarz-Rot-Gold führt (z. B. Belgien), verwechselt wird, gebietet eine allgemeinverbindliche einheitliche Regelung. Insoweit liegt in Abs. I, 1 Flaggen AO unmittelbar ein gegen jedermann gerichtetes (reflexives) Verbot, welches in seine allgemeine Handlungsfreiheit eingreift[93].

Die Vorschriften über die Gestaltung der Sonderflaggen enthalten ebenfalls das (reflexive) Verbot, anders aussehende Flaggen als Dienst-

---

[92] *v. Mangoldt-Klein* Art. 22 Anm. II 3 S. 634; *Dahlmann* S. 19.
[93] Vgl. *Dahlmann* a. a. O.

flaggen oder Standarten zu führen. In dieser Gestalt bezieht sich das Verbot jedoch ausschließlich auf die dienstliche Tätigkeit von Personen, welche in einem besonderen Gewaltverhältnis zum Staate stehen, z. B. Beamte und Soldaten. Insoweit fehlt den Anordnungen die Rechtssatzqualität. Die Bestimmungen über die Form der Sonderflaggen konkretisieren jedoch auch den Rechtssatz des § 360 I Ziff. 7 StGB, wonach u. a. bestraft wird, wer unbefugt die Dienstflagge des Bundes gebraucht. Sie befinden also darüber, in welchen Fällen die Strafnorm des § 360 I Ziff. 7 StGB zum Zuge kommt, indem sie festlegen, was unter einer „Dienstflagge des Bundes[94]" zu verstehen ist. Bestraft wird derjenige und nur derjenige, welcher unbefugt eine Flagge von der Gestalt führt, wie sie die Dienstflaggen des Bundes nach der Flaggen AO und anderen ergänzenden Vorschriften haben. Damit definieren die Anordnungen des Bundespräsidenten umfassend ein Tatbestandsmerkmal eines echten Rechtssatzes. Solche „begriffsentwickelnde Normen" werden, vor allem in neuerer Zeit, überwiegend selbst als materielle Rechtssätze angesehen, obwohl sie nur auf dem Wege über andere Rechtssätze auf den Bürger einwirken[95]. Dem kann man zustimmen, soweit es sich um begriffsentwickelnde Vorschriften handelt, die abstrakt-generell, konstitutiv, normativ[96] und gezielt festlegen, wie ein Tatbestandsmerkmal eines materiellen Rechtssatzes aufzufassen ist. In diesem Falle sind die unselbständigen Definitionsnormen notwendige Bestandteile der materiellen Gesetze[97]. Es verhält sich hier anders als z. B. bei manchen Verkehrszeichen, die ein Tatbestandsmerkmal des § 3 StVO nur tatsächlich ausfüllen und daher möglicherweise nicht mehr als Rechtsnormen angesehen werden können[98]. Das Aufstellen eines Verkehrszeichens müßte man, um die dafür entwickelten Grundsätze für die vorliegende Untersuchung nutzbar zu machen, mit dem konkreten Hissen einer Flagge vergleichen. Die abstrakt-generelle Flaggen AO hat ihre

---

[94] Das sind i. S. v. § 360 I Ziff. 7 StGB alle Sonderflaggen, vgl. *Rohde-Ziegler* in LK § 360 Anm. VII.

[95] So schon *Brie* S. 13; *Jellinek*, W., Gesetz S. 92, 135; heute besonders *Kopp* II S. 630 f.; *Obermayer*, Gebietsänderungen S. 69; *Giacometti* S. 157; a. M. *Kelsen*, Hauptprobleme S. 566; in diese Richtung weist auch die hier aus anderen Gründen abgelehnte Lehre *Nawiaskys* von der Konkretisierung materieller Normen durch Kompetenzvorschriften, oben S. 69.

[96] Über die Bestimmungen der Flaggen AO dürfen sich z. B. auch die Strafgerichte nicht hinwegsetzen, vgl. *Rohde-Ziegler* in LK § 360 Anm. VII.

[97] *Kopp* II S. 631; vgl. auch *Obermayer* a. a. O.

[98] *Schneider*, Verkehrszeichen S. 1297 ff.; ihm folgend jetzt BGH vom 4. 12. 1964, NJW 1965, 308; anders die übrige Rspr. und h. L., die Verkehrszeichen als Normen ansieht, z. B. BGH vom 25. 9. 1957, BGHSt 11, 7; BVerwG vom 24. 4. 1958, BVerwGE 6, 317; OVG Münster vom 9. 2. 1961, DÖV 1961, 431; OLG Stuttgart vom 11. 10. 1963, NJW 1964, 782; *Volkmar* S. 177; *Menger* S. 421.

Parallele dagegen in der „Anlage zur StVO", die Form und Farbe der einzelnen Gebots- und Verbotszeichen allgemeinverbindlich bestimmt und wie die StVO selbst als materielles Gesetz gilt. Die Vorschriften über die Gestaltung der Sonderflaggen sind aber dennoch keine Rechtsverordnungen. Sie werden nämlich nicht erlassen, um § 360 I Ziff. 7 StGB abstrakt-generell und normativ auszufüllen, sondern allein dazu, um Staatssymbole für den Behördengebrauch zu schaffen. Eine Konkretisierung des Straftatbestandes und damit eine Außenwirkung kommt daher nur mittelbar zustande. Deshalb ist dieser Teil der Flaggen AO keine unmittelbar eingreifende Norm. Von einem Eingriff in Rechte kann man nur sprechen, wenn diese beeinträchtigt werden sollen, d. h. wenn die Maßnahme darauf abzielt[99]. Dagegen ließe sich freilich einwenden, daß diese Finalität der Maßnahme auf manchen Rechtsgebieten, z. B. dem der Enteignung, heute in zunehmendem Maße nicht mehr als notwendiges Merkmal eines Eingriffs gilt[100]. Hier zeigt sich jedoch ein wichtiger Unterschied zwischen dem Enteignungsrecht und der Rechtssatz- und Vorbehaltslehre: Ersteres dient dem materiellen Ausgleich eines Schadens, den der Einzelne durch eine hoheitliche Maßnahme erlitten hat. Hier kommt es also allein auf den objektiven Erfolg dieser Anordnung, nicht auf das damit verfolgte Ziel an. Der Eingriffsvorbehalt dagegen dient dem Schutz des Bürgers vor belastenden Maßnahmen der Verwaltung. Die Eingriffsnormen müssen diese Exekutivakte also von vornherein im Auge haben, da sie sonst die Voraussetzungen des Eingriffs nicht bestimmen können. Ungewollte und unbewußte Nebenwirkungen solcher Eingriffe lassen sich in den Schutzbereich der genannten Norm nicht einbeziehen. Sie machen demnach auch ihr Wesen nicht aus. An dem Erfordernis des unmittelbaren, d. h. gezielten Eingriffs ist daher bei belastenden Rechtssätzen nach wie vor festzuhalten[101].

Weil den Vorschriften über die Gestaltung der Sonderflaggen diese Eigenschaft fehlt, sind sie keine „begriffsentwickelnden" Rechtssätze[102], sondern Verwaltungsverordnungen.

II. Wappen, Siegel, Amtsschilder und Grenzzeichen

Über Wappen, Siegel und Amtsschilder wurden bereits folgende Anordnungen erlassen:

---

[99] *Forsthoff*, Verw.R. S. 304.
[100] BGH vom 6. 11. 1964, DÖV 1965, 203.
[101] Zum ganzen zutr. *Kleiser* S. 104.
[102] Vgl. oben S. 55 f. Im Ergebnis wie hier *Petersen* S. 6; *v. Mangoldt-Klein* Art. 22 Anm. III 4 S. 637; *Dahlmann* S. 21.

a) Bekanntmachung des Bundespräsidenten betreffend das Bundeswappen und den Bundesadler vom 20.1.1950 (BGBl. S. 26), ergangen auf Grund eines Beschlusses der Bundesregierung; ergänzt durch die Bekanntmachung des BMJ über die farbige Darstellung des Bundeswappens vom 4.7.1952 (BAnz. Nr. 169 vom 2.9.1952);

b) Erlaß des Bundespräsidenten über die Dienstsiegel vom 20.1.1950 (BGBl. S. 26, neugefaßt durch Änderungserlaß vom 28.8.1957, BGBl. I S. 1328);

c) Anordnung des Bundespräsidenten über die Kennzeichen der Luftfahrzeuge und Kampffahrzeuge der Bundeswehr vom 1.10.1956 (BGBl. I S. 788);

d) Erlaß des Bundespräsidenten über die Amtsschilder der Bundesbehörden vom 25.9.1951 (BGBl. I S. 927, neugefaßt durch Erlaß vom 3.7.1956, BAnz. Nr. 129 vom 6.7.1956).

Wappen, Amtsschilder und Grenzzeichen sind nur zum amtlichen Gebrauch bestimmt und berechtigen bzw. verpflichten Behörden und Beamte dazu, ausschließlich die vorgesehenen Muster zu verwenden. Insoweit normieren diese Erlasse nur das staatliche Innenverhältnis und sind daher Verwaltungsverordnungen[103].

III. Münzbilder

Von den in der Bundesrepublik derzeit gebräuchlichen Münzen haben nur die Bilder der 1-, 2- und 5-DM-Stücke Symbolwert; sie zeigen den Bundesadler, die 2- und 5-DM-Stücke zudem noch die Aufschrift „Einigkeit und Recht und Freiheit". Damit weisen sie auf die Münzhoheit des Staates und auf seine Ziele hin. Eine besondere Art von Münzen sind die Gedenkmünzen. Sie sind kein staatlich eingeführtes Zahlungsmittel, sondern werden zur Erinnerung an bestimmte Ereignisse im öffentlichen Leben herausgegeben. Damit ist auch ihr Symbolwert ein anderer als bei den Geldmünzen: Gedenkmünzen repräsentieren nicht die Münzhoheit des Staates, sondern allein dessen Ziele, die mit den dargestellten Ereignissen in Verbindung stehen.

Gemäß § 6 des Gesetzes über die Ausprägung von Scheidemünzen vom 8.7.1950[104] wird die Gestalt der auszuprägenden Münzen durch besondere Vorschriften der Bundesregierung bestimmt[105].

---

[103] Daß sie gleichzeitig begriffsentwickelnde Normen zu § 360 I Ziff. 7 StGB sind, ändert daran wie bei den Sonderflaggen nichts; vgl. oben S. 73 ff.
[104] BGBl. S. 323 (MünzG).
[105] Vgl. z. B. ihre Bekanntmachungen über die Ausgabe von Bundesmünzen im Nennwert von 2 DM vom 14.2.1951 (BGBl. I S. 172) und vom 12.6.1958 (BGBl. I S. 419).

Diese wären Rechtsverordnungen, wenn sie darüber entschieden, welche Münzen gesetzliche Zahlungsmittel sind. Damit wäre nämlich gleichzeitig auch gesagt, daß keine anderen Münzen Gültigkeit im Zahlungsverkehr und damit einen Vermögenswert für Private besitzen. Auf diese Weise wäre deren Rechtskreis unmittelbar berührt. Einen solchen unmittelbaren Eingriff enthalten nicht die Vorschriften über die Gestaltung von Münzbildern, die auf Grund § 6 MünzG erlassen werden, sondern das MünzG selbst. Es bestimmt in § 1, welche Sorten von Scheidemünzen auszugeben sind. § 2 besagt dann, daß diese Münzen gesetzliche Zahlungsmittel sind. Damit legt § 2 auch fest, daß *nur* die staatlich festgesetzten Münzen als Zahlungsmittel gelten, und zwar in der staatlich vorgeschriebenen Gestalt. Die Ausgestaltung der Münzbilder in Form einer „Bekanntmachung" konkretisiert jedoch dieses Gebot des MünzG. Sie macht § 2 MünzG erst praktisch anwendbar, indem sie abschließend und allgemeinverbindlich festlegt, wie die Münzen beschaffen sein müssen, um als gesetzliches Zahlungsmittel gelten zu können. Auf diesen Erfolg zielt die „Bekanntmachung" auch ab, nimmt sie doch ersichtlich auf das MünzG Bezug[106]. Die Verordnung nach § 6 MünzG ist also eine unmittelbar begriffsentwickelnde Norm zu §§ 1, 2 MünzG und als solche eine Rechtsverordnung[107]. Die „Bekanntmachung" der Bundesregierung gemäß § 6 II MünzG erfolgt demnach auch im BGBl., wie es das Gesetz über die Verkündung von Rechtsverordnungen vom 30. 1. 1950[108] vorsieht.

Anders verhält es sich mit den Vorschriften, welche die Ausgabe von Gedenkmünzen und ihre nähere Ausgestaltung zum Gegenstand haben. Gedenkmünzen sind keine Zahlungsmittel, sondern haben nur repräsentative Bedeutung. Sie sind nicht durch Strafnormen gegen Nachahmung oder Verfälschung geschützt. Sie werden auch nicht wie Orden und Ehrenzeichen für Verdienste um die Allgemeinheit verliehen, sondern pflegen von den Banken herausgegeben und an Interessenten verkauft zu werden. Die Stiftung von Gedenkmünzen ist daher meist kein staatlicher Hoheitsakt. Soweit sie überhaupt von Staats wegen vorgenommen wird, ist sie Verwaltungsordnung, gerichtet an die öffentlich-rechtlichen Anstalten, welche die Gedenkmünzen prägen.

---

[106] Vgl. die Einleitungen der in Fußnote 105 genannten „Bekanntmachungen".
[107] Oben S. 73 ff.; im Ergebnis ebenso *Dahlmann* S. 35.
[108] BGBl. S. 23.

IV. Briefmarkenbilder

Vorschriften über die Gestaltung von symbolischen Briefmarkenbildern[109] ergingen schon in großer Zahl und werden laufend erlassen, so daß sie hier nicht einzeln aufgeführt werden können. Sie werden durchweg im Amtsblatt des Bundesministeriums für das Post- und Fernmeldewesen veröffentlicht.

Das kann bereits als Indiz dafür gelten, daß diese Vorschriften reine Verwaltungsverordnungen sind. Sie richten sich in der Tat nur an die Benutzer der Bundespost und gestalten damit ein Benutzungsverhältnis näher aus, welches schon mit der Inanspruchnahme der Post begründet wurde. Sie bleiben also im „Innenbereich" eines besonderen Gewaltverhältnisses und sind deshalb Verwaltungsverordnungen.

V. Nationalhymne

Der Bundespräsident hat in einem formlosen Brief an den Bundeskanzler vom 2. 5. 1952[110] das Deutschlandlied als Hymne der Bundesrepublik Deutschland „anerkannt" und damit dem Streit um das Nationallied ein Ende bereitet. Ob dieses Schreiben eine Nationalhymne proklamieren oder nur den Anstoß zur Bildung eines Gewohnheitsrechts geben wollte, ist zweifelhaft, hier aber von keiner großen praktischen Bedeutung.

Die Proklamation einer Nationalhymne hat dieselben Wirkungen wie die einer Nationalflagge. Sie enthält noch kein Gebot, das Deutschlandlied bei bestimmten Anlässen zu singen oder zu spielen; dazu wären besondere Rechtsvorschriften erforderlich. Sie hat jedoch die Reflexwirkung, daß kein anderes Lied als Nationalhymne gebraucht werden darf und beschränkt insoweit die persönliche Handlungsfreiheit[111], und zwar für jedermann. Aus diesem Grunde ist die Proklamation einer Nationalhymne eine Rechtsverordnung.

VI. Staatsfeiertage

Eine typische Anordnung eines Staatsfeiertags enthält das Bundesgesetz über den Tag der deutschen Einheit vom 4. 8. 1953[112]. Der 1. Mai ist dagegen zum „Tag der Arbeit" nicht von Bundes wegen proklamiert worden, da er als solcher längst anerkannt ist. Er ist jedoch in allen Feiertagsgesetzen der Länder aufgeführt.

---

[109] z. B. solche mit dem Kopf des Bundespräsidenten, dagegen nicht mit Bildern deutscher Landschaften.
[110] Abgedruckt bei *Lechner-Hülshoff* S. 271 f.
[111] Vgl. oben S. 72.
[112] BGBl. I S. 778.

Wenn ein Tag zum „gesetzlichen" Staatsfeiertag erhoben wird, so hat das zur Folge, daß jedes Jahr an diesem Tage Arbeitsruhe herrscht, aber auch, daß jedermann gewisse ruhestörende Arbeiten unterlassen muß, daß bestimmte öffentliche Veranstaltungen nicht stattfinden dürfen u. dgl. ... Das alles sind Eingriffe in die individuelle Rechtssphäre. Die bloße Proklamation eines Staatsfeiertags bewirkt allerdings noch keinen Eingriff[113]; dieser kommt erst auf Grund weiterer besonderer Schutzvorschriften zustande, z. B. denen des Gewerbe- oder Arbeitsrechts.

Dennoch ist die Proklamation eines Staatsfeiertages selbst ein materieller Rechtssatz, soweit der Feiertag als „gesetzlicher" i. S. der Feiertagsgesetze gilt (was in der Regel der Fall ist). Sie definiert dann nämlich allgemeinverbindlich ein Tatbestandsmerkmal dieser Rechtssätze und macht sie damit erst vollständig. Dadurch wird sie selbst zur Rechtsverordnung, weil sie auf die „Ausfüllung" des Gesetzes abzielt[114].

VII. Bauwerke

Mit der „Stiftung" eines symbolischen Bauwerkes, z. B. eines Parlamentsgebäudes oder einer Freiheitsstatue, wird festgelegt, wie dieses auszusehen hat. Sie ist meist keine Verordnung. Das liegt daran, daß sie sich in der Regel auf einen bestimmten Bau bezieht: Jeder Staat hat nur ein Parlamentsgebäude, Gedenkstätten für nationale Ereignisse werden nur an dem Ort errichtet, an dem dieses Ereignis stattgefunden hat usw. Deshalb fehlt den auf Bauwerke bezogenen Hoheitsakten meist das abstrakte Moment. Eine Verordnung liegt hier aber z. B. dann vor, wenn befohlen wird, daß beim Tode eines Vorkämpfers der Völkerverständigung zu dessen Ehren künftig in allen Städten über 10 000 Einwohnern von Staats wegen Denkmäler von bestimmter Form zu errichten sind.

Eine solche Verordnung, die in der Praxis wohl sehr selten vorkommt, verpflichtet nur die staatlichen Stellen, welche das symbolische Bauwerk zu errichten haben. Sie wirkt rechtlich also nur innerhalb eines behördlichen Abhängigkeitsverhältnisses. Die Bauten sind zwar in erster Linie für die Allgemeinheit bestimmt. Der *Rechts*kreis des Bürgers ist aber auch bei weitester Auslegung dieses Begriffes von der Anordnung eines Baues nicht berührt. Sie enthält nicht einmal ein reflexives Verbot, da es nicht ausschließlich Sache des Staates ist, Bauwerke mit Symbolcharakter zu errichten. Jeder darf, um es etwas überspitzt auszudrücken, seine eigene Freiheitsstatue errichten.

---

[113] So aber *Dahlmann* S. 27.
[114] Näheres oben S. 73 ff.

Verordnungen über symbolische Bauwerke haben deshalb keine Außenwirkung; sie sind Verwaltungsverordnungen (Dienstvorschriften i. w. S.).

VIII. Hauptstadt

Die Erhebung einer Stadt zur Hauptstadt kann symbolischen Charakter haben (Brasilia!)[115]. Sie erzeugt jedoch für niemanden konkrete Rechte oder echte Rechtspflichten und gestaltet auch keine Rechtsverhältnisse. Sie ordnet also nichts verbindlich an und ist daher weder Rechts- noch Verwaltungsverordnung. Im Rahmen dieser Arbeit kann sie deshalb künftig unbeachtet bleiben.

IX. Staatszeremonien

Abstrakt-generell werden Staatszeremonien, z. B. Empfänge ausländischer Staatsoberhäupter, selten eingeführt. Meist ordnet man nur einen ganz bestimmten Empfang oder eine ähnliche konkrete Festlichkeit an. Es ist aber durchaus möglich, daß beispielsweise für regelmäßig wiederkehrende Zeremonien (Neujahrsempfang) allgemeine Vorschriften, also Verordnungen erlassen werden. Bezüglich deren Rechtssatzeigenschaft ist zu unterscheiden: Wenn lediglich verfügt wird, daß die Zeremonie stattzufinden hat und daß bestimmte Vertreter staatlicher Stellen daran teilzunehmen sowie sich in bestimmter Weise zu verhalten haben[116], richtet sie sich nur an Behörden und Beamte und ist daher Verwaltungsverordnung (Dienstvorschrift). Begründet sie darüber hinaus aber konkrete Rechtspflichten für Staatsbürger, z. B. die in Ostblockstaaten übliche Pflicht, bei Staatsbesuchen die Straßen zu säumen, so ist sie Rechtsverordnung[117].

X. Amtstrachten, Uniformen, Amtstitel

Auf Grund §§ 76, 81 BBG, § 4 III SoldG, wonach der Bundespräsident die Dienstkleidung und die Amtsbezeichnungen der Bundesbeamten bzw. die Uniformen und Dienstgradbezeichnungen der Soldaten bestimmt, sind inzwischen eine ganze Reihe von Anordnungen ergangen, die wegen ihrer großen Zahl hier nicht einzeln aufgeführt werden können[118].

---

[115] Vgl. *Dahlmann* S. 27.
[116] Die Anordnung eines bestimmten menschlichen Verhaltens gehört bei einer Zeremonie im Gegensatz zu einer Flagge, einem Wappen u. dgl. zum symbolsetzenden Akt selbst, da die Zeremonie kein Bild, sondern ein Vorgang ist, also nur durch ein menschliches Verhalten wahrnehmbar wird.
[117] Dies übersieht *Dahlmann* S. 26.
[118] Genaue Zusammenstellung bei *Sartorius* in den Fußnoten zu §§ 76, 81 BBG (Nr. 160) sowie zu § 4 SoldG (Nr. 640).

Die abstrakt-generelle Festsetzung von Amtstiteln und der Dienstkleidung von Beamten und Soldaten berührt den Rechtskreis des Bürgers, der nur der allgemeinen Staatsgewalt unterworfen ist, nicht unmittelbar. Sie wendet sich nur an Beamte und Soldaten und regelt nähere Einzelheiten ihrer Dienstleistung, d. h. das Betriebsverhältnis eines besonderen Gewaltverhältnisses; sie bleibt also Verwaltungsverordnung[119].

XI. Dienst-(Amts-)eid

Viele in besondere Beziehung zum Staat tretende Personen, so das Staatsoberhaupt und die Regierungsmitglieder, Beamte und Soldaten haben bei ihrem Amts- oder Dienstantritt einen feierlichen Eid zu leisten, wobei sie geloben, ihre Amts- und Dienstpflichten treu und gewissenhaft zu erfüllen (Art. 56, 64 GG, § 58 BGB, § 9 SoldG). Legt ein Staatsorgan die Eidesformel fest oder regelt es den Vorgang der Eidesleistung, so erläßt es damit abstrakt-generelle Anordnungen. Diese wären dann als Rechtsverordnung zu kennzeichnen, wenn sie Rechte und Pflichten des Eidleistenden begründen würden, die nicht nur Interna eines besonderen Gewaltverhältnisses näher normieren. Dabei ist zunächst klarzustellen, daß sie kein Gebot der Eidesleistung enthalten. Ein solches ergibt sich äußerlich zwar meist aus derselben Norm, z. B. aus Art. 56 GG, ist aber seinem Wesen nach von der Symbolsetzung zu unterscheiden. Das Gebot, den Eid abzulegen, ist Voraussetzung dafür, daß überhaupt eine Eidesformel geschaffen und die Form der Eidesleistung geregelt werden muß[120].

Der Inhalt der Eidesformel und die Verteidigung selbst begründen in keinem Falle das Amtsverhältnis oder besondere Rechte und Pflichten des Amtsträgers; sie kennzeichnen lediglich die bereits bestehenden Amtspflichten[121]. Diese ergeben sich allein und vollständig aus den allgemeinen Vorschriften, die ihre Rechtsstellung regeln, also für Verfassungsorgane hauptsächlich aus dem GG, für Beamte aus den Beamtengesetzen, für Soldaten aus dem SoldG. Auf einen Diensteid nehmen die genannten Bestimmungen nicht Bezug. Als bloße Kennzeichnung bereits bestehender Rechte und Pflichten berührt die Proklamation

---

[119] Begriffsentwickelnde Normen zu § 132 a I Ziff. 1 und 2 StGB sind diese Anordnungen auch hier nur mittelbar; anders für die Uniformen *Jellinek*, W., Gesetz S. 92; wie hier *Dahlmann* S. 32; näheres oben S. 73 ff.

[120] Vgl. *Dahlmann* S. 33.

[121] Absolut h. M.; zu Art. 56 und 64 GG; *v. Mangoldt-Klein* Art. 56 Anm. V 2 und Anm. VII S. 1096, 1098 (mit vielen weiteren Nachw.) sowie Art. 64 Anm. V 1 S. 1248; abw. *Nawiasky*, Grundgedanken S. 113; *Kniesch* S. 1327; *Strauß* S. 274; zu § 58 BBG: *Wolff*, H. J., Verw.R. II S. 363; zu § 9 SoldG: *Rittau* § 9 Anm. 2.

der Eidesform und der Eidesformel die Rechtssphäre der Vereidigten nicht. Als reflexives Verbot, abweichende Formen und Formeln zu gebrauchen, kann sie sich sinnvoll nur an staatliche Stellen richten, da nur diese Eide abnehmen. Das Verbot bleibt also im „Innenverhältnis" und ist damit auch insoweit keine Rechts-, sondern Verwaltungsverordnung[122].

XII. Orden und Ehrenzeichen, Ehrentitel

§ 3 OrdensG vom 26. 7. 1957[123] bestimmt, daß der Bundespräsident Orden und Ehrenzeichen stiftet, d. h. ihre Bezeichnung und Gestalt sowie die näheren Voraussetzungen ihrer Vergabe festlegt, während Ehrentitel gemäß § 2 OrdensG durch förmliches Gesetz geschaffen werden. Seit der Gründung der Bundesrepublik sind bereits folgende Stiftungserlasse ergangen (die durchweg aus der Zeit vor dem Inkrafttreten des OrdensG stammen):

a) Erlaß über die Stiftung des „Verdienstordens der Bundesrepublik Deutschland" vom 7. 9. 1951 (BGBl. I S. 831);

b) Statut des „Verdienstordens der Bundesrepublik Deutschland" i. d. F. vom 8. 12. 1955 (BGBl. I S. 749);

c) Erlaß über die Stiftung des „Grubenwehr-Ehrenzeichens" vom 14. 7. 1953 (BGBl. I S. 662) mit Durchführungsbestimmungen;

d) Erlaß über die Stiftung der „Zelter-Plakette" vom 7. 8. 1956 (BGBl. I S. 740) mit Verleihungsrichtlinien.

Kein symbolsetzender Akt ist es dagegen, wenn der Bundespräsident gemäß § 3 I 1 OrdensG die Stiftung eines Ordens oder Ehrenzeichens bzw. den Erlaß von Stiftungsbestimmungen oder Verleihungsrichtlinien durch andere Stellen genehmigt[124]. Die Rechtslage ist hier dieselbe wie bei der Genehmigung der GeschOBReg: der Akt des Bundespräsidenten setzt selbst kein Recht, sondern erfüllt nur eine Voraussetzung für die Wirksamkeit des fremden Rechtssatzes[125]. Gleiches gilt für die Anerkennung von Sportabzeichen aller Art als Ehrenzeichen gemäß § 3 II OrdensG, zumal diese meist nach privatrechtlichen Grundsätzen verliehen werden[126].

Ob die Stiftung von Orden, Ehrenzeichen und Ehrentiteln einen materiellen Rechtssatz enthält, ist zunächst insoweit fraglich, als immer

---

[122] Ebenso *Dahlmann* S. 34; grundsätzlich auch *Gebhard* Art. 176 Anm. 3 a.
[123] BGBl. I S. 844.
[124] Zum letzteren vgl. Art. 3 des Ersten Genehmigungserlasses vom 4. 7. 1958 (BGBl. I S. 422) oder Art. 2 des Zweiten Genehmigungserlasses vom 15. 6. 1959 (BGBl. I S. 293).
[125] Näheres oben S. 63.
[126] Vgl. BVerwG vom 28. 2. 1964, DVBl 1964, 764 f.

noch behauptet wird, die Verleihung — und damit wohl auch ihre „Vorstufe", die abstrakt-generelle Stiftung — bewege sich als Ausfluß eines „ius gratiarum" in einem außerrechtlichen Raum[127]. Dieser Ansicht kann jedoch nicht gefolgt werden. Aus vielen Vorschriften des OrdensG und aus den Stiftungserlassen ist vielmehr der objektivierte Wille des Gesetzgebers bzw. Stifters erkennbar, die gesamte Materie in einen „rechtlichen" Raum zu verschieben[128]. Nach § 1 OrdensG können alle Auszeichnungen nur für besondere Verdienste um die Bundesrepublik Deutschland (gestiftet und) verliehen werden. Mag dieser Tatbestand auch sehr weit gefaßt sein, er läßt doch rechtliche Schranken für die Tätigkeit des Staatsoberhaupts erkennen. In den vor Schaffung des OrdensG ergangenen Stiftungserlassen wurden die Voraussetzungen für die Verleihung von Orden und Ehrenzeichen meist noch enger umrissen. So wird z. B. der Verdienstorden der Bundesrepublik Deutschland nach dem Stiftungserlaß vom 7. 9. 1951[129] für Leistungen verliehen, die dem Wiederaufbau des Vaterlandes dienten. Besonders eng gefaßt ist der Tatbestand der §§ 1 und 3 des Erlasses über die Stiftung des Grubenwehr-Ehrenzeichens vom 14. 7. 1953[130]. Bei den Ehrentiteln behält es sich der Gesetzgeber sogar selbst vor, die Voraussetzungen der Verleihung zu bestimmen (§ 2 I 2 OrdensG). Überall erkennen wir also rechtliche Schranken, die dem Bundespräsidenten durch Gesetz gezogen werden oder die er mit seinen Erlassen selbst zieht. Für eine Tätigkeit nach freiem Gutdünken bleibt daher kein Raum. Das Handeln des Bundespräsidenten auf dem Gebiet des Ordens- und Titelrechts ist vielmehr zumindest ein Ermessensgebrauch; dieser ist jedoch nichts Außerrechtliches, da z. B. die Einhaltung der Ermessensgrenzen gerichtlich nachprüfbar ist. Damit ist die Stiftung eindeutig den Rechtsakten zuzurechnen.

Der Stiftungserlaß greift nicht in subjektive Rechte des Bürgers ein, weil niemand einen Anspruch auf die Stiftung eines Ordens, Ehrenzeichens oder -titels hat. Auch das Recht des Beliehenen auf Anerkennung seiner Auszeichnung, welches sich daraus ergibt, daß diese nur in bestimmten Fällen wieder entzogen werden darf (§ 4 OrdensG), wird nicht schon durch die Stiftung, sondern erst durch die konkrete Verleihung begründet[131]. Der Stiftungsakt enthält auch in der Regel keine

---

[127] *Schneider*, Gerichtsfreie Hoheitsakte S. 47; *van Husen* S. 72; grundsätzlich auch *Obermayer*, Verwaltungsakt S. 92 ff.; vgl. auch hess. VGH vom 29. 11. 1962, DVBl 1963, 444.

[128] Im Ergebnis ebenso *Weber*, Professortitel S. 592; *Bachof*, Titel S. 497; *Thieme*, Ehrentitel S. 240; *Dahlmann* S. 30.

[129] BGBl. I S. 831.

[130] BGBl. I S. 662.

[131] *Geeb-Kirchner* § 1 Anm. 2.

Vorschriften über den Entzug von verliehenen Orden, Ehrenzeichen und -titeln, sondern beschränkt sich darauf, die Auszeichnung selbst zu schaffen und alles, was damit unmittelbar zusammenhängt, zu regeln[132]. Die Stiftung ist also für den Bürger ein rein begünstigender Staatsakt[133]. Da es sich aber um eine rechtlich bedeutsame Begünstigung handelt, zielt sie doch darauf ab, unbestimmt vielen Staatsgenossen ein subjektiv-öffentliches Recht zu verleihen, so betrifft schon die Stiftung die individuelle Rechtssphäre. Sie ist daher nach heutiger Ansicht Rechtsverordnung.

XIII. Ergebnis

Von den Staatssymbolen der Bundesrepublik Deutschland werden gesetzt

a) durch Rechtsverordnung:

die Nationalflagge, die Münzbilder, die Nationalhymne, die Staatsfeiertage, die Staatszeremonien ohne Verhaltenspflichten für Bürger sowie die Orden, Ehrenzeichen und Ehrentitel;

b) durch Verwaltungsverordnung:

die Sonderflaggen, die Wappen, Siegel und Amtsschilder, die Briefmarkenbilder, unbestimmt viele gleichartige Baudenkmäler, die Staatszeremonien ohne Verhaltenspflichten für Bürger, die Amtstrachten, Uniformen und Amtstitel, die Form und Formel des Dienst-(Amts-)eids sowie die Bilder von Gedenkmünzen;

c) durch Einzelakt:

die Hauptstadt, einzelne Bauwerke und einzelne Staatszeremonien.

---

[132] Eine Ausnahme bildete das Statut des Verdienstordens der Bundesrepublik Deutschland, welches in Art. 7 III die nachträgliche Entziehung möglich machte und die Voraussetzungen hierfür festlegte. Diese Eingriffsnorm stimmte jedoch fast wörtlich mit § 4 I 1 des später erlassenen OrdensG überein und wurde daher ungültig, als dieses in Kraft trat. Früheres Recht wird durch späteres nämlich nicht nur dann gebrochen, wenn es diesem widerspricht, sondern auch dann, wenn es inhaltlich gleich ist. Es ist nicht anzunehmen, daß zwei Normen mit gleichem Inhalt nebeneinander bestehen sollen (*Enneccerus-Nipperdey* I, 1 S. 175 Fußnote 7).

[133] Dies trifft auch dann zu, wenn die Stiftungserlasse Vorschriften über die Trageweise von Orden und Ehrenzeichen enthalten, wie z. B. Art. 4 des genannten Statuts, vgl. auch § 12 II OrdensG. Diese Normen sind nicht als Eingriffe in die allgemeine Handlungsfreiheit, sondern als „Auflagen" anzusehen, unter denen die Begünstigung gewährt wird. Solche Auflagen gelten, besonders im Bereich der Subventionsverwaltung, nicht als eigenständige Belastung, sondern nur als ein minus an Leistung (*Krüger*, Herb., Auflage S. 451).

H. Festlegung des Tages für die Bundestagswahl

Nach § 17,1 BWahlG bestimmt der Bundespräsident von Fall zu Fall den Tag, an welchem die Bundestagswahl stattfindet. Damit ordnet er gleichzeitig die Durchführung der jeweiligen Bundestagshauptwahl, d. h. der allgemeinen Neuwahl an[134]. Der wesentliche Inhalt dieses Präsidialakts ist also einmal der Befehl an die Wahlbehörden, ihre vorbereitende Arbeit bis zu diesem Tage abzuschließen und an ihm die Wahl selbst abzuhalten[135]. Zum anderen ist er das Gebot an die Wähler, von ihrem Wahlrecht an diesem Tage Gebrauch zu machen, falls sie das überhaupt wollen. Das Wahlrecht der Bürger sowie die Pflichten der mit der Wahlvorbereitung und -durchführung betrauten Behörden und Beamten begründet der Akt des Bundespräsidenten dagegen nicht; das ist schon durch andere Normen (Art. 38 GG, §§ 12 ff., 18—44 BWahlG, § 1 ff. BWahlO) geschehen. Es handelt sich deshalb hier um eine verpflichtende, nicht um eine rechtsgestaltende Bestimmung[136]. Der von ihr geregelte Fall ist ein menschliches Verhalten, nämlich das Tun von Wählern und Beamten in bezug auf eine einzige Bundestagswahl.

Der Präsidialakt nach § 17,1 BWahlG regelt also ein einmaliges menschliches Verhalten und ist deshalb ebenfalls keine Verordnung[137].

I. Delegation und Mandat eigener Befugnisse

Staatsorgane ordnen häufig an, daß bestimmte verfassungs- oder verwaltungsrechtliche Befugnisse, die ihnen selbst zustehen, künftig von anderen Stellen ausgeübt werden sollen. Seit der grundlegenden Studie von Triepel[138] unterscheidet man[139] bei diesen Anordnungen zwischen Delegation und Mandat.

Die *Delegation* des öffentlichen Rechts ist nach Triepel der Rechtsakt, „durch den der Inhaber einer staatlichen oder gemeindlichen Zuständigkeit ... seine Kompetenz ganz oder zum Teil auf ein anderes Sub-

---

[134] OVG Münster vom 17. 11. 1951, DÖV 1952, 509; *Seifert*, BWahlG Vorb. vor § 17 und Anm. zu § 17, 1; *Nass* S. 42; a. M. badwürtt. VGH vom 5. 11. 1952, DVBl. 1953, 273.

[135] Vgl. *Seifert*, BWahlG Anm. zu § 17, 1.

[136] Vgl. oben S. 19 f.

[137] Ebenso *Seifert*, BWahlG Anm. zu § 17, 1; vgl. auch *Nass* S. 43; die von beiden Autoren gebrauchte Bezeichnung „Anordnung im Sinne von Art. 58 GG" ist für die juristische Klassifizierung allerdings unbrauchbar, vgl. oben S. 50.

[138] Delegation, passim.

[139] *Obermayer*, Übertragung S. 625 ff.; *Wolff*, H. J., Verw.R. II S. 18; *Spanner* S. 640; *Rasch*, Festlegung S. 337 und besonders in *Rasch-Patzig* S. 13; hess. VGH vom 24. 11. 1950, VerwRspr. 4, 565 und vom 25. 4. 1952, ESVGH 1, 142.

jekt überträgt. Delegation bedeutet Kompetenzverschiebung, und zwar enthält sie, im strengen Sinne genommen, gleichzeitig Abschiebung und Zuschiebung einer Zuständigkeit", wobei der Empfänger dann im eigenen Namen tätig wird[140]. Dadurch wird die bestehende Zuständigkeitsordnung verändert[141]. Damit steht gleichzeitig fest, daß die Delegation nur ein Spezialfall einer kompetenzregelnden Organisationsnorm ist.

In der Regel bewirkt die Delegation, daß bei dem übertragenden Organ (Delegant) zugunsten des Befugnisempfängers (Delegatar) ein völliger Kompetenzverlust eintritt. Es kommt jedoch auch vor, daß der Delegatar zwar Zuständigkeit gewinnt, der Delegant aber keine verliert. Dies ist dann der Fall, wenn sich der Delegant vorbehält, die grundsätzlich abgegebene Kompetenz in bestimmten Fällen weiterhin selbst auszuüben. Hier büßt der Delegant nur das Ausübungsmonopol, nicht die Zuständigkeit als solche ein. Triepel nennt diese Erscheinung konservierende Delegation[142]. Aber auch diese Art der Übertragung ändert die Zuständigkeitsordnung ab, denn auch sie schafft neue Kompetenzen des Delegatars, welche es bisher nicht gab. Ob dem Deleganten noch ein Rest seiner Kompetenz verbleibt, ist insoweit unerheblich. Deshalb ist die sog. konservierende Delegation im folgenden grundsätzlich wie eine echte Delegation zu behandeln[143].

Dieser ebenfalls gleichzuachten ist die sog. Subdelegation. Darunter versteht man die Weiterübertragung einer bereits delegierten Kompetenz durch den Delegatar (siehe z. B. Art. 80 I 4 GG). In ihrem Wesen unterscheidet sich die Subdelegation nicht von der Delegation; auch sie verschafft dem Empfänger (Subdelegatar) eine bisher nicht innegehabte Zuständigkeit und verändert so die Kompetenzordnung.

Ein öffentlich-rechtliches *Mandat* ermächtigt dagegen das „empfangende" Organ (Mandatar) nur dazu, Befugnisse des beauftragenden Organs (Mandant) im Namen des Ermächtigenden wahrzunehmen. Das Mandat berechtigt also nicht wie die Delegation zu einem Tätigwerden im eigenen Namen. Es läßt die Zuständigkeit ganz beim Mandanten[144] und ändert daher die Kompetenzordnung formal nicht ab[145]. Man unterscheidet hier das inner- und das zwischenbehördliche Mandat, je nachdem, ob nur ein Organteil (z. B. Ressort) der mandierenden Stelle oder

---

[140] Delegation S. 23.
[141] *Triepel* a. a. O. S. 26, 29; in der dogmatischen Begründung abw. *Bullinger*, Unterem. S. 11 ff., 26 ff.; *Barbey*, passim.
[142] Delegation S. 53 ff.; vgl. auch *Barbey* S. 60, 84 ff.
[143] Vgl. *Barbey* S. 84 f.
[144] Zumindest formal, vgl. unten S. 89 f.
[145] *Triepel*, Delegation S. 26, 28, 131.

ein anderes Organ beauftragt wird. Die Trennung zwischen Auftrag und Bevollmächtigung[146] sollte dagegen beim Mandat besser vermieden werden. Sie ist dem Privatrecht entnommen, mit dessen Hilfe öffentlich-rechtliche Verhältnisse, die wie hier auf einer Über- bzw. Unterordnung beruhen, nicht erklärt werden können[147]. Außerdem läßt die Formulierung „Auftrag" das Mandat als einen dienstregelnden Akt erscheinen[148]. Dies ist aber nicht der Fall: Das Mandat regelt für die Exekutivtätigkeit nicht das „wie", sondern das „wer" und ist deshalb ein Organisationsakt[149].

Auch der Bundespräsident hat schon wiederholt eigene Zuständigkeiten delegiert oder Mandate erteilt. Durch zahlreiche „Anordnungen" hat er nach Art. 60 III GG Teile seines Ernennungs- und Entlassungsrechts (Art. 60 I GG[150]) bzw. seiner Begnadigungsbefugnis (Art. 60 II GG[151]) an nachgeordnete Stellen weitergegeben. Dasselbe kann gemäß §§ 76,2, 81 I BBG, § 4 III 3 SoldG mit gewissen Symbolsetzungsrechten geschehen. Neuerdings ist es üblich geworden, daß nicht der Bundespräsident, sondern der Bundeskanzler neu entstandene Staaten förmlich anerkennt[152], und zwar stets im eigenen Namen[153]. Die Befugnis des Bundespräsidenten zur völkerrechtlichen Anerkennung fremder Staaten (Art. 59 I GG) scheint demnach ebenfalls abgegeben worden zu sein. Ein Mandat des Bundespräsidenten liegt dagegen in der Regel dann vor, wenn völkerrechtliche Vertretungsakte durch seine Bevollmächtigten in seinem Namen vorgenommen werden, z. B. der Abschluß von Staatsverträgen[154].

I. Die Rechtsnatur der Delegation

Die Delegation ist dann abstrakt-generell, wenn die Zuständigkeit, welche sie dem Delegatar einräumt, selbst allgemein gefaßt ist. Das

---

[146] *Triepel*, passim.
[147] Zutr. *Obermayer*, Übertragung S. 628.
[148] Was *Triepel*, Delegation S. 134, auch ausdrücklich annimmt.
[149] Vgl. oben S. 40.
[150] Aufzählung der Anordnungen des Bundespräsidenten bei *Sartorius*, Nr. 1, Fußnote 3 zu Art. 60 GG.
[151] Siehe die „Gnadenanordnung" des Bundespräsidenten vom 10. 12. 1952, BGBl. I S. 790.
[152] Nachw. bei *v. Mangoldt-Klein* Art. 59 Anm. III 3 e S. 1132.
[153] Vgl. z. B. den Text der Schreiben des Bundeskanzlers an den Präsidenten der Regierung der Föderation Mali, Bull. der Bundesregierung Nr. 111 vom 21. 6. 1960 S. 1108, oder an den Präsidenten der Republik Madagaskar, Bull. der Bundesregierung Nr. 116 vom 28. 6. 1960 S. 1152; weitere Beispiele bei *v. Mangoldt-Klein* a. a. O.
[154] Beispiel einer Vollmachtsurkunde bei *Mosler*, Auswärtige Gewalt S. 280 Fußnote 84.

Delegation und Mandat eigener Befugnisse

wird in der Regel der Fall sein, da sich eine Kompetenz auf die Erledigung gegenständlich und räumlich abgegrenzter Angelegenheiten eines zahlenmäßig unbestimmten Personenkreises, nicht auf das Tätigwerden in gewissen Einzelfällen und gegenüber bestimmten Einzelpersonen zu beziehen pflegt[155]. Wie die meisten Zuständigkeitsfestsetzungen sind auch die Delegationen in der Regel Verordnungen.

Ob es sich dabei um Rechts- oder Verwaltungsverordnungen handelt, muß genauso festgestellt werden wie bei den Organisationsnormen, weil die Delegation nur deren Spezialfall ist[156].

Die Delegation setzt eine bereits bestehende Kompetenzordnung voraus. Sie kann daher zwar keine völlig neue Zuständigkeit für eine bestimmte staatliche Stelle begründen, sondern nur den Träger einer derartigen Befugnis ändern. Aber auch dadurch berührt sie die individuelle Rechtssphäre des Einzelnen, wenn sie sich auf Kompetenzen zum Rechtsverkehr mit Staatsbürgern im allgemeinen Gewaltverhältnis bezieht. Das folgt aus der Ausschließlichkeits- und Schutzfunktion der Kompetenznormen[157]. Solche Zuständigkeiten des Bundespräsidenten gegenüber Staatsbürgern betreffen insbesondere:

a) Ernennung und Entlassung von Bundesbeamten, -richtern, Offizieren und Unteroffizieren gemäß Art. 60 I, III GG.

b) Versetzung von Bundesbeamten und Soldaten in den Ruhestand nach §§ 36, 47 BBG, §§ 50, 44 SoldG.

c) Gnadenakte, Art. 60, II, III GG[158].

d) Verleihung und Entziehung von Orden, Ehrenzeichen und -titeln nach dem OrdensG.

e) Setzung von Staatssymbolen mit Rechtssatzcharakter.

---

[155] Vgl. oben S. 66.

[156] Deshalb wird die Rechtsnatur der Delegation im Schrifttum auch meist zusammen mit derjenigen der Organisationsverordnung und ebenso wie diese behandelt. Vgl. *Triepel*, Delegation S. 29, 88, 91; *Obermayer*, Übertragung S. 626; derselbe, Vorbehalt S. 355; *Klein F.*, Ermächtigungen S. 72; *Ermacora* S. 213; hess. VGH vom 24. 11. 1950, VerwRspr 4, 565 und vom 25. 4. 1952, ESVGH 1, 142 f.; im Ergebnis auch *Spanner* S. 640; *Hamann*, GG Art. 80 Anm. B 4; einschränkend *Rasch*, Festlegung S. 337; derselbe, Behörde S. 7; derselbe in *Rasch-Patzig* S. 13; grundsätzlich offengelassen vom BVerfG im Urteil vom 6. 5. 1958, BVerfGE 8, 166 ff. und von *Barbey* S. 1.
A. M. — für die Subdelegation von Rechtssetzungskompetenzen — *Maunz-Dürig* Art. 80 RN 15; *v. Mangoldt* Art. 80 Anm. 2 a. E.; *Krüger* Hild., Zu Art. 80 GG S. 16.

[157] Oben S. 69 f.

[158] Auch Gnadenerweise sind nämlich, vor allem wenn das Verfahren durch besondere Anordnungen „verrechtlicht" ist, echte Rechtsakte. Zutr. *Maunz-Dürig* Art. 19 IV RN 27; *Müller* S. 20 mit weiteren Nachw., auch zum gegenteiligen Standpunkt der (noch) h. L.

f) Erlaß von Rechtsverordnungen auf Grund vorkonstitutioneller Spezialermächtigungen.

Die Delegation aller dieser abstrakt-generellen Rechtssetzungs- und Verwaltungskompetenzen ist eine Rechtsverordnung[159].

Durch Verwaltungsverordnungen delegiert werden dagegen z. B. die Zuständigkeiten zum Erlaß der folgenden Präsidialakte:

a) Der Regelungen des sog. Betriebsverhältnisses eines besonderen Gewaltverhältnisses; dazu gehören z. B. alle dienstregelnden Maßnahmen oder die Setzung von Staatssymbolen, wenn diese ausschließlich an staatliche Stellen oder an Anstaltsbenutzer (Post!) gerichtet ist.

b) Der innerstaatlichen Regierungsakte, z. B. der Berufung oberster Staatsorgane, der Einwirkung auf ihre Tätigkeit, der Ausfertigung und Verkündung von Gesetzen.

c) Der völkerrechtlichen Akte (wegen ihrer fehlenden direkten Außenwirkung gegenüber Personen, die der Staatsgewalt der Bundesrepublik Deutschland unterstehen).

II. Die Rechtsnatur des Mandats

Auch ein öffentlich-rechtliches Mandat kann sich auf den Erlaß unbestimmt vieler, nur typenmäßig abgegrenzter Hoheitsakte gegenüber unbestimmt vielen Adressaten beziehen. Ein abstrakt-generelles Mandat war z. B. die nach dem Ausbruch des 1. Weltkrieges erlassene Weisung des Königs von Preußen an das Preußische Staatsministerium, „nach Maßgabe der von Mir genehmigten besonderen Vorschläge bestimmte, sonst zu Meiner Entscheidung gelangende Angelegenheiten selbständig zu erledigen[160]". Auch die Vollmacht, die ein diplomatischer Auslandsvertreter der Bundesrepublik vom Bundespräsidenten erhält, berechtigt in der Regel zur Vornahme unbestimmt vieler völkerrechtlicher Akte gegenüber einem nicht feststehenden Personenkreis. Solche abstrakt-generellen Mandate sind Verordnungen.

---

[159] So bezüglich der Delegation nach Art. 60 III GG *Hamann*, GG Vorb. zum V. Abschnitt und Art. 60 Anm. B 5; derselbe, Präsidialdemokratie S. 163, allerdings jeweils ohne Begründung. A. M.: *v. Mangoldt-Klein* Art. 22 Anm. III 4 S. 637, Vorb. III 3 d zum V. Abschnitt S. 1065 und Art. 60 Anm. III 7 a S. 1178 — unter Berufung auf Art. 80 I 1 GG, welcher den Bundespräsidenten nicht als mögliche Ermächtigungsadressaten nennt. Diese Argumentation ist jedoch sowohl methodisch als auch rechtlich unzutreffend: Zum einen läßt sich aus einer fehlenden Befugnis zum Erlaß von Rechtsverordnungen nicht auf die Rechtsnatur gewisser Präsidialakte schließen. Zum anderen bindet Art. 80 I 1 GG allenfalls den einfachen Gesetzgeber, nicht jedoch den Verfassungsgeber, so daß der Bundespräsident zumindest auf Grund Art. 60 III GG Rechtsverordnungen erlassen darf.

[160] Erlaß vom 16. 8. 1914, GS S. 153; *Triepel*, Delegation S. 144.

Dem Mandat wird überwiegend keine Außenwirkung zugeschrieben[161]. Das ist durchaus folgerichtig, wenn man es mit Triepel[162] als Rechtsgeschäft ansieht, welches ein (öffentlich-rechtliches) Vertretungsverhältnis i. S. der §§ 164 ff. BGB begründet und damit die Zuständigkeitsordnung unberührt läßt; denn die vom Vertreter (Mandatar) erlassenen Hoheitsakte müßten nach den Grundsätzen der Vertretung dem Vertretenen (Mandanten) zugerechnet werden. Hierbei muß man jedoch beachten, daß das im Privatrecht entwickelte Institut der rechtsgeschäftlichen Stellvertretung sich nicht ohne weiteres auf öffentlich-rechtliche Verhältnisse übertragen läßt[163]. Freilich gibt es auch im öffentlichen Recht Vertretungsmacht, doch ist das Handeln staatlicher Stellen ein organschaftliches. Für die Frage, welcher Natur ein öffentlich-rechtlicher Akt ist, kommt es entscheidend darauf an, wie er sich materiell auf den Rechtsstand der Betroffenen auswirkt. Für die Rechtsnatur des öffentlich-rechtlichen Mandats ist es also maßgeblich, ob es vom Standpunkt des Betroffenen aus gesehen die Zuständigkeitsordnung ändert. Ist dies der Fall, wird — bei Zuständigkeiten zum Rechtsverkehr gegenüber Bürgern im allgemeinen Gewaltverhältnis — das Recht des Einzelnen auf Einhaltung der Kompetenz berührt. Das abstrakt-generelle Mandat ist dann eine Rechtsverordnung. Unerheblich bleibt dagegen, ob der Akt, welcher die Vertretungsmacht des Mandats begründet, im „Innenverhältnis" zwischen Mandat und Mandatur ein einseitiges Rechtsgeschäft oder ein befehlender Hoheitsakt ist. Da sich die Rechtsnatur des Mandats nach seiner materiellen Wirkung gegenüber dem Betroffenen richtet, ist es dafür weiterhin unbeachtlich, daß der Mandatar formell „im Namen" des Mandanten handelt[164].

Es ist also zu prüfen, ob ein vom Mandatar erlassener Hoheitsakt (insbesondere eine Verordnung, ein Verwaltungsakt) dem Bürger gegenüber genauso wirkt wie ein gleichartiger Akt des Mandanten, so daß er diesem voll und ganz zugerechnet werden kann. Nur in diesem Fall wäre die vorgegebene Zuständigkeit — als Entscheidungsbefugnis des *Mandanten* — auch materiell eingehalten. Dabei ist zunächst auf das zwischenbehördliche Mandat abzustellen und zu differenzieren: Rechtsentscheidungen des Mandatars lassen sich dem Mandanten zurechnen[165].

---

[161] Statt vieler *Rasch*, Festlegung S. 339 und in *Rasch-Patzig* S. 13.
[162] A. a. O. S. 28, 139.
[163] *Obermayer*, Übertragung S. 628.
[164] Vgl. *Obermayer* a. a. O. S. 629.
[165] Das zeigt sich z. B. praktisch darin, daß eine Anfechtungsklage gegen einen Verwaltungsakt des Mandatars gegen den Mandanten zu richten ist; dieser bleibt — zumindest formell — zuständig. Deshalb ist hier auch die Rechtssicherheit des Bürgers nicht beeinträchtigt. Er kann sich nach wie vor an den Mandanten wenden.

Der Mandatar ist hier in seiner Entscheidung und in ihrer Vorbereitung an dieselben materiellen Rechtssätze gebunden wie der Mandant. Er muß zum gleichen Ergebnis kommen wie dieser, unterstellt, daß beide das Gesetz richtig anwenden[166]. Deshalb wirkt sich seine Entscheidung auf die Rechte des Bürgers genauso aus wie eine solche des Mandanten. Anders könnte es nur bei Ermessensakten sein, und zwar dann, wenn der Mandatar ohne Ermessensfehler nicht so entscheidet, wie es der Mandant getan hätte. Wegen dieser andersartigen Ermessensbetätigung eines formell nicht zuständigen Organs könnte die Entscheidung des Mandatars im verwaltungsgerichtlichen Verfahren, in dem seine Erwägungen als die allein angestellten maßgeblich sein müssen[167], jedoch nicht aufgehoben werden. Sie ist materiell rechtmäßig und muß deshalb vom Bürger hingenommen werden. Aber auch bei einer solchen unumstößlichen Ermessensbetätigung des Mandatars wird das Recht des Einzelnen auf Einhaltung der vorgegebenen Zuständigkeit nicht berührt, selbst dann nicht, wenn der Mandatar anders als der Mandant zuungunsten des Bürgers entschiede. Der Verlust einer bloßen Chance auf den Erlaß eines begünstigenden Hoheitsaktes schmälert das genannte subjektive Recht noch nicht. Auch das als Parallele durchaus heranzuziehende Recht auf fehlerfreien Ermessensgebrauch geht nämlich nicht so weit. Er schützt nur vor unzulässigen, insbesondere sachwidrigen Entscheidungen, nicht dagegen vor ungünstigen. Deshalb läßt auch ein zwischenbehördliches Mandat zur Vornahme von Ermessensentscheidungen nach außen die Kompetenzordnung unberührt.

Dasselbe gilt natürlich erst recht für die innerbehördlichen Mandate, weil Zuständigkeiten immer einer Behörde als Ganzer zugewiesen werden und es einen Anspruch auf das Tätigwerden des intern „zuständigen" Beamten nicht gibt[168].

Alle abstrakt-generellen Mandate des öffentlichen Rechts sind daher mit der h. M. als Verwaltungsverordnungen anzusehen.

K. Ergebnis des Dritten Teils

Die vorstehenden Untersuchungen haben gezeigt, daß auch das Staatsoberhaupt der Bundesrepublik schon wiederholt Verordnungen erlassen hat oder sie im Rahmen seiner üblichen Amtstätigkeit noch

---

[166] Ist dies nicht der Fall, kann immer verwaltungsgerichtliche Klage erhoben werden.
[167] Nach *Rasch*, Festlegung S. 339, sind sie nur „zu berücksichtigen".
[168] Vgl. oben S. 65.

erlassen könnte. Ein Teil dieser Verordnungen enthält sogar materielle Rechtssätze, so die Setzung einiger Staatssymbole, die Festlegung gewisser Zuständigkeiten staatlicher Organe oder die Delegation verschiedener eigener Befugnisse des Bundespräsidenten. Auf denselben Rechtsgebieten sind auch Verwaltungsverordnungen des Staatsoberhaupts vorhanden oder zumindest denkbar.

Vierter Teil

Befugnisse des Bundespräsidenten zum Erlaß von Rechts- und Verwaltungsordnungen

Nach den Ergebnissen des Dritten Teils dieser Arbeit hat es zumindest den Anschein, als stünde dem heutigen Bundespräsidenten trotz aller Entmachtung doch eine Anzahl von Verordnungsrechten zu. Ob und inwieweit dies zutrifft, soll im folgenden untersucht werden. Dabei ist zunächst auf die allgemeinen Voraussetzungen solcher Rechte des Bundespräsidenten (Erster Abschnitt) und danach auf seine tatsächlich vorhandenen Befugnisse zum Erlaß von Rechts- (Zweiter Abschnitt) und Verwaltungsverordnungen (Dritter Abschnitt) einzugehen.

Erster Abschnitt

Die gemeinsamen Voraussetzungen aller Verordnungsrechte des Bundespräsidenten

Gemäß Art. 20 I GG ist die Bundesrepublik Deutschland ein Bundesstaat. Darin sind alle öffentlichen Aufgaben und Befugnisse zwischen dem Zentralstaat (Bund) und den Gliedstaaten (Ländern) verteilt. Weil der Bundespräsident ein Bundesorgan ist, setzt sein Tätigwerden eine Kompetenz des Bundes voraus (A). Im gewaltenteilenden System des GG ist der Bundespräsident eines von mehreren Exekutivorganen, also einer von mehreren möglichen Verordnungsgebern[1]. Er benötigt also zum Erlaß jeder Verordnung eine besondere Befugnis innerhalb der Exekutive, d. h. seine Organkompetenz (B).

A. Die Bundeskompetenz als Voraussetzung der Zuständigkeit des Bundespräsidenten

Nach der aus Art. 30, 70, 83 GG zu entnehmenden Kompetenzverteilung zwischen Bund und Ländern ist der Bund grundsätzlich nur zustän-

---

[1] Vgl. oben S. 41 ff.

dig, soweit ihm „durch die Verfassung oder auf Grund der Verfassung"[2] Befugnisse und Aufgaben besonders zugewiesen sind. Das ist sicherlich dann der Fall, wenn diese in einem der Kompetenzkataloge des GG (insbesondere Art. 73—75, 87—90, 105, 108 GG) als Bundeszuständigkeit genannt sind. Darüber hinaus kann sich eine Kompetenz des Bundes nur noch aus der „Natur der Sache" oder aus dem „Sachzusammenhang" ergeben. Daß derartige Zuständigkeiten auch im Hinblick auf Art. 30, 70, 83 GG bestehen können, ist heute fast allgemein anerkannt[3]. Freilich muß man den Kreis solcher ungeschriebener Kompetenzen wegen der grundsätzlichen Zuständigkeit der Länder eng ziehen, wie es auch die h. L. tut: Bundeskompetenzen aus der Natur der Sache und dem Sachzusammenhang kann es nur dort geben, wo eine staatliche Aufgabe denkgesetzlich oder wegen des untrennbaren Zusammenhanges mit ausdrücklichen Bundeszuständigkeiten von den Ländern überhaupt nicht erfüllt werden könnte[4].

B. Die Organkompetenz des Bundespräsidenten zum Erlaß von Verordnungen

Die Organkompetenz des Bundespräsidenten zur Verordnungsgebung ist ihrem Wesen nach verschieden, je nachdem, ob es sich um eine (allgemeine oder besondere) Zuständigkeit zum Erlaß von Rechts- oder von Verwaltungsverordnungen handelt.

Rechtsverordnungen sind materielle Rechtssätze. Die Befugnis, sie zu erlassen, ist also materiell eine Gesetzgebungskompetenz. Die Gesetzgebung ist im gewaltenteilenden Staat primär Aufgabe der Legislativorgane. Für Organe der vollziehenden Gewalt, also auch für den Bundespräsidenten, bilden Zuständigkeiten zum Erlaß materieller Rechtssätze eine Ausnahme. Sie können vor allem nur durch den verfassungsmäßigen Kompetenzträger, nämlich den Verfassungs- oder den einfachen Gesetzgeber, begründet werden. Verwaltungsverordnungen sind dagegen keine materiellen Rechtssätze. Ihr Erlaß gehört zum originären Tätigkeitsbereich der vollziehenden Gewalt (auch im materiellen

---

[2] *Maunz-Dürig* Art. 30 RN 13.
[3] Besonders in der Rspr. des BVerfG, siehe das Gutachten vom 16. 6. 1954, BVerfGE 3, 420 und die Urteile vom 29. 4. 1958, BVerfGE 8, 148, vom 10. 5. 1960, BVerfGE 11, 98 und vom 28. 2. 1961, BVerfGE 12, 251; ebenso in der Literatur: *v. Mangoldt* Art. 30 Anm. 2, Art. 70 Anm. 2, Art. 83 Anm. 2; *Giese-Schunck* Art. 30 Anm. II 2, Art. 70 Anm. II 2; *Dennewitz* in BK Art. 30 Anm. II 2, *Koellreutter* S. 143 ff.; *Bachof*, Titel S. 498; *Geeb-Kirchner* Einführung VI; *Voigt* S. 41. A. M. immer noch *Maunz* S. 199 ff., desgleichen in *Maunz-Dürig* Art. 30 RN 14, Art. 70 RN 25 ff., wenn auch schon mit Zugeständnissen an die h. L., vgl. Art. 70 RN 27; *Hamann*, GG Art. 30 Anm. B 6.
[4] So besonders deutlich BVerfG vom 16. 6. 1954, BVerfGE 3, 421 f.

Sinn). Die Befugnis zum Erlaß von Verwaltungsverordnungen ist daher eine Verwaltungskompetenz. Da es in der Bundesrepublik jedoch mehrere Exekutivorgane gibt, die Verwaltungsaufgaben wahrzunehmen haben, darf der Bundespräsident auch hier nicht ohne weiteres tätig werden. Er darf dies vielmehr nur dann, wenn irgendeine Rechtsnorm *ihm* die Zuständigkeit verliehen hat, einen bestimmten Gegenstand des öffentlichen Rechts durch Verwaltungsverordnungen zu regeln.

Die meisten Kompetenzvorschriften erteilen die Befugnis zum Erlaß von Rechts- und Verwaltungsverordnungen unmittelbar einem bestimmten Exekutivorgan. In diesen Fällen ist es eindeutig, wer die jeweilige *Organ*zuständigkeit besitzt. Oft läßt sich aber zunächst nur feststellen, daß die Exekutive schlechthin ermächtigt sein soll, z. B. bei vielen gewohnheitsrechtlichen Kompetenzzuweisungen. Hier tauchen dann Zweifel darüber auf, welches der einzelnen Organe der vollziehenden Gewalt zuständig ist. Es bleibt nichts anderes übrig, als die betreffende Organbefugnis aus der allgemeinen Kompetenzverteilung zwischen den Exekutivorganen des Bundes abzuleiten.

Das GG enthält über diese Zuständigkeitsverteilung keine ausdrückliche allgemeine Vorschrift. Es besagt lediglich in Art. 20 II 2, daß die Staatsgewalt in der Bundesrepublik u. a. durch „besondere Organe der vollziehenden Gewalt" ausgeübt wird, schweigt sich dort aber darüber aus, welche Organe dies sind und was im einzelnen zu ihrer Zuständigkeit gehört. Dazu äußern sich erst die Art. 54 ff. GG, welche einzelne Kompetenzen der verschiedenen Exekutivorgane des Bundes aufzählen. Aber auch diese Normen regeln nicht alle Fragen abschließend; ebenso lassen die sie ergänzenden einfachen Gesetze noch viele Zweifel bestehen. Es fragt sich daher, ob man aus dem Sinnzusammenhang aller Kompetenznormen eine allgemeingültige Aussage über die Zuständigkeitsverteilung zwischen den höchsten Exekutivorganen der Bundesrepublik — Bundespräsident und Bundesregierung — entnehmen kann, welche die Zweifel beseitigt. Aus den einschlägigen Kompetenznormen des GG und weiterer einfacher Gesetze läßt sich ableiten, daß der Kern aller Zuständigkeiten der Bundesexekutive (= Regierung und Verwaltung) bei der Bundesregierung liegt[5]: die Art. 65, 65 a, 76, 84 ff. GG beweisen das. Gleiches gilt auch für die abgeleiteten Rechtssetzungsbefugnisse (Art. 80 I 1 GG). Es ginge jedoch zu weit, daraus eine Zuständigkeitsvermutung für die Bundesregierung herzuleiten, ähnlich der, die in Art. 30, 70, 83 GG für die Länder statuiert ist. Eine derartige „Beweislastregel" zuungunsten des Bundespräsidenten folgt entgegen einer

---

[5] *v. Mangoldt-Klein* Vorb. III 3 a zum V. Abschnitt S. 1061 f. und Art. 65 a Anm. II 3 c S. 1275; *Maunz* S. 328.

mehrfach vertretenen Ansicht[6] weder aus einer Spezialbestimmung des GG noch aus der Gesamtschau aller darin enthaltenen Kompetenzvorschriften. Es ist vielmehr so, daß die Organzuständigkeiten von Bundespräsident und Bundesregierung jeweils besonders mit allen zulässigen Mitteln der Gesetzesauslegung aus dem GG selbst oder aus anderen Rechtsnormen nachgewiesen werden müssen[7]. Für die Verordnungskompetenzen des Bundespräsidenten wird dies Gegenstand der folgenden beiden Abschnitte sein.

Zweiter Abschnitt

Die Befugnisse des Bundespräsidenten zum Erlaß von Rechtsverordnungen

Es wurde schon angedeutet, daß der Erlaß materieller Rechtssätze durch Exekutivorgane wie den Bundespräsidenten im gewaltenteilenden Staat eine Ausnahme ist. Die vollziehende Gewalt muß dazu eigens durch den verfassungsmäßigen Kompetenzträger, den Gesetzgeber, ermächtigt werden. Ein selbständiges Verordnungsrecht der Exekutive gibt es nicht mehr. Hierbei ist seit eh und je fraglich, ob sich dieser „Vorbehalt des (formellen) Gesetzes"[1] auf die gesamte materielle Gesetzgebungstätigkeit oder nur auf bestimmte Bereiche derselben erstreckt. Nach der konstitutionellen Lehre des Kaiserreichs, die auch für die Weimarer Republik übernommen wurde, galt der „rechtsstaatliche"[2] Gesetzesvorbehalt nur für solche Rechtssätze, die belastend in

---

[6] *Maunz* a. a. O.; *Nawiasky*, Grundgedanken S. 93; *Dahlmann* S. 50; vgl. auch *Hamann*, Besprechung S. 1449.

[7] Vgl. *v. Mangoldt-Klein* Vorb. III 3 a zum V. Abschnitt S. 1061 f.

[1] Ausdruck von Otto *Mayer*, Verw.R. I S. 71 f. Dem Vorbehalt steht der Vorrang des Gesetzes gegenüber: Das (formelle) Gesetz als die „rechtlich stärkste Art von Staatswillen" geht jeder anderen staatlichen Willensäußerung vor. Das Gesetz hebt seinerseits alles auf, was ihm widerspricht und kann selbst wieder nur durch ein Gesetz aufgehoben bzw. verändert werden. Vgl. *Mayer* O., a. a. O. S. 69.

[2] Von diesem liberal-rechtsstaatlich motivierten „allgemeinen" Vorbehalt des Gesetzes ist der sog. institutionelle Gesetzesvorbehalt zu unterscheiden. Er wird für bestimmte, an sich zur Exekutive gehörende Staatstätigkeiten begründet, nicht weil dabei Rechte der Bürger berührt werden, sondern weil der Gesetzgeber einen bestimmten Gegenstand der selbständigen Verfügungsgewalt der Exekutive entziehen will (vgl. *Köttgen*, Organisationsgewalt S. 177; *Obermayer*, Vorbehalt S. 355, insbesondere Fußnoten 8, 9, 11; *Thoma* in HdbDStR II S. 222 ff.). Dieser Gesetzesvorbehalt ist also weniger rechtsstaatlich, als vielmehr politisch motiviert (*Köttgen* a. a. O. S. 165).

Freiheit und Eigentum (i. w. S.) des Bürgers eingreifen, also nicht für alle Vorschriften, welche die Rechtssphäre des Einzelnen *betreffen*[3]. An dieser Ablehnung eines „Totalvorbehalts" hält auch die heute h. M. trotz aller gegen sie gerichteten Angriffe fest[4]. Im Rahmen der vorliegenden Untersuchung können die damit zusammenhängenden schwierigen Fragen nicht näher erörtert werden. Es ist der h. L. zu folgen, für die in der Tat auch die besseren Argumente zu sprechen scheinen. Jedenfalls läßt sich aus Art. 80 GG kein Totalvorbehalt entnehmen, da dort kein Vorbehalt begründet, sondern bereits vorausgesetzt wird.

Eine Ermächtigung zum Erlaß von Rechtsverordnungen kann durch die Verfassung selbst oder durch den einfachen Gesetzgeber ausgesprochen werden, und zwar jeweils auf verschiedene Art. Im GG läßt jedoch die Fassung des Art. 80 Zweifel darüber aufkommen, ob der *Bundespräsident* überhaupt zum Erlaß von Rechtsverordnungen ermächtigt sein kann bzw. werden darf, zumindest aber darüber, ob dies für alle Ermächtigungsarten gleicherweise zu bejahen oder zu verneinen ist. Das alles macht es erforderlich, zunächst die einzelnen Ermächtigungsarten aufzuführen (A) und dann zu klären, ob der Bundespräsident ihr Adressat sein kann (B). Erst wenn sich diese Frage für alle oder wenigstens für einzelne Arten positiv beantworten läßt, können seine tatsächlich vorhandenen bzw. künftig möglichen Befugnisse dargestellt werden (C).

A. Die Arten der Ermächtigungen

Es gibt verschiedene Arten von Ermächtigungen, die man wegen ihrer spezifischen Problematik, besonders im Hinblick auf ihre Zulässigkeit, deutlich auseinanderhalten sollte. Jeweils andersartige Ermächtigungen lassen sich in bezug auf ihren Entstehungszeitpunkt (a), ihre

---

[3] So für das konstitutionelle Staatsrecht besonders *Anschütz*, Gegenwärt. Theorien S. 22 und passim; in *Meyer-Anschütz* S. 655; *Laband*, Staatsrecht II S. 97; *Jellinek G., Gesetz und Verordnung* S. 254 ff., *Rosin H.*, S. 32, 64; *Meyer G.*, S. 25 ff., *Fleiner* S. 67 ff., *Mayer O.*, Verw.R. I S. 71 Fußnote 11 und Besprechung S. 468. Für die Zeit der Weimarer Republik vorallem *Thoma* in HdbDStR II S. 222; *Anschütz*, WV Art. 77 Anm. 2; *Poetzsch-Heffter*, WV Art. 77 Anm. 1; *Jellinek W.*, Verw.R. S. 122; *Giese*, Staatsrecht S. 35, 164; *Hatschek*, Staatsrecht II S. 114 ff.; *Jacobi* in HdbDStR II S. 240 ff.

[4] *Maunz-Dürig* Art. 20 RN 136 und Art. 86 RN 15; *Herrfahrdt* in BK Art. 83 Anm. II 2; *Wolff H. J.*, Verw.R. I S. 139; *Peters*, Verwaltung ohne Ermächtigung S. 214 und Verwaltung S. 71; *Bullinger*, Vertrag S. 93 ff.; *Schneider*, Beruf S. 1274; *Böckenförde*, Org.gewalt S. 90; *Kleiser* S. 35 und passim; BVerfG vom 6. 5. 1958, BVerfGE 8, 155; BVerwG vom 21. 3. 1958, BVerwGE 6, 282; hess. VGH vom 29. 11. 1962, DVBl. 1963, 443. A. M. *Forsthoff*, Verw.R. S. 120 ff.; *Imboden* S. 42; *Stern* S. 521; *Mallmann, Schranken* S. 175; *Jesch*, Gesetz S. 205, 226; *Rupp* S. 84; *Menger* S. 196; zum Teil auch *Köttgen*, Subventionen S. 478 f.; *Ipsen*, Subventionierung S. 15 ff.

Rechtsquelle (b) und ihren Umfang (c) feststellen. Jedes Unterscheidungsprinzip liegt also auf einer anderen Ebene.

a) Hinsichtlich des Entstehungszeitpunkts trennt man nachkonstitutionelle (aa) von vorkonstitutionellen (bb) Ermächtigungen.

aa) Nachkonstitutionelle Ermächtigungen sind nach einem Zeitpunkt wirksam geworden, der für die Zurechnung von Rechtsnormen zu der gerade laufenden Verfassungsepoche maßgeblich ist. Unter der Herrschaft des Bonner GG sind nachkonstitutionell alle Rechtsvorschriften, die seit dessen Inkrafttreten am 24. 5. 1946 verkündet wurden[5].

bb) Vorkonstitutionell sind dagegen alle Ermächtigungen, die aus der Zeit vor dem 24. 5. 1949 stammen.

b) Eine Ermächtigung zum Erlaß von Rechtsverordnungen kann der Exekutive durch verschiedenartige Rechtsquellen erteilt werden[6]. Man hat hier geschriebene (aa) und gewohnheitsrechtliche Ermächtigungen (bb) auseinanderzuhalten.

aa) Ermächtigungen auf Grund geschriebenen (gesetzten) Rechts. Sie treten in zwei Formen auf:

α) Als ausdrückliche Ermächtigung, also eindeutig ausgesprochen in einem Satz des ius scriptum (Verfassung, Gesetz, Verordnung). Dies geschieht meist mit einer formelhaften Wendung wie z. B. „der Bundesminister ... wird ermächtigt, ... zur Durchführung der Vorschrift ... Rechtsverordnungen zu erlassen, die ... näher regeln"[7].

β) Als stillschweigende Ermächtigung: Die ermächtigende Norm braucht das Verordnungsrecht nicht unbedingt ausdrücklich zu erteilen. Es genügt, wenn sich aus dem Inhalt der Norm zweifelsfrei erkennen läßt, daß sie durch eine Rechtsverordnung noch näher ausgestaltet werden muß und daß diese von der Exekutive erlassen werden darf. So wurde z. B. vielfach aus Art. 55 aRV eine stillschweigende Ermächtigung für den Kaiser zum Erlaß von Flaggenverordnungen entnommen[8].

bb) Gewohnheitsrechtliche Ermächtigungen können durch eine langdauernde Verordnungspraxis eines Exekutivorgans entstehen,

---

[5] BVerfG vom 24. 2. 1953, BVerfGE 2, 135; vom 11. 11. 1953, BVerfGE 3, 48; vom 9. 11. 1955, BVerfGE 4, 339.

[6] Das folgende Schema fußt auf der bei *Jacobi* (in HdbDStR II S. 242) angedeuteten Einteilung, welche allein geeignet erscheint, das sonst oft anzutreffende terminologische Durcheinander zu entwirren.

[7] Vgl. z. B. § 7 III des Gesetzes über den Ladenschluß vom 28. 11. 1956, BGBl. I S. 875.

[8] Wohl zu Unrecht; vgl. *Jacobi* a. a. O. S. 244.

wenn diese von den Adressaten der Verordnung[9] einheitlich als rechtens anerkannt wird[10]. Sie stehen oft in systematischen Zusammenhang mit stillschweigenden Ermächtigungen, beendet ein Gewohnheitsrecht doch häufig den Streit um das Vorliegen einer stillschweigenden geschriebenen Ermächtigung. So geschah es z. B. im oben erwähnten Fall des umstrittenen Flaggenverordnungsrechts des Kaisers[11]. Auf gewohnheitsrechtliche Ermächtigungen wird meist auch das Organisationsverordnungsrecht der Exekutive gestützt[12].

c) Nach ihrem Umfang lassen sich generelle (allgemeine, aa) und spezielle (besondere) Ermächtigungen (bb) unterscheiden.

aa) Eine generelle Ermächtigung begründet für ihre gesamte Geltungsdauer die Befugnis eines Exekutivorgans, eine ganze Kategorie von Rechtsverordnungen zu erlassen, also z. B. Ausführungsverordnungen (Art. 45, 3 PrVerf. von 1850) oder Notverordnungen (Art. 48 II WV). Keine derartigen generellen Ermächtigungen für Exekutivorgane sind in Art. 58 und 80 I GG enthalten. Art. 58 GG ist überhaupt keine Kompetenznorm, sondern setzt bereits das Bestehen anderer Ermächtigungen voraus[13]. Art. 80 GG erteilt dagegen erst der Legislative die Befugnis, der Exekutive den Erlaß von Rechtsverordnungen zu gestatten.

bb) Eine spezielle Ermächtigung schafft im Gegensatz zur generellen nur die Kompetenz, eine bestimmte, gegenständlich beschränkte Rechtsverordnung zu erlassen, z. B. zur Durchführung von § 7 I Ladenschlußgesetz. Sie kommt in der Staatspraxis weit häufiger vor als die generelle Ermächtigung.

Da die genannten Arten auf verschiedenen Ebenen liegen, erfüllt eine Ermächtigung stets die Merkmale mehrerer Arten. So ist sie beispielsweise zugleich ausdrücklich, speziell und nachkonstitutionell oder gewohnheitsrechtlich, generell und vorkonstitutionell.

B. Die Zulässigkeit einer Ermächtigung des Bundespräsidenten

Ob der Bundespräsident grundsätzlich Rechtsverordnungen erlassen darf, richtet sich in erster Linie nach Art. 80 GG. Diese Vorschrift spricht aber nur davon, daß bestimmte Organe ermächtigt *werden* können, hat

---

[9] Hierzu *Höhn* S. 51 f.
[10] *Jacobi* a. a. O. S. 244; *Hatschek*, Staatsrecht II S. 128; *Wolff*, H. J., Verw.R. I S. 104.
[11] *Jacobi* a. a. O. S. 244.
[12] *Jacobi* a. a. O. S. 251; *Grauel* S. 63 ff.
[13] *Hamann*, Präsidialdemokratie S. 163; vgl. *Kastner* S. 36.

also nachkonstitutionelle Ermächtigungen zum Gegenstand. Die Behandlung vorkonstitutioneller Befugnisse regelt Art. 129 GG. Die eingangs gestellte Frage ist daher u. U. verschieden zu beantworten, je nachdem, aus welcher Zeit die einzelnen Ermächtigungen stammen. Das zwingt dazu, sie für nachkonstitutionelle (I) und vorkonstitutionelle Ermächtigungen (II) gesondert zu behandeln.

I. Die nachkonstitutionelle Ermächtigung des Bundespräsidenten

Gemäß Art. 80 I GG können die Bundesregierung, ein Bundesminister oder die Landesregierungen durch Gesetz zum Erlaß von Rechtsverordnungen ermächtigt werden. Der Bundespräsident wird als Ermächtigungsadressat nicht genannt; er zählt hier auch nicht etwa zur „Bundesregierung", da dieser Begriff in Art. 80 I 1 GG im üblichen organisatorischen Sinne von Art. 62 GG gebraucht wird[14]. Das ist, soweit ersichtlich, unbestritten und folgt schon aus dem sonst üblichen Sprachgebrauch des GG, welches den Bundespräsidenten an keiner Stelle zur Bundesregierung zählt[15]. Es ist also zunächst zu untersuchen, ob ihm Art. 80 I 1 GG damit völlig die Möglichkeit nimmt, vom heutigen Gesetzgeber Rechtsverordnungsbefugnisse zu erhalten (1). Art. 80 I 1 GG nennt jedoch nur die „durch Gesetz" erteilten Ermächtigungen. Das kann nun bedeuten, daß andere als (formell-)gesetzliche Delegationen überhaupt ausgeschlossen sein sollen oder aber, daß sie vom GG gar nicht behandelt werden und deshalb auch nicht an die Schranken des Art. 80 I 1 GG gebunden sind. Beides hätte für die Zulässigkeit einer nachkonstitutionellen Ermächtigung des Bundespräsidenten wichtige Folgen. Im zweiten Falle könnte er u. a. selbst dann Verordnungsgeber werden, wenn Art. 80 I 1 GG die möglichen Adressaten abschließend aufzählt, indem er z. B. gewohnheitsrechtlich die Befugnis zum Erlaß von Rechtsverordnungen bekäme. Es ist also hier auch die Wendung „durch Gesetz" in Art. 80 I 1 GG zu interpretieren (2).

1. Die Folgen der Aufzählung bestimmter Ermächtigungsadressaten in Art. 80 I 1 GG für eine Ermächtigung des Bundespräsidenten

Aus der Nennung von drei bestimmten Organen in Art. 80 I 1 GG entnimmt die h. L., daß diese ausschließlich sei, so daß der Bundespräsident vom Gesetzgeber nicht ermächtigt werden dürfe[16]. Dazu ist

---
[14] v. Mangoldt-Klein Art. 62 Anm. IV 1 S. 1196 f.
[15] Über seine Beteiligung an der materiellen Regierungsgewalt ist damit freilich nichts ausgesagt.
[16] Maunz-Dürig Art. 80 RN 6; v. Mangoldt Art. 80 Anm. 2; Herrfahrdt in BK Art. 80 Anm. II 1; Hamann, GG Art. 80 Anm. B 2; Klein F., Übertragung

zunächst zu bemerken, daß sich Art. 80 GG als besondere Ausprägung des rechtsstaatlichen Gesetzesvorbehaltes nur auf solche Rechtsverordnungen bezieht, die Individualrechte einschränken[17]. Nichteingreifende Normen darf der Bundespräsident auch ohne gesetzliche Ermächtigung erlassen, sofern er nur die allgemeine Organkompetenz dazu besitzt.

Aber auch hinsichtlich der belastenden Rechtsverordnungen — und nur diese sollen im folgenden behandelt werden — stößt die h. M. auf Widerspruch. Scheuner und Obermayer weisen darauf hin, daß es der Gesetzgeber gemäß Art. 80 I 4 GG dem Delegatar gestatten könne, die ihm erteilte Ermächtigung weiterzuübertragen (Subdelegation), und zwar auf nicht näher bestimmte Stellen[18]. Es sei daher ein reiner Formalismus, es der Legislative nur wegen des Wortlauts von Art. 80 I 1 GG zu versagen, daß sie selbst unmittelbar ein Organ ermächtigt, welches sonst lediglich als Subdelegatar in Frage kommt. Daher müsse auch eine direkte Ermächtigung anderer als der in Art. 80 I 1 GG genannten Stellen möglich sein, zumindest solcher des Bundes. Dieses Argument klingt zwar bestechend, erweist sich aber als fragwürdig, sobald man sich das Wesen der Subdelegation und die ratio legis des Art. 80 GG vergegenwärtigt. Zwischen einer direkten und einer Unterermächtigung ist nämlich ein sachlicher Unterschied zu erkennen. Bei der ersten liegt es allein in der Hand des Gesetzgebers, ob der Ermächtigte zum Träger abgeleiteter Rechtssetzungsbefugnisse werden soll. Kann die Ermächtigung desselben Organs dagegen nur auf dem Umweg über eine Subdelegation erfolgen, befindet neben dem Gesetzgeber noch eine weitere Instanz, und zwar der Erstermächtigte, darüber, ob jenes Organ eine Rechtssetzungskompetenz erhalten soll. Es steht nämlich in der Regel im Ermessen des Erstermächtigten, ob bzw. in welchem Umfang er die ihm verliehene Kompetenz weitergibt. So kann er die Rechtssetzung durch den Subdelegatar völlig unmöglich machen oder sie zumindest steuern. Diese Steuerungsfunktion des Delegatars entfiele jedoch, wenn das als Subdelegatar vorgesehene Organ vom Gesetzgeber direkt ermächtigt würde[19]. Sollte sich nun

---

S. 89; *Wolff* B. S. 216; *Jesch*, Verw.Verordnungen S. 81; BVerfG vom 6. 5. 1958, BVerfGE 8, 163; bayVGH vom 26. 7. 1956, BayVBl. 1956, 285.

[17] Oben S. 96.

[18] *Scheuner*, Übertragung S. 144; *Obermayer*, Vorbehalt S. 357.

[19] *Maunz-Dürig* Art. 80 RN 15, wo die Steuerungsfunktion des Delegatars allerdings unzutreffend begründet wird: Es ist keineswegs „anerkannte Lehre", daß die Subdelegation von Rechtssetzungsbefugnissen stets nur eine sog. konservierende Delegation sei, so daß dem Subdeleganten nicht die Kompetenz als solche, sondern nur das Ausübungsmonopol verlorengehe. Das kann allenfalls für die Erstermächtigung gelten, weil der Gesetzgeber seine Befugnisse wegen des Gewaltenteilungsprinzips nicht völlig zugunsten der Exekutive preisgeben darf, auch nicht beschränkt auf einen bestimmten Gegenstand (*Triepel*, Delegation S. 55 ff.; *Jacobi* in HdbDStR II S. 240; *Klein* F.,

nachweisen lassen, daß die in Art. 80 I 1 GG genannten Stellen und nur sie die Rechtssetzungstätigkeit aller möglichen Subdelegatare steuern *sollen*, müßte der h. L. zugestimmt werden. Eine teleologische Auslegung des Art. 80 I 1 GG erbringt diesen Nachweis in der Tat. Die Schöpfer des GG standen vor der Aufgabe, den im Dritten Reich mit Ermächtigungsgesetzen für die Exekutive getriebenen Mißbrauch künftig zu verhindern. Da die Weitergabe von Rechtssetzungsbefugnissen an die Exekutive nicht ganz unmöglich gemacht werden konnte, weil sonst die Legislative zu sehr überlastet würde, mußte sie wenigstens an strenge Voraussetzungen gebunden werden[20]. Dieses verfassungspolitische Ziel fand dann auch seinen sinnfälligsten Ausdruck in dem Erfordernis, Inhalt, Zweck und Ausmaß einer Ermächtigung im Gesetz zu bestimmen (Art. 80 I 2 GG). Durch solche verfassungsmäßigen Schranken ist gewährleistet, daß die materielle Gesetzgebung möglichst in den Händen der dazu unmittelbar berufenen Organe Bundestag und Bundesrat bleibt. Die abgeleitete Gesetzgebung durch Organe der Exekutive kann so weitgehend von den echten Legislativorganen gelenkt und kontrolliert werden[21]. Diese Beschränkung der Verordnungstätigkeit der Exekutive soll weniger die Legislative[22] als vielmehr den Staatsbürger schützen. Die Legislative hat es seit der Durchsetzung des Vorbehaltsprinzips im 19. Jahrhundert stets selbst in der Hand, ob und wann Exekutivorgane Recht setzen können. Nach dem GG verhält es sich dabei nicht anders. So schützt Art. 80 I GG die Legislative allenfalls „vor sich selbst", d. h. vor verfassungsfeindlichen Mehrheiten oder vor mangelndem eigenem Verantwortungsbewußtsein. Nötiger ist der Schutz des Bürgers, des eigentlichen Leidtragenden der weitgehenden Ermächtigungsgesetzgebung im Dritten Reich. Er soll daher rechtssatzmäßige Eingriffe in seine Rechte nicht mehr von jeder beliebigen Verwaltungsbehörde, sondern nur noch von der Legislative selbst oder von besonders qualifizierten, *parlamentarisch verantwortlichen* Exekutivorganen hinnehmen müssen. Das sind in unserem Staatswesen aber nur die Bundesregierung, die Bundesminister und die notwendigerweise (Art. 28 I 1 GG) den Landtagen verantwortlichen Landesregierungen, nicht aber der Bundespräsident (Art. 58 GG). Verordnungsermächtigungen sollen nach Möglichkeit bei diesen qualifizierten Exe-

---

Ermächtigungen S. 46; vgl. auch *Maunz-Dürig* Art. 20 RN 82). Für die Subdelegation entfallen diese Beschränkungen, da der Erstermächtigte in jedem Falle selbst schon ein Exekutivorgan ist. So beziehen sich auch die Ausführungen *Triepels* a. a. O. und *Kleins* a. a. O., auf die sich *Maunz-Dürig* berufen, ausdrücklich auf Erstermächtigungen, nicht auf Subdelegationen.

[20] *Doemming-Füßlein-Matz* S. 588 ff.; *Klein* F., Ermächtigungen S. 68; *Obermayer*, Vorbehalt S. 357.
[21] *Maunz-Dürig* Art. 80 RN 15.
[22] So aber *Obermayer* a. a. O. S. 358.

kutivstellen „hängenbleiben" und nur dann nochmals weitergegeben werden, wenn es praktisch unumgänglich ist. Die Subdelegation von Rechtssetzungsbefugnissen muß eine Ausnahme bleiben. Dies allein erklärt den vom Verfassungsgeber des GG gewählten Weg, zwischen Erstermächtigung (Art. 80 I 1 GG) und Subdelegation (Art. 80 I 4 GG) so deutlich zu unterscheiden — was man sonst wegen der Schwerfälligkeit einer mehrfachen Delegation wohl kaum getan hätte. Aus alledem ist daher mit der h. L. zu schließen, daß Art. 80 I 1 GG die möglichen Verordnungsgeber nicht nur beispielhaft, sondern bewußt und gewollt abschließend aufzählt. Der Bundespräsident, der in Art. 80 I 1 GG nicht genannt ist, kann daher durch nachkonstitutionelles Gesetz nicht zum Erlaß von Rechtsverordnungen ermächtigt werden.

2. Die Bedeutung des Ausdrucks „durch Gesetz" in Art. 80 I 1 GG für eine Ermächtigung des Bundespräsidenten

Unter einem Gesetz versteht Art. 80 I 1 GG ein formelles Bundesgesetz. Dies ist unbestritten[23] und zum einen schon damit zu rechtfertigen, daß das GG mit „Gesetz" immer ein formelles Gesetz meint (vgl. Art. 70 ff., 82, 100 GG); andernfalls spricht es nämlich von „Recht" (Art. 93 I Ziff. 2, 95, 123 ff. GG) oder von „Rechtsvorschriften" (Art. 129 I 1 GG). Zum andern folgt es aus der auch vom GG übernommenen klassischen Vorbehaltsdoktrin. Danach ist jeder eingreifende Rechtssatz durch Gesetz oder auf Grund eines solchen zu erlassen. Im Sinne der Vorbehaltslehre muß der Begriff Gesetz aber formell aufgefaßt werden, weil unter die materiellen Gesetze auch die Rechtsverordnungen fallen. Als primäre Ermächtigungsnorm eine von der Exekutive ausgehende Verordnung genügen zu lassen, wäre genau das Gegenteil dessen, was durch das Vorbehaltsprinzip erreicht werden soll[24].

Wenn der Bundespräsident nicht durch formelles Gesetz zum Erlaß von Rechtsverordnungen ermächtigt werden darf, so bedeutet dies nicht, daß er auch *durch die Verfassung* selbst keine solchen Befugnisse erhalten kann. Art. 80 GG ist eine Vorschrift für den *einfachen* Bundesgesetzgeber und hat zum Ziele, eine weitgehende „Ermächtigungsgesetzgebung" durch die Exekutive, also ein Überspielen des Parlaments durch die Regierung zu verhindern. Gegen den Verfassungsgeber ist Art. 80 I 1 GG nicht gerichtet. Er ist an diese Vorschriften

---

[23] *Maunz-Dürig* Art. 80 RN 5; *Giese-Schunck* Art. 80 Anm. II 1; *Hamann*, GG Art. 80 Anm. B 1; *Klein* F., Ermächtigungen S. 30.

[24] *Jesch*, Gesetz S. 32. Als *sekundäre*, d. h. formellgesetzlich vorgesehene Ermächtigungsnorm kann natürlich auch eine Rechtsverordnung dienen, da hier ein formelles Gesetz „vorgeschaltet" ist.

nicht gebunden, darf dem Bundespräsidenten Verordnungsrechte verleihen und hat dies in Art. 60 III GG auch bereits getan[25]. Durch das GG könnten dem Bundespräsidenten auch stillschweigend Zuständigkeiten zur Verordnungsgebung eingeräumt werden.

Art. 80 I 1 GG regelt ferner nicht, ob der Bundespräsident „auf Grund eines Gesetzes", also *durch* formellgesetzlich zugelassene Rechtsverordnung, zum Verordnungserlaß ermächtigt werden darf. Da Art. 80 I 4 GG grundsätzlich die Weitergabe einer formellgesetzlichen Ermächtigung durch Rechtsverordnung (= Subdelegation von Rechtssetzungsbefugnissen) gestattet und dabei den Kreis der möglichen Subdelegatare nicht einmal ausdrücklich begrenzt, scheint dies nicht ausgeschlossen zu sein. Es fragt sich also, wer nach Art. 80 I 4 GG durch das ermächtigende Gesetz oder, falls dies schweigt, vom Delegatar eines Verordnungsrechts unterermächtigt werden darf. Sicher können dies auch andere als die in Art. 80 I 1 GG genannten Organe sein. Ob und wie ihr Kreis aber zu beschränken ist, bleibt zweifelhaft. Im Schrifttum finden sich hierüber auch nur recht vage Äußerungen. Triepel, Peters und Bullinger[26] wollen neben den praktisch häufigsten Subdelegationen an nachgeordnete Stellen auch solche an gleich- oder gar übergeordnete zulassen. Demnach könnte grundsätzlich auch der Bundespräsident unterermächtigt werden. Nach Bullinger soll jedoch über die möglichen Adressaten im einzelnen jeweils das Verfassungsgewohnheitsrecht entscheiden. B. Wolff[27] will die Zahl der möglichen Subdelegatare nach rechtsstaatlichen Grundsätzen begrenzen. Noch strenger ist Obermayer[28], der meint, aus „allgemeinen staats- und verwaltungsrechtlichen Grundsätzen" ergebe sich, daß sich die Subdelegation nur an solche Organe richten könne, die im Aufbau der öffentlichen Gewalt den ausdrücklich genannten Delegataren nachgeordnet seien. Demnach schiede der Bundespräsident hier aus.

Der Bundespräsident ist der Bundesregierung bzw. einem Bundesminister[29] insoweit gleichgestellt, als alle Genannten oberste Bundesorgane sind. Seinem protokollarischen Rang nach ist er ihnen sogar übergeordnet. Die Unterermächtigung gleich- bzw. übergeordneter Stellen wäre dann unzulässig, wenn mit ihr irgendeine interne Weisung untrennbar verbunden wäre, da Weisungen nur „nach unten" erteilt werden können. Mit der Verleihung einer Zuständigkeit erhält der

---

[25] Vgl. oben S. 87.
[26] *Triepel*, Delegation S. 101 ff.; *Peters*, Ermächtigung S. 843; *Bullinger*, Unterer m. S. 59.
[27] S. 222.
[28] Vorbehalt S. 357.
[29] Die Landesregierungen kommen im hier behandelten Zusammenhang nicht in Frage.

neue Kompetenzträger zwar nicht nur die Befugnis, sondern auch die Aufgabe, von dieser Zuständigkeit zum Wohl der Allgemeinheit Gebrauch zu machen. Das ist aber nur eine „objektiv-rechtliche Obliegenheit"[30] und keine dienstliche Pflicht[31], sowenig wie die Kompetenz subjektive Rechte begründet[32]. Dem Ermächtigten ist es zwar grundsätzlich verboten, die Kompetenz wieder abzugeben oder auf sie zu verzichten[33]. Dies ist jedoch kein internes dienstliches Verbot, welches mit der Kompetenzzuweisung ausgesprochen wird, sondern ein allgemeingültiger und allgemeinverbindlicher Satz, der sich aus dem Wesen der Zuständigkeitsordnung ergibt und der mit der Kompetenzverleihung wirksam wird[34]. Freilich können auch einem Subdelegatar manchmal interne Weisungen über den Gebrauch der zugewiesenen Kompetenz erteilt werden. Dann muß aber bereits ein Subordinationsverhältnis bestehen, wie dies bei nachgeordneten Behörden der Fall ist. Die Subdelegation setzt ein solches Unterordnungsverhältnis weder voraus noch begründet sie es[35]. Insoweit darf der Bundespräsident also von der Bundesregierung oder von einem Bundesminister unterermächtigt werden. Das Wesen des Präsidentenamts als ausgleichendes Element im Staatsleben steht dem auch nicht entgegen, da das Staatsoberhaupt trotz dieser Funktionen möglicher Verordnungsgeber ist.

Die Unterermächtigung des Bundespräsidenten könnte nur noch durch Art. 80 GG selbst ausgeschlossen sein. Ratio der genannten Vorschrift ist es, daß die Verordnungsgebung der Exekutive in starkem Maße von der Legislative oder zumindest von parlamentarisch verantwortlichen Exekutivorganen gesteuert oder kontrolliert werden soll. Diesem verfassungsrechtlichen Gedanken muß auch bei der Subdelegation Rechnung getragen werden. Das heißt aber, daß Subdelegatar i. S. von Art. 80 I 4 GG nur eine Stelle sein darf, die vom Gesetzgeber direkt oder zumindest mittelbar kontrolliert werden kann[36]. Der staat-

---

[30] *Burckhardt* S. 207 Fußnote 103.
[31] *Forsthoff*, Verw.R. S. 394 nennt sie zutreffend Dienstobliegenheit.
[32] *Bullinger*, Untererm. S. 26; *Rasch*, Behörde S. 5; *Forsthoff* a. a. O. S. 395; a. M. *Triepel*, Delegation S. 88 ff., 109 f.
[33] Rhpf LVG vom 29. 9. 1952, VerwRspr 4, 736; *Rasch* a. a. O. S. 5.
[34] Näheres unten S. 144.
[35] *Bullinger*, Untererm. S. 58.
[36] Eine direkte parlamentarische Kontrolle der Subdelegatare ist hier anders als bei Art. 80 I 1 GG nicht erforderlich. Die Subdelegation wird in der Hauptsache gegenüber nachgeordneten Behörden vorgenommen. Um die höchsten Regierungsorgane zu entlasten, wurde das Institut der Subdelegation ja gerade eingeführt. Nachgeordnete Behörden können vom Parlament aber auch nur über die ihnen vorgesetzten Minister kontrolliert werden. Es wäre also sinnwidrig gewesen, einerseits die Subdelegation zu gestatten und andererseits die Zahl der zulässigen Subdelegatare praktisch auf die parlamentarisch verantwortlichen Organe zu beschränken, die bereits gemäß Art. 80 I 1 GG direkt ermächtigt werden können.

lichen Organisation nicht eingegliederte private Interessenverbände scheiden damit also beispielsweise als zulässige Subdelegatare aus[37]. Der Bundespräsident steht jedoch unter der politischen Kontrolle der Bundesregierung: alle seine Organakte, also auch mögliche Rechtsverordnungen, müssen gemäß Art. 58 GG vom Regierungschef, also dem Bundeskanzler, oder vom zuständigen Bundesminister gegengezeichnet werden. Ohne die Gegenzeichnung ist kein Organakt des Bundespräsidenten gültig. Sie gewährleistet daher eine ausreichende Kontrolle durch parlamentarisch verantwortliche Bundesorgane, zumal Bundeskanzler und Bundesminister die Gegenzeichnung nach pflichtgemäßem Ermessen auch versagen können[38].

Eine Unterermächtigung des Bundespräsidenten zum Erlaß von Rechtsverordnungen i. S. von Art. 80 I 4 GG ist daher grundsätzlich zulässig[39]. Sie wird wegen seiner Stellung als höchstem Repräsentanten des Staates allerdings sehr selten sein, könnte aber bei Angelegenheiten, die grundsätzlich zu seinem Aufgabenbereich gehören, durchaus praktisch werden.

Weil als Ermächtigungsnorm nur ein formelles Gesetz in Frage kommt, ist es unmöglich, daß der Bundespräsident *durch* nachkonstitutionelles *Gewohnheitsrecht* Befugnisse zum Erlaß von Rechtsverordnungen erhält, es sei denn, diese könnten sich innerhalb des geltenden Verfassungsrechts auch neben Art. 80 I 1 GG bilden. Die Zulässigkeit eines derartigen Gewohnheitsrechts praeter legem (constitutionem) ist jedoch zu verneinen. Sie ist, wenn nicht schon durch den weitreichenden Vorbehalt eines formellen Gesetzes[40], so doch durch Art. 80 I 1 GG selbst ausgeschlossen[41]. Das ergibt sich sowohl aus dem Wortlaut[42] als auch aus der ratio dieser Bestimmung. Art. 80 I 1 GG soll sicherstellen, daß allein die gesetzgebenden Organe darüber befinden, ob und inwieweit Exekutivorgane Recht setzen dürfen. Alle Schranken des heutigen Verordnungsrechts der Exekutive lassen erkennen, daß dieses eine Ausnahme von der Regel bildet; von der Regel nämlich, daß materielles Recht von den verfassungsmäßig zur Gesetzgebung berufenen Organen geschaffen werden soll[43]. Wenn das aber die erkennbare Zwecksetzung des GG ist, so sind alle Normen der Verfassung, welche das Erteilen von Ermächtigungen regeln, in diesem Sinne aus-

---

[37] *Bullinger*, Untererm. S. 61.
[38] *v. Mangoldt-Klein* Art. 58 Anm. VI 2 c S. 1121 f.; *Hamann*, GG Art. 58 Anm. B 3.
[39] Im Ergebnis ebenso *Hamann*, GG Art. 80 Anm. B 2.
[40] So *Jesch*, Gesetz S. 114 f.
[41] Vgl. *Jacobi* in HdbDStR II S. 224.
[42] Hierzu oben S. 102.
[43] *Hamann*, GG Art. 80 Anm. A 1—3; *Wolff*, B. S. 222.

zulegen. Das bedeutet, daß die Bildung gewohnheitsrechtlicher Ermächtigungen „neben" Art. 80 I 1 GG nicht möglich ist. Es würde sich dabei nicht um Gewohnheitsrecht praeter constitutionem, sondern um solches *contra* constitutionem, also um ungültiges, handeln. Eine verfassungswidrige, aber als Recht anerkannte Übung kann jedoch — wie jede nicht verfassungsgemäße Norm — dadurch gültig werden, daß sie die Verfassung selbst ändert. Gewohnheitsrechtliche Ermächtigungen sind also nur zulässig, sobald die Verfassungsnorm des Art. 80 I 1 GG von ihnen selbst oder anderweitig derogiert ist.

Daß dies möglich ist, läßt sich heute nicht mehr mit der Begründung ablehnen, es gebe im öffentlichen Recht kein Gewohnheitsrecht[44]. Letzteres ist eine originäre Rechtsquelle, die auf der Rechtsüberzeugung der Normadressaten, insbesondere also auf der des Volkes als des Trägers der höchsten Rechtsmacht (Art. 20 II 1 GG) beruht[45]. Sie ist gleich der Rechtsmacht des Volkes nicht auf bestimmte Gebiete beschränkt, sondern kann wie das geschriebene Recht alle Gegenstände regeln[46]. Als neben dem ius scriptum bestehende Rechtsquelle ordnet sich das Gewohnheitsrecht auch in das Rangstufensystem der geschriebenen Normen ein: Bezieht sich ein gewohnheitsrechtlicher Satz inhaltlich auf Regelungen eines einfachen Gesetzes, so hat er Gesetzesrang; bezieht er sich auf die Verfassung, so hat er deren Rang[47]. Demnach vermag aber jüngeres Gewohnheitsrecht auch die geschriebene Verfassung abzuändern. Dies konnte nur von der extrem positivistisch ausgerichteten konstitutionellen Staatsrechtslehre geleugnet werden, welche an die Lückenlosigkeit der geschriebenen Rechtsordnung glaubte und für die es „geradezu (als) Anarchie"[48] erschien, daß durch tatsächliche Übung geschriebene Gesetze aufgehoben werden sollten. Unsere auf der Volkssouveränität aufgebaute Rechtsordnung darf jedoch an der Ranggleichheit des Gewohnheitsrechts mit dem geschriebenen Recht nicht vorbeigehen. So ist es heute auch überwiegend anerkannt, daß selbst geschriebene Verfassungsnormen auf diesem Wege derogiert werden können[49]. Im vorliegenden Falle wäre es Art. 80 I 1 GG, zugleich aber auch Art. 79 I 1 GG, wonach die Verfassung nur durch ein

---

[44] So früher vorallem *Mayer*, O., Verw.R. I S. 87 ff.
[45] *Rümelin* S. 38.
[46] Näheres bei *Forsthoff*, Verw.R. S. 131 ff.
[47] *Jacobi* in HdbDStR II S. 319; *Wolff*, H. J., Verw.R. I S. 111 f.
[48] *Mayer*, O., Verw.R. I S. 91; ähnlich polemisch *Laband*, Staatsrecht II S. 75.
[49] *v. Mangoldt* Art. 79 Anm. 2; *Wolff*, H. J., Verw.R. I S. 101, 112; *Peters*, Verwaltungsstaat S. 80; *Scheuner*, Disk. Beitrag S. 47; *Schätzel* S. 51; *Dahlmann* S. 43; *Kleiser* S. 113; einschränkend *v. Mangoldt-Klein* Art. 22 Anm. III 4 S. 638; *Hamann*, GG Einf. I A 1; a. M. *Giese-Schunck* Art. 79 Anm. II 2; *Voigt* S. 44; *Giacometti* S. 169 ff.; *Jesch*, Gesetz S. 114 f.

(formelles) Gesetz zu ändern ist, welches ihren Wortlaut ausdrücklich ändert oder ergänzt[50].

Neuerdings sind jedoch von Barbey[51], welcher die Existenz von Gewohnheitsrecht im öffentlichen Recht und dessen Ranggleichheit mit den geschriebenen Normen keineswegs leugnet, Einwände dagegen erhoben worden, daß sich *Zuständigkeiten* von *Exekutiv*organen durch eine tatsächliche Kompetenzausübung gewohnheitsrechtlich bilden können. Dieser tatsächlichen Übung fehle zwangsläufig der Geltungsgrund, der stets im Rechtsgeltungswillen des Volkes zu suchen sei. Gewohnheitsrecht könne daher nur aus einem Verhalten entstehen, zu dem auch das Volk selbst fähig sei. Kompetenzen würden aber allein von Staatsorganen ausgeübt, nicht vom Volk in seiner natürlichen Beschaffenheit. Diese Organe beriefen sich dabei auf eine Staatsgewalt, die ihnen nicht zukomme, weil sie nicht als Teil des Volkes, sondern als Teil der „verfaßten Staatsorganisation" handelten. Mit dieser Argumentation gelingt es jedoch nicht, zu widerlegen, daß sich Zuständigkeiten auch gewohnheitsrechtlich bilden können. Ob das Volk „in seiner natürlichen Beschaffenheit" solche Staatsakte auch selbst vorzunehmen vermag, ist für das Entstehen von Gewohnheitsrecht nämlich unbedeutend. Maßgeblich ist hier weniger, wer die behauptete Befugnis ausübt, sondern vielmehr, ob diese Übung der Rechtsüberzeugung der betroffenen Kreise entspricht. Darüber entscheidet aber letztlich das Volk als Inhaber der höchsten Staatsmacht[52] und als Adressat der von den Exekutivorganen erlassenen Vorschriften[53]. Durch seine Rechtsüberzeugung können sich also auch Zuständigkeiten für Staatsorgane bilden. Handelt es sich dabei um Kompetenzen zur Rechtssetzung, so begründet der Geltungswille eine Ermächtigung zur abgeleiteten Rechtssetzung. Der Vorgang ist nicht anders zu beurteilen als die Ermächtigung eines Exekutivorgans durch formelles Gesetz. Hier ist es die gesetzgebende Gewalt der Legislativorgane, verbunden mit einer Delegationsbefugnis in der Verfassung (Art. 80 GG), dort diejenige des Volkes als Inhaber aller Staatsgewalt, welche eine Kompetenznorm gültig macht. Ausgeübt wird diese Befugnis in beiden Fällen nicht durch den Träger der gesetzgebenden Gewalt, sondern durch das ermächtigte Staatsorgan. Das ist ja gerade der Sinn einer Ermächtigung der Exekutive.

---

[50] Letzteres gilt allerdings nicht, wenn man davon ausgeht, daß Art. 79 I 1 GG nicht die Derogation des GG schlechthin, sondern nur die Art und Weise seiner Änderungen durch den Verfassungsgesetzgeber regeln will — eben weil auch das Verfassungsrecht nicht völlig zur Disposition dieses besonderen Gesetzgebers steht (*v. Mangoldt* Art. 79 Anm. 2; a. M. *Giese-Schunck* a. a. O.).
[51] S. 98 ff.
[52] Vgl. *Rümelin* S. 38 ff.
[53] *Höhn* S. 51 f.

Es liegen aber noch keine Anzeichen dafür vor, daß Art. 80 I 1 und auch Art. 79 I 1 GG durch eine langdauernde, gleichmäßig ausgeübte und allgemein als rechtens anerkannte Staatspraxis nach der angedeuteten Richtung derogiert wurden. Ermächtigungen werden nach wie vor allein vom Gesetzgeber oder von gesetzlich ermächtigten Organen (Art. 80 I 4 GG) erteilt. Wenn sich die Exekutive je auf Gewohnheitsrecht beruft, z. B. beim Erlaß mancher Organisations-Rechtsverordnungen, so sind damit stets vorkonstitutionelle gemeint. Ihre Zulässigkeit braucht sich nicht unbedingt nach Art. 80 I 1 GG zu richten[54], da Art. 80 zunächst nur nachkonstitutionelles Recht im Auge hat.

Auch ein „stillschweigender Verfassungswandel", welcher gewohnheitsrechtliche Ermächtigungen unter dem GG möglich gemacht hätte, ist noch nicht eingetreten. Darunter versteht man heute entgegen einer von G. Jellinek[55] begründeten älteren Lehre keine Änderung der Verfassung durch Gewohnheitsrecht, sondern besser einen Bedeutungswandel verfassungsrechtlicher Vorschriften[56]. Dieser kommt zustande, wenn neue Tatbestände auftreten oder bekannte Tatbestände durch die fortschreitende Entwicklung schließlich etwas ganz anderes bedeuten als vorher[57]. Es handelt sich hier also nicht um ein Problem der Geltung von Verfassungsvorschriften, sondern um eines ihrer Interpretation[58]. So könnte z. B. der Begriff „Gesetz" in Art. 80 I 1 GG als Folge veränderter Anschauungen in Theorie und Praxis mit der Zeit die Bedeutung erhalten, die er in allen Vorschriften des BGB hat: Dort ist gemäß Art. 2 EGBGB unter Gesetz jede Rechtsnorm zu verstehen, auch eine gewohnheitsrechtliche. In diesem Falle wären also auch nach Art. 80 I 1 GG gewohnheitsrechtliche Ermächtigungen zulässig. Für einen derartigen Bedeutungswandel des Art. 80 GG liegen bis jetzt jedoch noch keine Anhaltspunkte vor.

Als Ergebnis ist daher festzuhalten, daß der Bundespräsident nachkonstitutionell nur durch die geschriebene Verfassung selbst oder eine formellgesetzlich zugelassene Rechtsverordnung (also im Wege der Subdelegation) zum Erlaß von eingreifenden Rechtsverordnungen ermächtigt werden darf, und zwar ausdrücklich oder stillschweigend, generell oder speziell. Er kann dies nicht durch ein einfaches formelles Gesetz oder durch Gewohnheitsrecht, weil hier Art. 80 I 1 GG entgegensteht. Nichteingreifende Rechtsverordnungen darf der Bundes-

---

[54] Hierzu unten S. 109 ff.
[55] Verfassungsänderung S. 71; so auch noch *Scheuner*, Art. 146 S. 583.
[56] So ausdrücklich BVerfG vom 1. 7. 1953, BVerfGE 2, 401.
[57] BVerfG vom 1. 7. 1953, a. a. O. und vom 16. 6. 1954, BVerfGE 3, 422; *Hamann*, GG Einf. I A 4; *Scheuner* a. a. O. S. 583.
[58] Zutr. *Hamann* a. a. O.

präsident dagegen sowohl auf Grund spezialgesetzlicher Ermächtigungen als auch auf Grund sonstiger Organkompetenzen erlassen.

II. Der Übergang vorkonstitutioneller Ermächtigungen auf den Bundespräsidenten

Ob der Bundespräsident heute noch auf Grund vorkonstitutioneller Ermächtigung Rechtsverordnungen erlassen darf, bestimmt sich vor allem nach Art. 129 GG: Es ist ihm gestattet, soweit die das Staatsoberhaupt ermächtigende Rechtsvorschrift (als Bundesrecht) fortgilt und die Ermächtigung auf ihn übergegangen ist. Wir müssen uns also darüber klarwerden, wie solche Ermächtigungen beschaffen sein müssen, damit sie fortgelten (1), ferner darüber, ob sie auf den Bundespräsidenten übergeleitet werden konnten (2).

1. Die allgemeinen Voraussetzungen des Fortgeltens alter Ermächtigungen

Vorkonstitutionelle Ermächtigungen sind gemäß Art. 129 III GG nur dann erloschen, wenn sie den Erlaß gesetzesvertretender Rechtsverordnungen gestatten. Da sowohl Art. 129 I 1 GG als auch Art. 129 III GG von „Rechtsvorschriften" und nicht von „Gesetzen" sprechen, gilt diese Aussage nicht nur für spezielle geschriebene, sondern für alle, d. h. auch für gewohnheitsrechtliche Ermächtigungen[59]. Damit steht gleichzeitig fest, daß das GG sonstige vorkonstitutionelle gewohnheitsrechtliche Ermächtigungen bestehen ließ, obwohl sie nicht durch formelles Gesetz erteilt wurden, wie dies Art. 80 I 1 GG heute vorschreibt. Aus der Zeit vor der Durchsetzung des rechtsstaatlichen Vorbehaltsprinzips dürften nur noch sehr wenige Kompetenzen gültig sein; deshalb scheinen sich die Schöpfer des GG auch der seit eh und je herrschenden Auffassung angeschlossen zu haben, daß sich gewohnheitsrechtliche Ermächtigungen noch unter der aRV und der WV und auch auf den vom weitreichenden Vorbehalt des formellen Gesetzes umfaßten Gebieten bilden konnten[60].

2. Die Möglichkeit, frühere Ermächtigungen auf den Bundespräsidenten überzuleiten

Wenn vorkonstitutionelle Ermächtigungen zu gesetzesabhängigen Rechtsverordnungen fortgelten, so heißt das noch nicht, daß sie auch auf den Bundespräsidenten *übergehen* konnten. Letzteres ist nach Art. 129 I 1 GG dann der Fall, wenn er die „nunmehr sachlich zustän-

---

[59] Vgl. *Hamann*, GG Art. 123 Anm. B 1 und Art. 129 Anm. B 1.
[60] *Thoma* in HdbDStR II S. 230; *Jacobi*, daselbst S. 244; *Spiegel* S. 184 ff.; *Wolff*, H. J., Verw.R. I S. 101; *Kleiser* S. 108 ff.; wohl auch *Forsthoff* Verw.R. S. 131 ff.; a. M. *Mayer*, O., Verw.R. I S. 90 ff.; *Fleiner* S. 84 f.; *Jesch*, Gesetz S. 114; *Giacometti* S. 169 ff.

dige Stelle" für den Erlaß der jeweiligen Rechtsverordnung ist. Das ist er nicht schon als nomineller Nachfolger der Staatsoberhäupter früherer Verfassungsordnungen. Das GG muß vielmehr die in wesentlichen Punkten veränderten Funktionen der nunmehrigen Staatsorgane berücksichtigen. Folgerichtig läßt Art. 129 I 1 GG den Übergang alter Ermächtigungen auf heutige Verfassungsorgane, also auch den Bundespräsidenten, nur dann zu, wenn sie nach der Funktions- und Kompetenzverteilung, die unter der Herrschaft des GG besteht, zum Erlaß der betreffenden Rechtsverordnung sachlich zuständig sind[61]. Es wäre also denkbar, daß sich zwar nicht das Weitergelten einer vorkonstitutionellen Ermächtigung, wohl aber die „nunmehr sachlich zuständige Stelle" i. S. von Art. 129 I 1 GG nach Art. 80 I 1 GG bestimmt. Demnach wäre der Bundespräsident zum Erlaß von Rechtsverordnungen *überhaupt nicht* sachlich zuständig. Art. 129 III GG sagt darüber direkt nichts aus, weil es sich hier um eine Frage der Funktions- und Kompetenzverteilung[62] zwischen den einzelnen Verfassungsorganen des GG handelt. Dabei wird das Fortgelten alter Ermächtigungen gemäß Art. 123, 129 III GG bereits vorausgesetzt[63].

Ob überkommene Verordnungsrechte nur von den in Art. 80 I 1 GG genannten Stellen ausgeübt werden können, ist aus Art. 129 I 1 GG nicht eindeutig zu entnehmen. Dieses Problem ist bis jetzt auch im Schrifttum kaum einmal ausführlich behandelt worden. Das BVerfG läßt es in zwei Urteilen[64] unentschieden. Es beanstandet eine Ermächtigung aus dem Jahre 1935[65] nicht deswegen, weil sie der unteren Verwaltungsbehörde erteilt wurde[66]; in derselben Entscheidung betont es aber im Zusammenhang mit vorkonstitutionellen Ermächtigungen, daß das GG bei der Delegation von Rechtssetzungsbefugnissen strikt auszulegen sei und zitiert dabei eigens Art. 80 GG. Ebenso bleibt die Frage bei Holtkotten offen[67]. Nach seiner Ansicht ergibt sich aus den Bestimmungen des GG und den übrigen organisatorischen Normen des Bundes und der Länder, welches Organ das sachlich zuständige i. S. von Art. 129 I 1 GG ist. Ob Art. 80 I 1 GG eine solche organisatorische Vorschrift sein

---

[61] BVerfG vom 7. 7. 1955, BVerfGE 4, 203; *Hamann*, Präsidialdemokratie S. 163; anders war dagegen die Rechtslage nach § 4 ÜbergangsG i. V. m. Art. 179 I WV: die fortgeltenden Verordnungsrechte des Kaisers gingen en bloc auf den Reichspräsidenten über, da seine Kompetenzen vielfach dieselben waren wie die des Kaisers.

[62] *Hamann*, Präsidialdemokratie S. 163.

[63] Das wird von *Dahlmann* S. 48 ff. nicht beachtet.

[64] Vom 12. 11. 1958, BVerfGE 8, 331 und vom 17. 11. 1959, BVerfGE 10, 221 ff.

[65] § 2 des Gesetzes zur Ergänzung der Kleingarten- und Kleinpachtlandordnung vom 26. 6. 1935, RGBl. I S. 809.

[66] BVerfG vom 17. 11. 1959, a. a. O.

[67] In BK Art. 129 Anm. II A 5.

soll, wird nicht gesagt. Giese-Schunck, v. Mangoldt und Adam[68] scheinen es abzulehnen, daß der Bundespräsident Inhaber vorkonstitutioneller Ermächtigungen sein kann: Giese-Schunck meinen, daß eine Ermächtigungsvorschrift den Erfordernissen des Art. 80 I 1 GG entsprechen müsse; v. Mangoldt nennt Art. 80 GG als eine der Bestimmungen, welche das nunmehr zuständige Organ i. S. von Art. 129 GG feststellen. Zum gleichen Ergebnis kommt Adam; allerdings beziehen sich seine Aussagen nur darauf, ob alte Ermächtigungen für obere Landesbehörden jetzt auf die Landesregierungen übergegangen sind. Wiederum anderer Ansicht sind das BVerwG, Hamann, Wolff B. und Kienzle[69]. Das BVerwG nimmt ohne nähere Begründung an, daß der ganze Abs. I des Art. 80 GG für vorkonstitutionelle Ermächtigungen nicht gelten soll. Die Ausführungen Hamanns lassen ebenfalls erkennen, daß er ihren Übergang auf den Bundespräsidenten ohne weiteres bejaht. Nach Wolff B. besagt Art. 80 I 1 GG nur, daß andere als die dort genannten Organe durch den Bundesgesetzgeber keine Verordnungsrechte erhalten, nicht aber, daß sie keine haben dürfen. Kienzle schließlich folgert aus Art. 80 I 4 GG, daß der Kreis der „nunmehr sachlich zuständigen Stellen" grundsätzlich nicht auf Bundesregierung, Bundesminister und Landesregierung beschränkt sei. Er will daher den Übergang auf alle die Organe zulassen, die gemäß Art. 80 I 1 *und* 4 GG auch heute ermächtigt werden können.

Diese — von Adams und Kienzles Ausführungen abgesehen — meist nur als obiter dicta zu bezeichnenden Äußerungen sind nur schwer auf einen gemeinsamen Nenner zu bringen. Unsere Frage kann daher wiederum nur durch Interpretation der Art. 129 und 80 GG beantwortet werden.

Der Wortlaut der genannten Verfassungsbestimmungen ist in mancherlei Hinsicht ein Indiz dafür, daß sich der Übergang vorkonstitutioneller Ermächtigungen nicht allein nach den Regeln des Art. 80 I 1 GG vollzieht. Zunächst heißt es in dieser Vorschrift, daß „durch Gesetz ... (nur) die Bundesregierung, ein Bundesminister oder die Landesregierung ermächtigt *werden*" können. Wer ermächtigt *sein* kann, besagt Art. 80 I 1 GG nicht, worauf B. Wolff[70] richtig hinweist. Art. 129 I 1 GG zählt ferner im Gegensatz zu Art. 80 I 1 GG keine bestimmten Organe auf, die Inhaber übergeleiteter Ermächtigungen sein dürfen. Er spricht

---

[68] *Giese-Schunck* Art. 129 Anm. II 2; *v. Mangoldt* Art. 129 Anm. 2; *Adam* S. 86 ff.
[69] BVerwG vom 2. 6. 1955, BVerwGE 2, 139 und vom 12. 12. 1957, BVerwGE 6, 53; *Hamann,* GG Vorb. 2 vor dem V. Abschnitt und Präsidialdemokratie S. 163, anders jedoch GG, Art. 129 Anm. B 5; *Wolff,* B. S. 216; *Kienzle* S. 298 ff.
[70] a. a. O.

auch nicht etwa von den „im Rahmen des Art. 80 I 1 GG"zuständigen, sondern ganz allgemein von den nunmehr sachlich zuständigen Stellen. Der Grund dafür könnte allerdings nur in dem gegenüber Art. 80 GG umfassenderen Gegenstand des Art. 129 GG liegen: Art. 129 GG leitet nämlich nicht nur die Ermächtigungen zum Erlaß von Rechtsverordnungen, sondern auch die zum Erlaß von Verwaltungsverordnungen und Verwaltungsakten über; die beiden zuletzt genannten Befugnisse werden in keinem Falle durch Art. 80 I 1 GG erfaßt. Aus dem Wortlaut der einschlägigen Verfassungsnormen lassen sich daher wie sooft keine sicheren Schlüsse ziehen. Stärkere Argumente für eine eindeutige Lösung unseres Problems liefert aber bereits die Entstehungsgeschichte des Art. 129 GG. Dieser hat wie die meisten Artikel des GG seinen Ursprung im Herrenchiemseer Entwurf (HChE). Dort war in Art. 141 folgendes bestimmt:

„Soweit in Gesetzen, die als Bundesrecht fortgelten, die Befugnis, Verordnungen zu erlassen oder Verwaltungsakte vorzunehmen, auf Stellen übertragen ist, die nicht mehr bestehen, wird die Befugnis von den Stellen ausgeübt, die *nach dem GG* zuständig sind."

Aus dem Schriftlichen Bericht des Abgeordneten Dr. v. Brentano über die Beratungen des XI. Abschnitts des GG-Entwurfs im Hauptausschuß des Parlamentarischen Rates[71] geht hervor, daß der Allgemeine Redaktionsausschuß des Parlamentarischen Rates diese Fassung des Art. 141 HChE deshalb abänderte, weil er in der Frage der Überleitung vorkonstitutioneller Ermächtigungen nicht mehr ausschließlich auf das GG allein, sondern auf die Gesamtheit der neuen, freilich nach dem GG ausgerichteten Kompetenznormen abstellen wollte. Er ließ infolgedessen die Zuständigkeiten anstatt auf die „nach dem GG zuständigen" auf die „nunmehr zuständigen" Stellen übergehen und erweiterte so den Kreis der Ermächtigungsadressaten. Man ging dabei sicher von dem richtigen Gedanken aus, daß bei jeder Normüberleitung in eine neue Rechtsordnung manche Grundsätze dieser Ordnung preisgegeben werden müssen, um rechtsleere Räume zu vermeiden.

Daß man die möglichen neuen Kompetenzträger demnach nicht allein in Art. 80 I 1 GG zu suchen hat, kommt bei einer teleologischen Interpretation der Art. 80, 129 GG noch deutlicher zum Ausdruck. Es erscheint zwar bedenklich, dies aus einer Gegenüberstellung von Art. 80 I 1 GG und 80 I 4 GG zu folgern[72]. Das GG will die in Art. 80 I 1 genannten Organe bei jeder (nachkonstitutionellen) Verordnungsgebung einschalten, damit auch die Ausübung subdelegierter Rechts-

---

[71] In: Parl. Rat, Schriftl. Bericht S. 69 f.; vgl. auch *Holtkotten*, BK Art. 129 Anm. I.
[72] So *Kienzle* a. a. O.

setzungsbefugnisse wenigstens mittelbar parlamentarisch kontrolliert werden kann. Die Beschränkung der möglichen direkten Delegatare hat also einen materiellen Zweck. Das bedeutet zunächst, daß Art. 80 I 1 GG für die Verordnungsgebung auf Grund vorkonstitutioneller Delegationen nicht deswegen unbeachtlich ist, weil er nur besondere Formvorschriften enthält, die beim Erlaß der alten Normen nicht beobachtet werden konnten[73]. Es läßt u. U. sogar darauf schließen, daß das GG auch bei alten Ermächtigungen auf der Einhaltung des Art. 80 I 1 GG besteht. Vorkonstitutionelle Ermächtigungen für andere Stellen als die Bundesregierung, Bundesminister und Landesregierungen wären somit auf eines dieser Organe übergegangen und könnten dann allenfalls anderen Stellen subdelegiert werden — soweit eine Subdelegation zulässig ist. Aus dem Sinnzusammenhang der Art. 80 und 129 GG muß man aber dennoch die soeben angedeutete Ansicht ablehnen. Art. 80 I GG hat zum Ziel, den in der totalitären Zeit nach 1933 getriebenen Mißbrauch der Ermächtigungsgesetzgebung zu verhindern und die Rechtsstaatlichkeit auf dem wichtigen Gebiete des Verordnungsrechts wiederherzustellen. Diesem Zweck dienen alle Einzelvorschriften des Art. 80 I GG, also sowohl Satz 1 als auch die Sätze 2, 3 und 4[74]. Aus Art. 129 III GG geht jedoch hervor, daß das GG bei vorkonstitutionellen Ermächtigungen auf die stärkste materielle Schranke der heutigen abgeleiteten Gesetzgebung, welche die Legislative ebenso bindet wie die Exekutive, verzichtet: Überkommene Ermächtigungen, deren Inhalt, Zweck und Ausmaß nicht in dem ermächtigenden Gesetz bestimmt sind, gelten unter dem GG fort, wenn sie nicht gerade den Erlaß gesetzesvertretender Rechtsverordnungen gestatten[75]. Obwohl man sich der Gefährlichkeit von „Erst-recht-Argumenten" bewußt sein muß, kann man hieraus schließen, daß für vorkonstitutionelle Ermächtigungen an Art. 80 I 1 GG, also an der beschränkten Zahl der dort genannten Adressaten, ebenfalls nicht festzuhalten ist. Denn sie verfolgt denselben Zweck mit weitaus geringerer Intensität, was die grundsätzliche, wenn auch erschwerte Möglichkeit von Subdelegationen beweist[76]. Diese Auslegung der Artikel 80, 129 GG führt auch keineswegs dazu, daß Verfassungsorgane, welche sich nach der Funktionsverteilung des GG nicht zum Verordnungsgeber eignen, trotzdem Rechtsverordnungen erlassen dürfen. Das wird durch Art. 129 I 1 GG verhindert, wonach alte Ermächtigungen nur auf nunmehr *sachlich* zuständige Stellen übergeleitet werden können. Hier ist ein Filter eingeschaltet, das unsere nachkonstitutionelle

---

[73] Hierzu BVerfG vom 10. 2. 1953, BVerfGE 2, 122 f.; *Hamann*, GG Art. 123 Anm. B 4.
[74] Vgl. *Klein*, F., Ermächtigungen S. 49.
[75] BVerfG vom 10. 6. 1953, BVerfGE 2, 307; *Wolff*, B., S. 211 ff.; *Hamann*, GG Art. 80 Anm. B 1 mit weiteren Nachw.
[76] Insoweit ist *Kienzle* zuzustimmen.

114 Befugnisse des Bundespräsidenten zum Erlaß von Rechtsverordnungen

Rechtsordnung vor sinnwidrigen Überbleibseln alten Rechts in ausreichender Weise schützt. Fortgeltende Ermächtigungen können daher auch auf Staatsorgane, zumindest solche des Bundes, übergegangen sein, die in Art. 80 I 1 GG nicht genannt sind. Auf die Quelle der Ermächtigung kommt es hierbei nicht an, da Art. 129 I 1 GG von „Rechtsvorschriften", also von allen Rechtsquellen spricht.

Der Bundespräsident kann also grundsätzlich Inhaber vorkonstitutioneller Ermächtigungen sein, ohne Rücksicht darauf, ob es sich um geschriebene oder ungeschriebene handelt. Er muß nur die sachlich zuständige Stelle zum Erlaß der jeweiligen Rechtsverordnung sein. Inwieweit dies im einzelnen zutrifft, ist nachfolgend (C) zu untersuchen.

III. Ergebnis B

Seit 24. 5. 1949 kann der Bundespräsident zum Erlaß eingreifender Rechtsverordnungen nur durch das GG selbst oder im Wege der Subdelegation ermächtigt werden, nicht durch einfaches formelles Gesetz oder Gewohnheitsrecht. Das gilt auch für die Zukunft, es sei denn, Art. 80 I 1 GG würde abgeändert, z. B. gewohnheitsrechtlich. Den Erlaß anderer Rechtsverordnungen gestattet ihm das nachkonstitutionelle Recht dagegen grundsätzlich immer.

Ermächtigungen früherer deutscher Staatsoberhäupter können dagegen auf den Bundespräsidenten übergegangen sein, ohne Rücksicht darauf, welcher Rechtsquelle sie entstammen.

C. Die bestehenden Befugnisse des Bundespräsidenten zum Erlaß von Rechtsverordnungen

Es ist jetzt die Frage zu beantworten, inwieweit der Bundespräsident heute im einzelnen Rechtsverordnungen erlassen darf. Um dies möglichst erschöpfend tun zu können, empfiehlt es sich, an die schon früher[77] vorgenommene Einteilung der Rechtsverordnungen anzuknüpfen.

Dabei brauchen nur die Unterarten der gesetzesabhängigen Rechtsverordnungen behandelt zu werden. Befugnisse zum Erlaß gesetzesvertretender Rechtsverordnungen sind erloschen, soweit sie aus der Zeit vor dem 24. 5. 1949 stammen (Art. 129 III GG.) Nachkonstitutionelle Ermächtigungen dieser Art sind zwar grundsätzlich zulässig, da Art. 129 III GG nur eine Spezialnorm für überkommenes Recht ist[78]. Doch auch

---

[77] Oben S. 36 ff.
[78] BVerfG vom 5. 3. 1958, BVerfGE 7, 291 und vom 12. 11. 1958, BVerfGE 8, 306; BVerwG vom 23. 4. 1954, BVerwGE 1, 114 f. und vom 4. 7. 1956, BVerw-

für gesetzesvertretende Rechtsverordnungen gilt Art. 80 I 1 GG. Infolgedessen könnte der Bundespräsident auch hier nur durch das GG selbst oder über eine Subdelegation ermächtigt werden, was bisher noch in keinem Falle geschehen ist.

Die nachfolgenden Erörterungen werden sich also nur mit seinen Kompetenzen zum Erlaß von gesetzesausführenden (I) und gesetzesanwendenden (II) Rechtsverordnungen befassen.

I. Befugnisse zum Erlaß von Ausführungsrechtsverordnungen

Die möglichen Befugnisse des Bundespräsidenten sind bei den Ausführungsrechtsverordnungen vor allem auf dem Gebiete der Staatssymbolik (1) zu suchen. Mit der Setzung von Staatssymbolen wird der — bereits in der Verfassung (z. B. Art. 22 GG) und in Spezialgesetzen (z. B. § 3 OrdensG, §§ 76, 81 BBG) erklärte — Wille des Verfassungs- und des einfachen Gesetzgebers vollzogen, daß der Staat Symbole haben soll. Das gilt natürlich auch dann, wenn dieser Wille der Legislative nicht niedergeschrieben, sondern nur gewohnheitsrechtlich fixiert ist. Mit Recht bezeichnet man daher die symbolsetzenden Vorschriften als Ausführungs- (oder Durchführungs-), nicht als gesetzesanwendende Rechtsverordnungen[79]. Außerdem könnten noch fortgeltende spezialgesetzliche Ermächtigungen für frühere deutsche Staatsoberhäupter auf den Bundespräsidenten übergegangen sein (2). Schließlich ist es denkbar, daß er (nach außen wirkende) Anstaltsbenutzungsordnungen (3) und Organisationsverordnungen (4) erlassen darf. Sonstige Ermächtigungen für den Bundespräsidenten sind im hier behandelten Zusammenhang nicht ersichtlich.

1. Befugnisse zur Setzung von Staatssymbolen mit Außenwirkung

Die Bundeskompetenz für die Setzung der rechtssatzmäßig zu bestimmenden Staatssymbole, nämlich der Nationalflagge, der Münzbilder, der Nationalhymne, der Staatsfeiertage, gewisser Staatszeremonien sowie der Orden, Ehrenzeichen und -titel des Bundes, ist eine Gesetzgebungszuständigkeit, weil diese Symbole durch materielles Gesetz geschaffen werden. Nur bei den Münzbildern (Art. 73 Ziff. 4 GG) ist dem Bund diese Befugnis ausdrücklich zugewiesen. Keine Kompetenznorm

---

GE 4, 50; *Schack*, Verlagerung S. 345, 347 f.; *Wolff*, B. S. 194 ff.; a. M. *Maunz-Dürig* Art. 80 RN 10; *v. Mangoldt* Art. 80 Anm. 2; *Holtkotten* in BK Art. 129 Anm. II D; *Hamann*, GG Art. 80 Anm. B 8; *Klein*, F., Ermächtigungen S. 61 ff.; bayVGH vom 26. 7. 1956, BayVBl 1956, 285.

[79] So für die Vorschriften über Farben und Flaggen schon *Arndt*, aRV Anm. zu Art. 55; *Poetzsch-Heffter*, WV Art. 3 Anm. 2; heute *v. Mangoldt-Klein* Art. 22 Anm. II 2 S. 634.

ist dagegen Art. 22 GG, da er allein die Bundesfarben bestimmt[80]. Für die übrigen Staatssymbole muß also auf eine ungeschriebene Bundeszuständigkeit „aus der Natur der Sache" zurückgegriffen werden. Diese besteht sicherlich für die Flaggen, die Nationalhymne, die Staatszeremonien sowie die Orden und Ehrenzeichen. Derartige das Staatsganze betreffende Symbole können von den einzelnen Ländern oder von der Gesamtheit der Länder schlechthin nicht gesetzt werden. Die Bundeskompetenz ist deshalb hier auch unstreitig[81]. Aber auch bei der Proklamation eines bundeseinheitlichen Feiertags, der wegen eines nationalen Ereignisses gehalten werden soll, ist es nicht anders[82]. Dort ist es die nationale Bedeutung, welche eine sinnvolle Regelung durch die Länder unmöglich macht. Die Zuständigkeit des Bundes zur Setzung aller seiner Staatssymbole wird daher heute allgemein anerkannt[83].

Von den obengenannten Symbolen vermag die Exekutive kraft eigener Hoheitsgewalt nur die Orden, Ehrenzeichen und -titel zu stiften. Alle anderen Symbole dürfen nur vom Gesetzgeber selbst oder mit seiner Ermächtigung geschaffen werden, da ihre Proklamation in Freiheitsrechte des Staatsbürgers eingreift. Unter dem Vorrang des Gesetzes steht bisher einmal der „Tag der deutschen Einheit". Da sich das Gesetz hier jedoch nur auf einen einzigen Feiertag bezieht, ginge es zu weit, daraus einen allgemeinen Gesetzesvorrang für alle Staatsfeiertage abzulesen. Zum zweiten bleibt gemäß § 2 I 2 des neuen OrdensG die Stiftung von Ehrentiteln institutionell dem Gesetzgeber vorbehalten. Das Flaggenrechtsgesetz vom 8.12.1951 setzt selbst keine Symbole. Für eine Tätigkeit der Exekutive bleibt hier also an sich noch Raum. Zu untersuchen ist aber, ob die vollziehende Gewalt im allgemeinen und der Bundespräsident im besonderen ermächtigt sind, sei es geschrieben (a) oder gewohnheitsrechtlich (b).

a) Geschriebene Ermächtigungen zur Symbolsetzung

Dem Bundespräsidenten könnten schon durch die Verfassung generell oder wenigstens in Einzelfällen Symbolsetzungsbefugnisse eingeräumt worden sein, so daß es spezialgesetzlicher Ermächtigungen nicht mehr bedürfte. Ausdrücklich ist das nirgends geschehen, vor allem enthält

---

[80] *A. M. Maunz-Dürig* Art. 70 RN 27.
[81] Statt vieler *Bachof*, Titel S. 498; *Geeb-Kirchner* Einf. VI S. 26.
[82] Vgl. z. B. das Gesetz über den Tag der deutschen Einheit vom 4. 8. 1953, BGBl. I S. 788.
[83] BVerfG vom 16. 6. 1954, BVerfGE 3, 422; *v. Mangoldt* Art. 30 Anm. 2; *Bachof* a. a. O.; *Geeb-Kirchner* a. a. O.; *Dahlmann* S. 40; auch *Maunz-Dürig* Art. 70 RN 27, wo die Bundeskompetenz allerdings primär aus Art. 22 GG gefolgert wird, vgl. oben Fußnote 80.
[84] BGBl. I S. 79.

Art. 58 GG keine solche Ermächtigung[85]. Das GG könnte dem Bundespräsidenten diese Befugnis aber auch stillschweigend verliehen haben, indem es ihm ein staatliches Hoheitsrecht zuweist, welches zur Setzung von Staatssymbolen berechtigt. Eine besondere Zuweisung ist deshalb notwendig, weil unser Verfassungssystem kein selbständiges Verordnungsrecht der Exekutive mehr kennt. Die schon wiederholt geäußerte Behauptung, allein aus der Stellung des Bundespräsidenten als traditionelles republikanisches Staatsoberhaupt folge eine „rechtsvermutliche Kompetenz", die Staatssymbole zu setzen[86], ist daher zumindest in dieser Form nicht richtig. Soweit damit allerdings gesagt sein soll, daß der Bundespräsident kraft alten Verfassungsgewohnheitsrechts, welches das GG übernommen hat, zu einer solchen Tätigkeit befugt sei, mag dies — wie noch zu zeigen sein wird — grundsätzlich durchaus zutreffen. Nur handelt es sich dabei nicht um stillschweigende (geschriebene), sondern um vorkonstitutionell entstandene gewohnheitsrechtliche Ermächtigungen.

Eine irgendwie geartete Exekutivbefugnis, die das GG dem Bundespräsidenten verleiht, ist jedenfalls nicht ipso iure mit einer Ermächtigung zum Verordnungserlaß verbunden, selbst dann nicht, wenn ihr Träger seine Aufgaben nur dadurch gehörig erfüllen kann, daß er auch abstrakt-generell in die Rechtssphäre des Staatsbürgers eingreift. Dies anzunehmen, hieße den Sinn des Gewaltenteilungsgrundsatzes verkennen. Freilich liegt in solchen Fällen eine stillschweigende Ermächtigung nahe, aber auch sie muß nachweisbar zusätzlich zur Exekutivbefugnis verliehen sein. Daß dem Bundespräsidenten vom Verfassungsgeber eine eigene „Symbolsetzungsgewalt" stillschweigend *zugewiesen* wurde, läßt sich aus keiner Vorschrift des GG ableiten. Er ist zwar nach dem GG der höchste Repräsentant des Staates und scheint daher besonders dazu geeignet zu sein, Staatssymbole zu setzen, weil diese ja wesensgemäß auch repräsentieren sollen. Doch haben die meisten Staatssymbole gleichzeitig verpflichtenden Charakter, entweder für die Staatsbürger oder für Behörden und Beamte. Das Repräsentationsrecht des Bundespräsidenten ist aber rechtlich schwer faßbar. Repräsentationsakte sind wohl auch Staatsakte, doch haben sie in der Regel überhaupt keine unmittelbare Rechtswirkung. Die sogenannte Repräsentationsgewalt[87] kann und soll daher auch nicht die Befugnis einräumen, normierend in den Rechtsbereich des Bürgers oder in die Tätigkeit der

---

[85] Oben S. 98.
[86] *Giese*, Titel S. 496; gegen ihn zutr. *Bachof*, Titel S. 497 und *Thieme*, Ehrentitel S. 241.
[87] Ausdruck von *Lechner-Hülshoff*, Bekanntmachung betreffend das Bundeswappen und den Bundesadler Anm. 2 S. 245.

staatlichen Verwaltung einzugreifen[88]. Die Organisationsgewalt berechtigt nicht zur Setzung von Staatssymbolen, da diese keine notwendigen Verwaltungsmittel sind und ihre Bereitstellung daher nicht zum Organisationsrecht im herkömmlichen Sinn gehört[89]. Es braucht also hier nicht erörtert zu werden, ob der Bundespräsident an der Organisationsgewalt beteiligt ist. Dasselbe gilt für die „Dienstgewalt". Nach einer weit verbreiteten Meinung umfaßt diese — zumindest in einem erweiterten Sinne — auch die Befugnis, Staatssymbole für den Dienstgebrauch zu bestimmen[90]. Eine Setzung von Staatssymbolen, welche die Rechtssphäre des Bürgers betrifft, ist durch eine nur gegenüber Behörden und Beamten wirkende „Dienstgewalt" jedoch in keinem Falle gedeckt. Auch die Befehls- und Kommandogewalt über die Streitkräfte gibt heute kein Verordnungsrecht mehr[91]. Im übrigen steht sie gemäß Art. 65 a GG nicht dem Bundespräsidenten, sondern dem Bundesminister für Verteidigung bzw. dem Bundeskanzler zu. Nicht einmal für einzelne Symbole gibt es im GG stillschweigende Ermächtigungen für das Staatsoberhaupt: Art. 22 GG enthält zwar hinsichtlich der Nationalflagge nur eine „Rahmenregelung"[92] und setzt noch nähere Bestimmungen voraus. Ob diese aber von der Exekutive oder vom Gesetzgeber zu treffen sind, ist aus Art. 22 GG nicht zu entnehmen[93].

Eine Ermächtigung des Bundespräsidenten zur Setzung von Staatssymbolen befindet sich in einem einfachen nachkonstitutionellen Gesetz: Gemäß § 3 I 1 OrdensG vom 26. 7. 1957[94] darf er Orden und Ehrenzeichen stiften. Diese Kompetenzzuweisung verstößt nicht gegen Art. 80 I 1 GG, weil sie nur zum Erlaß begünstigender Normen ermächtigt, für die der rechtsstaatliche Vorbehalt des Gesetzes und damit auch Art. 80 GG nicht gelten[95].

Subdelegierende eingreifende Rechtsverordnungen haben dem Bundespräsidenten bisher noch keine Befugnisse zur Symbolsetzung eingeräumt. Die vorkonstitutionellen Gesetze (oder Rechtsverordnungen), die das Staatsoberhaupt zur Symbolsetzung ermächtigen, sind durchweg außer Kraft getreten.

---

[88] Die Bezeichnung Repräsentations*gewalt* sollte deshalb besser vermieden werden, vgl. *Thieme*, Ehrentitel S. 241.

[89] Zutr. *Dahlmann* S. 21.

[90] *Anschütz*, WV Art. 3 Anm. 3; *Pohl* in HdbDStR I S. 494; *v. Mangoldt-Klein* Art. 22 Anm. III 4 S. 637 f.

[91] *v. Mangoldt-Klein* Art. 65 a Anm. II 4 a S. 1276.

[92] *v. Mangoldt-Klein* Art. 22 Anm. II 2 S. 634.

[93] Ebenso für den entsprechenden Art. 55 aRV *Jacobi* in HdbDStR II S. 244 und *Anschütz*, WV Art. 3 Anm. 3 Fußnote 4.

[94] BGBl. I S. 844.

[95] Oben S. 96.

Auf Grund geschriebener Ermächtigung darf der Bundespräsident also nur Orden und Ehrenzeichen stiften. Damit ist aber noch nicht gesagt, daß er auf dem Gebiet der Staatssymbolik keine weiteren Kompetenzen hat. Diese können nämlich auch gewohnheitsrechtlich entstehen.

b) Gewohnheitsrechtliche Ermächtigungen zur Symbolsetzung

Es wäre denkbar, daß sich seit Bestehen der Bundesrepublik ein nachkonstitutionelles Gewohnheitsrecht des Inhalts entwickelt hat, daß der Bundespräsident alle Staatssymbole setzen darf, auch wenn dies nur im Wege einer Rechtsverordnung erfolgen kann. Die Bildung eines solchen ungeschriebenen Rechts ist durch Art. 80 I 1 GG erschwert. Diese Verfassungsbestimmung müßte erst gewohnheitsrechtlich abgeändert werden. Das ist jedoch bis jetzt noch nicht geschehen. Wohl mangelt es nicht an der wiederholten „Kompetenz"ausübung durch den Bundespräsidenten[96]. Auch die seit Erlaß der ersten derartigen Anordnungen verstrichene Zeit dürfte zur Bildung eines nachkonstitutionellen Gewohnheitsrechts an sich ausreichen. Die allgemeine Rechtsüberzeugung als Geltungsgrund eines jeden Gewohnheitsrechts ist bis jetzt aber noch nicht vorhanden. Der Rechtsgeltungswille des Volkes als des Trägers der höchsten Staatsmacht und als des Normadressaten wird zwar selten durch die Volksgemeinschaft selbst zum Ausdruck gebracht, sondern manifestiert sich — besonders auf dem Gebiete des öffentlichen Rechts — meist nur durch die Tätigkeit der Verfassungsorgane und Verwaltungsbehörden, hier also des Bundespräsidenten[97]. Von einer allgemeinen Anerkennung dieser Kompetenz kann aber erst gesprochen werden, wenn auch das maßgebliche Schrifttum keinen erheblichen Widerstand dagegen leistet[98]. Der Setzung von Staatssymbolen mit Außenwirkung durch den Bundespräsidenten sind jedoch von Anfang an viele maßgebliche Autoren entgegengetreten[99]. Ein nachkonstitutionelles Gewohnheitsrecht, wonach der Bundespräsident durch eingreifende Rechtsverordnungen Staatssymbole setzen darf, ist also noch nicht entstanden.

Dagegen könnten vorkonstitutionelle Ermächtigungen auf den Bundespräsidenten übergegangen sein. Hier steht Art. 80 I 1 GG nicht im

---

[96] Seine verschiedenen Anordnungen sind oben S. 72 ff. aufgeführt.
[97] *Rümelin* S. 42; *Enneccerus-Nipperdey* I, 1 S. 161 f.
[98] RG vom 7. 12. 1926, RGZ 115, 314; BGH vom 12. 4. 1951, BGHZ 1, 369; *Enneccerus-Nipperdey* I, 1 S. 162; *Höhn* S. 52; *Wolff*, H. J., Verw.R. I S. 101; abw. *Forsthoff*, Verw.R. S. 134.
[99] *v. Mangoldt-Klein* Art. 22 Anm. III 4 S. 637 f.; *Thieme*, Ehrentitel S. 240; *Bachof*, Titel S. 498; zweifelnd *Hamann*, GG 1. Auflage Art. 22 Anm. A/B; anders 2. Auflage Art. 22 Anm. A, wonach die symbolsetzenden Vorschriften des Bundespräsidenten über Flaggen, Wappen und Siegel nur als Verwaltungsverordnungen anzusehen und *deshalb* gültig sein sollen.

Wege[100]. Überkommene Ermächtigungen für den Bundespräsidenten setzen aber voraus, daß sich einmal ein derartiges Gewohnheitsrecht bis spätestens zum Ende der Weimarer Republik gebildet hat (a), daß es heute noch fortgilt (b) und daß die Ermächtigungen gemäß Art. 129 I 1 GG auf ihn als die nunmehr sachlich zuständige Stelle übergeleitet wurden (c).

a) Gewohnheitsrechtliche Eingriffsermächtigungen zur Setzung von Staatssymbolen können frühestens in der konstitutionellen Monarchie nach 1871 entstanden sein. Vorher gab es kein deutsches Staatsoberhaupt. Außerdem waren sie nicht erforderlich, da jeder Monarch eines Territorialstaates als Inhaber aller Staatsgewalt ohne jede Ermächtigung Recht setzen durfte. Das Entstehen gewohnheitsrechtlicher Ermächtigungen wurde von der damaligen h. L. trotz des Eingriffsvorbehalts als möglich angesehen[101]. Inwieweit sich diese tatsächlich entwickelt haben, muß jedoch eingehend geprüft werden.

Die Verfassung des Norddeutschen Bundes und auch die aRV legten Farbe und Form der *Nationalflagge* nicht fest. Die jeweiligen Art. 55 dieser Verfassungen bestimmten lediglich die Farben der Kriegs- und Handelsmarine. Sie enthielten aber auch keine Ermächtigung des Staatsoberhauptes, die nähere Gestalt der Marineflagge oder gar der Reichsflagge vorzuschreiben[102]. Dennoch setzte der Kaiser durch Verordnung vom 8. 11. 1892[103] fest, daß die Marineflagge, deren Form er noch als König von Preußen mit Verordnung vom 25. 10. 1867[104] bestimmt hatte, nunmehr Nationalflagge sein solle. Beide Anordnungen waren auf Art. 55 der Verfassung des Norddeutschen Bundes bzw. der aRV gestützt, was zumindest im Falle der Verordnung von 1892 unrichtig war, weil sich Art. 55 aRV gegenständlich nur auf die Flagge der Marine bezog. Die Flaggenverordnungen wurden jedoch allgemein als rechtens anerkannt, so daß sich eine gewohnheitsrechtliche Ermächtigung des Kaisers bildete[105]. Da das Gesetz betreffend das Flaggenrecht der Kauffahrteischiffe vom 22. 6. 1899[106] wiederum nur die Handelsflagge betraf[107], blieb das Gewohnheitsrecht auch danach im wesentlichen unberührt. Das umfassende Flaggenverordnungsrecht des Kaisers wurde

---

[100] Vgl. oben S. 109 ff.
[101] Oben S. 109.
[102] H. M.; vgl. *Jacobi* in HdbDStR II S. 244; *Anschütz*, WV Art. 3 Anm. 3 Fußnote 4.
[103] RGBl. S. 1050.
[104] BGBl. S. 39.
[105] *Jacobi* a. a. O.
[106] RGBl. S. 319.
[107] *Anschütz*, WV Art. 3 Anm. 3.

dann gemäß § 4 ÜbergangsG und Art. 179 I WV auf den Reichspräsidenten übergeleitet, da es der WV inhaltlich nicht widersprach[108].

Die Gestalt der *Münzbilder* wurde in der konstitutionellen Monarchie gesetzlich bestimmt[109]. Für eine Tätigkeit der Exekutive blieb daher kein Raum. Unter der WV entlastete sich der Gesetzgeber jedoch: § 3 MünzG vom 30. 8. 1924[110] ermächtigte nunmehr den Reichsminister der Finanzen, nicht jedoch den Reichspräsidenten.

Für die Proklamation der *Nationalhymne* bildete sich dagegen eine gewohnheitsrechtliche Befugnis des Staatsoberhaupts heraus. Unter der aRV, die wie alle nachfolgenden deutschen Verfassungen keine ausdrückliche Vorschrift über die Hymne enthielt, wurde das seit 1793 als preußische Königshymne gebrauchte „Heil dir im Siegerkranz" zum Nationallied[111]. In der Weimarer Republik bestimmte der Reichspräsident anläßlich der Verfassungsfeier vom 11. 8. 1922 das „Lied der Deutschen" Hoffmann von Fallerslebens zur Nationalhymne[112]. Diese Anordnung wurde in der Folgezeit allgemein beachtet: Eine gewohnheitsrechtliche Ermächtigung des Reichspräsidenten war somit entstanden.

Staatsfeiertage (mit symbolischem Charakter) waren in der konstitutionellen Monarchie der Geburtstag des Kaisers und der „Sedanstag" (2. September). Diese wurden jedoch nicht reichsrechtlich festgelegt, sondern durch die Landesgesetzgebung oder langdauernden Landesbrauch verbindlich eingeführt. Die WV bestimmte ebenfalls keine Gedenktage. Durch das „Gesetz über einen allgemeinen Feiertag" vom 17. 4. 1919[113] beschloß die Nationalversammlung zwar die Proklamation eines allgemeinen Feiertags, der „dem Gedenken des Weltfriedens, des Völkerbunds und des internationalen Arbeiterschutzes geweiht" sein sollte. Endgültig festgelegt sollte der Feiertag aber erst nach Friedensschluß und nach dem Erlaß der Verfassung werden (§ 1 II des genannten Gesetzes). Zwei spätere Regierungsentwürfe, die den Verfassungstag (11. August) zum Nationalfeiertag erheben wollten, blieben unerledigt[114]. Jedenfalls gab es keine Ermächtigung für den Reichspräsidenten, welcher auch nie einen Staatsfeiertag proklamierte.

---

[108] *Anschütz* a. a. O.; *Pohl* in HdbDStR I S. 485; *Petersen* S. 8. Auf Grund dieser Ermächtigung erließ der Reichspräsident die „Flaggenverordnungen" vom 11. 4. 1921, RGBl. S. 483, und vom 5. 5. 1926, RGBl. S. 217.
[109] §§ 2, 3 MünzG vom 9. 7. 1873, RGBl. S. 233 und §§ 5, 6 MünzG vom 1. 6. 1909, RGBl. S. 507.
[110] RGBl. II S. 254.
[111] *Eschenburg* S. 380.
[112] *Poetzsch-Heffter*, Staatsleben I S. 32.
[113] RGBl. S. 393.
[114] Vgl. zum ganzen *Sacher* III S. 1495 f.; *Poetzsch-Heffter*, Staatsleben I S. 33.

Im Kaiserreich stand dem Monarchen neben anderen persönlichen Ehrenrechten die Befugnis zu, einen Hofstaat zu halten; ferner hatte er Anspruch auf alle militärischen Ehren[115]. Daraus läßt sich unschwer schließen, daß er auch berechtigt war, *Staatszeremonien* anzuordnen, selbst wenn damit Pflichten für den einzelnen Staatsbürger, z. B. Teilnahmepflichten, verbunden waren[116]. Mit der Errichtung der Republik fielen diese persönlichen Ehrenrechte des Staatsoberhaupts weg. Man wollte „in der Person des Präsidenten keinen Monarchen schaffen und alle Dinge, die die Gestalt persönlicher Privilegien anzunehmen scheinen, vermeiden"[117]. Das deutet darauf hin, daß die Befugnis des Kaisers, Staatszeremonien aller Art zu bestimmen, mit dem Untergang der Monarchie erlosch, weil sie der streng republikanischen Konzeption der WV widersprach. In der Weimarer Republik wurden auch keine Staatsfeierlichkeiten eingeführt, die mit irgendwelchen Pflichten Dritter verbunden waren. Zwar mußte man im Interesse des Ansehens und der Würde des Reichs gewisse traditionelle Zeremonien wie z. B. den Neujahrsempfang des Reichspräsidenten schließlich doch wieder abhalten[118]. Deren Proklamation berührte das allgemeine Gewaltverhältnis der Bürger jedoch nicht, so daß sich insoweit auch kein neues Gewohnheitsrecht bilden konnte, das den Reichspräsidenten zur Einführung allgemeinverbindlicher Staatszeremonien ermächtigt hätte.

Die Befugnis zur Stiftung von *Orden, Ehrenzeichen und Ehrentiteln* galt früher als persönliches Ehrenrecht des Monarchen, wurde aber seit der aRV ebenfalls als Ausfluß der Staatsgewalt angesehen[119]. Dem Reich fehlte es damals jedoch an der Kompetenz zur Ordensstiftung. Der Kaiser konnte also nur als König von Preußen preußische Auszeichnungen einführen (wozu ihn Art. 50 Pr.Verf. ausdrücklich ermächtigte). Art. 109 IV und V WV verbot es später dem Staat generell, Ehrentitel, Orden und Ehrenzeichen zu stiften und zu verleihen. Die Staatspraxis legte dieses Verbot allerdings eng aus und verlieh weiterhin „Erinnerungszeichen", z. B. für Lebensrettungen oder „Ehrengaben" bei seltenen Jubiläen. Für den zuletzt genannten Zweck stiftete der Reichspräsident dann eigens den „Adlerschild des Reichspräsidenten"[120]. Man hielt den Reichspräsidenten jedenfalls für berechtigt, „Ehrengaben" zu stiften. Eine umfassende Stiftungsbefugnis besaß er aber nicht.

---

[115] *Meyer-Anschütz* S. 273, 501.
[116] Vgl. *Meyer-Anschütz* S. 273 Fußnote 12.
[117] Aus einer Debatte der Nationalversammlung, zitiert nach *Pohl* in HdbDStR I S. 482.
[118] *Pohl* a. a. O. S. 484.
[119] *Meyer-Anschütz* S. 274.
[120] *Pohl* in HdbDStR I S. 484.

Bei zwei der sechs Gruppen von Staatssymbolen, die durch materiellen Rechtssatz geschaffen werden, bestand also bis zum Ausgang der Weimarer Republik eine Ermächtigung für den Reichspräsidenten kraft Gewohnheitsrechts, nämlich bei den Nationalflaggen und der Hymne. Bei den vier anderen fehlt sie. Es fragt sich nun, ob die gewohnheitsrechtliche Ermächtigung zur Setzung eines Teils der Staatssymbole so ausgedehnt werden kann, daß mit ihr alle Symbole geschaffen werden dürfen (mit Ausnahme derer, die formellgesetzlich bestimmt und daher dem Zugriff der Exekutive entzogen sind). In diesem Falle brauchte eine besondere gewohnheitsrechtliche Befugnis nicht für jedes einzelne Staatssymbol nachgewiesen zu werden. Es spräche vielmehr eine Vermutung für eine Kompetenz des Staatsoberhauptes, die nur durch den Vorrang des Gesetzes begrenzt wäre. Im Schrifttum ist bereits mehrfach behauptet worden, daß der Weimarer Reichspräsident zur Setzung aller Staatssymbole gewohnheitsrechtlich ermächtigt gewesen sei[121]. Demnach müßte sich in der konstitutionellen Monarchie, spätestens aber in der Weimarer Republik eine „Symbolsetzungsgewalt" des Staatsoberhauptes als gegenständliches Hoheitsrecht gebildet haben, etwa von der Art der Organisationsgewalt[122]. Eine solche umfassende Kompetenz eines Staatsorgans wäre zweifellos sehr zweckmäßig gewesen. Hier geht es jedoch allein darum, ob sie dem damaligen Verfassungsrecht entsprach. Gegen diese Annahme bestehen aber Bedenken. Sie ergeben sich weniger daraus, daß der Gesetzgeber die Symbolsetzung teilweise auch für sich in Anspruch nahm (Staatsfeiertage), denn er kann jede Materie der materiellen Gesetzgebung an sich ziehen. Auch die Organisationsgewalt war und ist deshalb zwischen Legislative und Exekutive aufgeteilt und wird dennoch seit jeher als einheitliches, gegenständlich bestimmtes Hoheitsrecht angesehen. Gegen das Entstehen einer einheitlichen „Symbolsetzungsgewalt" spricht aber bereits, daß der verfassungsrechtliche Sprachgebrauch diesen oder einen ähnlichen Ausdruck nie kannte und auch heute nicht kennt. Man verwendet immer nur Begriffe wie Flaggenverordnungsrecht, Titelrecht usw. Noch mehr zu beachten ist, daß es sich hier um eine gewohnheitsrechtliche Ermächtigung handelt. Gewohnheitsrecht auf einem Teilbereich eines Rechtsgebietes ließ und läßt aber nicht ohne weiteres den Schluß zu, daß es auf dem gesamten Gebiet besteht[123]. Dies ist schon deswegen nicht möglich, weil sich Gewohnheitsrecht nur durch tatsächliche Übung bilden

---

[121] So wohl *Anschütz*, WV Art. 3 Anm. 7; *Pohl* in HdbDStR I S. 494; *Dahlmann* S. 44, 68 f.; vgl. auch *Lechner-Hülshoff*, Bekanntmachung betreffend das Bundeswappen und den Bundesadler, Anm. 2 S. 245.
[122] Hierzu *Wolff*, H. J., Verw.R. II S. 95.
[123] So zutr. *Thieme*, Bes. Gewaltverhältnisse S. 527 für den vergleichbaren Fall der gewohnheitsrechtlichen Ausgestaltung verschiedener Anstaltsverhältnisse.

kann, die aber meist — so wie hier — nur für einzelne Teilgebiete nachweisbar ist[124]. Eine analoge Ausdehnung der gewohnheitsrechtlichen Zuständigkeiten des Reichspräsidenten wenigstens auf die Teilbereiche, für die es überhaupt keine rechtliche Regelung gab, verbietet sich ebenfalls. Mit dem allen Staatssymbolen gemeinsamen Repräsentationszweck wäre zwar grundsätzlich eine Analogie zu rechtfertigen. Sie scheitert hier jedoch daran, daß auch andere Exekutivorgane Staatssymbole setzen durften (so z. B. der Reichspostminister). Die Kompetenz könnte daher ebensogut zu ihren Gunsten ausgedehnt werden.

Auf Grund der bisher gefundenen Ergebnisse spricht also alles dafür, das Bestehen einer einheitlichen Ermächtigung des Weimarer Reichspräsidenten zur Setzung aller Staatssymbole zu verneinen. Die meisten derjenigen Symbole, die nur durch Rechtsverordnung zu bestimmen sind, durfte der Reichspräsident nämlich nicht setzen. Bevor jedoch ein abschließendes Urteil über seine angebliche Gesamtzuständigkeit abgegeben werden soll, ist es zweckmäßig, noch die historische Entwicklung bei den restlichen Symbolen aufzuzeigen, die nicht durch Rechtsverordnung, sondern durch Verwaltungsverordnung oder Einzelakt gesetzt werden[125]. Auch sie sind ihrem Gegenstand nach Staatssymbole; der fehlende Rechtsverordnungs- oder überhaupt Verordnungscharakter ändert an ihrem Wesen nichts[126]. Es könnte sein, daß diese Darstellung zu einem anderen Schluß zwingt.

Die *Sonderflaggen* wurden in der konstitutionellen Monarchie durchweg vom Kaiser gestaltet. Es war sein persönliches Ehrenrecht, eine eigene Standarte führen und ihre Form festsetzen zu dürfen[127]. Gestützt auf sein Militärverordnungsrecht (Art. 63 aRV) bestimmte er ferner die Gestalt der Reichskriegsflagge[128]. Schließlich legte der Kaiser auch die Reichsdienstflagge für die Reichsbehörden fest[129]. Er tat dies nach Art. 55 aRV; im Grunde ergab sich seine Befugnis jedoch aus seiner Leitungsgewalt über alle reichseigenen Behörden[130]. Der Weimarer Reichspräsident bestimmte ebenfalls die Form der Reichsflaggen[131].

---

[124] Vgl. auch *Sembritzki* S. 126.
[125] Aufzählung oben S. 83.
[126] Es verhält sich hier wie bei den Organisationsakten, die ebenfalls teils Rechts-, teils Verwaltungsverordnungen, teils Einzelakte sind.
[127] Vgl. *Laband*, Staatsrecht I S. 226; *Meyer-Anschütz* S. 501. Der Kaiser übte sein Ehrenrecht mit den Erlassen vom 3. 8. 1871 (RGBl. S. 318), 15. 10. 1871 (abgedruckt bei *Valentin-Neubecker* S. 113 f.) und 22. 12. 1871 (RGBl. S. 458) aus.
[128] Erlasse vom 19. 12. 1892 (MarineVBl. S. 275) und vom 26. 9. 1903 (MarineVBl. S. 362). Vgl. *Arndt*, aRV Art. 63 Anm. 7.
[129] § 3 der Verordnung vom 8. 11. 1892, RGBl. S. 1050.
[130] *Meyer-Anschütz* S. 478; *Laband*, Staatsrecht I S. 369 f.; vgl. auch die Formel für den Diensteid der Reichsbeamten in der Kaiserlichen Verordnung vom 29. 6. 1871, RGBl. S. 303.
[131] Siehe die oben S. 121 Fußnote 108 genannten beiden „Flaggenverord-

Eine auf ihn übergeleitete kaiserliche Kompetenz konnte er dabei nicht in Anspruch nehmen, da die Rechtsvorschriften der aRV, welche diese Beufgnis begründet hatten, nicht mehr fortgalten (Art. 178 WV). Bei der Setzung der Reichskriegsflagge konnte er sich allerdings auf sein Militärverordnungsrecht stützen, das ihm § 11 WehrG vom 23. 3. 1921[132] i. V. m. Art. 47 WV verlieh[133]. Für Standarte und Dienstflaggen gab es jedoch keine Zuständigkeit des Reichspräsidenten, da er weder Inhaber persönlicher Ehrenrechte[134] noch oberster Dienstherr *aller* Behörden des Reiches war[135]. Die Rechtmäßigkeit seines Handelns wurde jedoch von keiner beteiligten Seite in Frage gestellt, obwohl man sie später mit verschiedenartigen Argumenten begründete[136]. Dieser allgemeine Rechtsgeltungswille ließ eine gewohnheitsrechtliche Kompetenz des Reichspräsidenten zur Setzung aller Sonderflaggen entstehen.

Als Inhaber der obersten Dienstgewalt über die Reichsbehörden und -beamten bestimmte der Kaiser auch die Ausgestaltung sämtlicher *Wappen und Siegel*[137]. Das Reichswappen setzte er mit Ziff. 2 des Erlasses vom 3. 8. 1871[138] fest. Damit waren gleichzeitig das Siegel und die Amtsschilder für die Reichsbehörden normiert, da diese das Kaiserliche Wappen trugen[139]. Auch der Weimarer Reichspräsident setzte das Reichswappen[140] und das Reichssiegel[141], während das Amtsschild der Reichsbehörden durch den Reichsminister des Inneren bestimmt wurde[142]. Die Formulierung des Wappenerlasses „auf Grund eines Beschlusses der Reichsregierung gebe ich hiermit bekannt..." bedeutet nicht, daß diese die Form des Wappens festlegte, sondern nur, daß der Reichspräsident *seine* Entscheidung auf Grund eines Beschlusses der

---

nungen", die Verordnung vom 16. 4. 1919 (MarineVBl. S. 195) sowie die Erlasse vom 27. 9. 1919 (MarineVBl. S. 463) und vom 14. 3. 1933 (RGBl. S. 133).
[132] RGBl. S. 329.
[133] *Gebhard* Art. 3 Anm. 6 a.
[134] *Pohl* in HdbDStR I S. 482.
[135] Vgl. *Gebhard* a. a. O.
[136] z. B. *Anschütz*, WV Art. 3 Anm. 3: Dienstgewalt i. w. S.; ihm folgend *Pohl* a. a. O. S. 494; *Gebhard* Art. 3 Anm. 6; anders *Poetzsch-Heffter*, WV Art. 3 Anm. 2: Organisationsgewalt.
[137] Selbst ein besonderes Wappen führen zu dürfen, war ein persönliches Ehrenrecht des Monarchen.
[138] RGBl. S. 318.
[139] Vgl. Bismarcks Immediatbericht an den Kaiser vom 27. 6. 1871, abgedruckt bei *Valentin-Neubecker* S. 110 ff., hier 112.
[140] Bekanntmachung vom 11. 11. 1919, RGBl. S. 1877.
[141] Erlasse vom 30. 3. 1922, RGBl. S. 329; 27. 3. 1924, RGBl. S. 375; 22. 11. 1924, RGBl. S. 762.
[142] Bekanntmachung vom 17. 2. 1923, RMinBl. S. 15.

Reichsregierung bekanntmachte[143]. Sie verrät allerdings eine gewisse Unsicherheit über die Zuständigkeiten[144]. Auf eine Dienstgewalt konnte sich der Reichspräsident hier nämlich ebensowenig berufen wie bei den Sonderflaggen. Es bedurfte daher auch hier der allmählich entstandenen allgemeinen Rechtsüberzeugung, um seine Kompetenz gewohnheitsrechtlich zu begründen.

Die *Postwertzeichen* trugen nach 1871 das Kaiserliche Wappen. Der Monarch erließ daher zur einstweiligen Gestaltung der Siegel, Stempel-, Post- und Telegraphenmarken am 27. 4. 1871 die „Allerhöchste Ordre über die vorläufige Herstellung eines Wappens für Stempelmaterialien pp."[145], wozu er gemäß Art. 50 II aRV befugt war. Die Kompetenz zur Gestaltung der Freimarkenbilder selbst wurde dann aber gewohnheitsrechtlich an das Kaiserliche Generalpostamt delegiert[146]. Die WV legte in Art. 88 II fest, daß die Postwertzeichen für das ganze Reich gleich aussehen sollten. Zuständig zu ihrer Gestaltung war jetzt aber nicht mehr der Reichspräsident, da er keine Anstaltsgewalt über die Reichspost mehr hatte. Das Briefmarkenbild wurde jetzt gemäß Art. 88 III, 56, 2 WV vom Reichspostminister festgesetzt[147]. Aus der delegierten Kompetenz der Reichspostverwaltung entwickelte sich damit eine originäre. Es fehlte auch an einer tatsächlichen Übung des Reichspräsidenten, welche diese Kompetenzverteilung gewohnheitsrechtlich hätte ändern können.

Die Formel des *Diensteids* der Beamten wurde in der konstitutionellen Monarchie durch kaiserliche Verordnung vom 29. 6. 1871[148] vorgeschrieben. Diese stützte sich zu Recht auf Art. 18 I aRV, wonach der Kaiser die Reichsbeamten zu vereidigen hatte. Gemäß Art. 53 I 2 aRV galt dasselbe auch für die Reichsmarine; den Diensteid für die Angehörigen des Heeres durfte der Kaiser jedoch nicht festsetzen, weil der Fahneneid hier dem Landesherrn geleistet wurde[149]. Der Reichspräsident der Weimarer Republik wurde durch Art. 176, 2 WV ausdrücklich ermächtigt, Einzelheiten über die Vereidigung aller Reichsbeamten und Angehörigen der Wehrmacht zu bestimmen[150].

Eine gewohnheitsrechtliche Kompetenz des Reichspräsidenten zur Einführung von *Zeremonien* konnte sich in der Weimarer Republik nur

---

[143] *Gebhard*, Art. 3 Anm. 6 d; so wohl auch *Anschütz*, WV Art. 3 Anm. 7.
[144] Zutr. *Gebhard* a. a. O.
[145] Zitiert bei *Valentin-Neubecker* S. 112.
[146] Vgl. z. B. dessen Anordnung über die Änderung eines Postwertzeichens vom 9. 4. 1873, Zentralblatt für das Deutsche Reich S. 126.
[147] Vgl. *Gebhard* Art. 88 Anm. 4 c.
[148] RGBl. S. 303.
[149] *Arndt*, aRV Art. 64 Anm. 2.
[150] Verordnung vom 14. 8. 1919 (RGBl. S. 1419).

für Feierlichkeiten bilden, bei denen der Rechtsbereich Dritter nicht betroffen wurde[151]. Sie entstand schließlich auch, doch beschränkte sich die Zuständigkeit des Reichspräsidenten nur auf die Anordnung selbst, da das Zeremoniell vom „Chef des Protokolls" im Auswärtigen Amt näher bestimmt wurde[152].

Die Frage, wer über die Errichtung symbolischer *Bauwerke* zu befinden hat, war niemals ausdrücklich geregelt. Es gab hier auch keine einheitliche tatsächliche Übung, die ein Gewohnheitsrecht hätte bilden können. Der Grund dafür ist wohl der, daß solche Anordnungen in der Praxis höchst selten von Staats wegen erlassen werden. Dasselbe gilt für die Bilder der *Gedenkmünzen*.

Die Reichs*hauptstadt* Berlin war im Kaiserreich und in der Weimarer Republik kein Staatssymbol.

Diese Darstellung zeigt, daß auch bei den Symbolen, deren Setzung nicht nach außen wirkt, keine einheitliche Regel bestand. Insgesamt bietet sich ausgangs der Weimarer Zeit folgendes Bild: Der Reichspräsident war zur Setzung von acht verschiedenen Staatssymbolen befugt, und zwar in zwei Fällen (Amtstrachten, Amtstitel einerseits und Diensteid andererseits) durch die Verfassung bzw. durch Gesetz, in sechs Fällen (Nationalflagge, Sonderflaggen, Wappen und Siegel, Nationalhymne, Ehrengaben und „interne" Staatszeremonien) durch Gewohnheitsrecht. Die Proklamation von Nationalfeiertagen blieb dem Gesetzgeber selbst vorbehalten. Zweimal waren andere Stellen zuständig (Münz- und Briefmarkenbild). Viermal fehlte jede Kompetenz, wofür verschiedene Gründe verantwortlich waren: Auszeichnungen bzw. Ehrentitel durften überhaupt nicht gestiftet werden, Zeremonien mit Pflichten für die Staatsbürger waren nicht üblich, symbolische Bauten und Gedenkmünzen wurden regelmäßig von privater Seite geschaffen. Die meisten und wohl auch wichtigsten Kompetenzen lagen also zwar beim Staatsoberhaupt. Dennoch kann man daraus nicht schließen, daß der Reichspräsident kraft Gewohnheitsrechts alle (zulässigen) Symbole setzen durfte, welche der Gesetzgeber nicht selbst bestimmte. Diese Annahme scheitert zunächst daran, daß — wie bereits erwähnt — die WV selbst und auch der damalige einfache Gesetzgeber zum Teil andere Exekutivorgane mit der Setzung betrauten: Als Anstaltsherr der Reichspost hatte der Reichspostminister über die Gestalt der Reichspostflagge und der Briefmarkenbilder, gemäß § 3 MünzG von 1924 hatte der Reichsminister der Finanzen über das Aussehen der Münzbilder zu befinden. Damit stand einer einheitlichen gewohnheitsrechtlichen Kompetenz des

---

[151] Oben S. 122.
[152] *Pohl* in HdbDStR I S. 484.

Reichspräsidenten zumindest anfänglich geschriebenes Recht entgegen. Dies widerlegt auch eine sonst vielleicht gerechtfertigte Vermutung für eine generelle Zuständigkeit des Staatsoberhaupts und schließt eine Analogie zu seinen Gunsten für ungeregelte Teilgebiete aus. Ein abänderndes Gewohnheitsrecht bildete sich auch nur teilweise: Der Reichspräsident setzte in Ziff. 8 der Ersten Flaggenverordnung die Form der **Reichspostflagge fest,** obwohl er keine Anstaltsgewalt über die Reichspost hatte; seine Anordnung wurde jedoch allgemein als rechtens anerkannt. Symbolische Briefmarkenbilder bestimmte er dagegen nicht[153], ebensowenig wie Münzbilder. Er ordnete auch keine allgemeinverbindlichen Staatszeremonien und symbolische Bauten an. Damit fehlt es auch auf allen diesen Teilgebieten an seiner Kompetenzausübung, ohne die ein Gewohnheitsrecht nicht entstehen konnte. Am Ende der Weimarer Republik waren die Befugnisse zur Setzung von Staatssymbolen also zwischen Gesetzgeber, Reichspräsidenten und einzelnen Mitgliedern der Reichsregierung verteilt. Der Reichspräsident, für den keine Kompetenzvermutung sprach, durfte dabei von den durch Rechtsverordnung zu gestaltenden Symbolen nur die Nationalflagge und die Nationalhymne festsetzen.

b) Die Überleitung dieser vorkonstitutionellen Einzelermächtigungen auf den Bundespräsidenten setzt voraus, daß sie heute noch fortgelten (vgl. Art. 129 I 1 GG). Die ungeschriebenen Kompetenzen des Staatsoberhaupts aus der Weimarer Republik können aber entweder vor oder mit dem für die Überleitung maßgeblichen Zeitpunkt (7. 9. 1949, Art. 123 I GG) erloschen sein.

Vor dem 7. 9. 1949 konnten insbesondere Rechtsvorschriften des Dritten Reiches oder der Besatzungsmächte die bestehenden Ermächtigungen verändern.

Unter der nationalsozialistischen Herrschaft wurde das Gewaltenteilungsprinzip und damit der Vorbehalt des formellen Gesetzes praktisch gegenstandslos. Seit dem sogenannten Ermächtigungsgesetz vom 24. 3. 1933[154] konnte die Reichsregierung auch ohne besondere Ermächtigung der gesetzgebenden Organe materielles Recht setzen. Diese „verfassungsgestaltende Grundentscheidung"[155] machte frühere Ermächtigungen an die Exekutive für den nationalsozialistischen Staat bedeutungslos[156]. Sie hob sie jedoch nicht auf, so daß die Ermächtigungen

---

[153] Es sei daran erinnert, daß nur wenige Freimarkenbilder Symbolwert haben — jede Sondermarke hätte der Reichspräsident freilich nicht bestimmen können!
[154] RGBl. S. 141.
[155] *Wolff,* H. J., Verw.R. I S. 100 f.
[156] Vgl. *Huber* S. 251, 258.

nach Wegfall des Dritten Reiches und nach der Wiedereinführung des Gewaltenteilungsprinzips durch das GG ohne weiteres wieder verbindlich wurden[157]. Die totalitäre Verfassungsstruktur des nationalsozialistischen Staates verhinderte es jedoch nicht, daß Spezialnormen aus der Zeit des Dritten Reiches, die nach den damaligen Bestimmungen gültig zustande kamen und kein offensichtliches Unrecht enthielten, *im Einzelfall* ältere Vorschriften, also auch Ermächtigungen, für alle Zukunft wirksam außer Kraft setzen konnten[158]. Niemand wird heute bezweifeln, daß z. B. das RBG durch § 184 DBG wirksam aufgehoben wurde[159]. Vorschriften aus dieser Zeit konnten die Befugnisse des Staatsoberhaupts aber ebenso erweitern.

Da die Besatzungsmächte nach 1945 die alleinigen Gesetzgeber Deutschlands waren, durften auch sie älteres Recht aufheben oder abändern.

Die Rechtsgrundlagen für die Staatssymbole, welche nur durch Gesetz oder Rechtsverordnung gesetzt werden dürfen, entwickelten sich im Dritten Reich und in der Besatzungszeit folgendermaßen:

Durch das RFlaggenG vom 15. 9. 1935[160] wurde die Hakenkreuzfahne zur Reichs- und Nationalflagge sowie zur Handelsflagge bestimmt (Art. 2). Da die Gestalt der Hakenkreuzfahne feststand, war damit auch die Form der *Nationalflagge* geregelt. Demgegenüber hatte gemäß Art. 3 RFlaggenG der „Führer und Reichskanzler", also das Staatsoberhaupt, über die Form der Reichskriegs- und der Reichsdienstflagge zu befinden. Diese Vorschriften hatten denselben Inhalt wie die alten Ermächtigungen für den Reichspräsidenten, die sich aus § 1 II des Gesetzes betreffend das Flaggenrecht der Kauffahrteischiffe, besonders aber aus Gewohnheitsrecht ergaben[161]. Bei Art. 3 RFlaggenG ist das offensichtlich. Es trifft aber ebenfalls für Art. 2 zu, da im Dritten Reich auch ein Gesetz nur eine (qualifizierte) Äußerung des Führerwillens war[162]; die Form der Nationalflagge wurde also in Wirklichkeit gleichermaßen durch den Führer bestimmt und durfte von ihm verändert werden, auch im Wege der Verordnung. Einen Vorrang des Gesetzes gab es nämlich nicht. Das RFlaggenG hätte damit als inhaltsgleiche Norm die alten gewohnheitsrechtlichen und sonstigen Ermächtigungen für das Staatsoberhaupt aufgehoben[163], sofern es ein gewöhnliches Gesetz gewesen

---

[157] Vgl. *Wolff*, H. J., a. a. O. S. 102; *Dahlmann* S. 47.
[158] *Thieme*, Hochschulrecht S. 36.
[159] Das verkennt *Dahlmann* S. 45 ff. und kommt daher zu dem unrichtigen Schluß, daß die nationalsozialistische Epoche Ermächtigungen aus der Weimarer Republik überhaupt nicht beeinflußt hat.
[160] RGBl. I S. 1145.
[161] Hierzu oben S. 120.
[162] Vgl. *Huber* S. 237, 251.
[163] Oben S. 83 Fußnote 132.

und keiner „verfassungsgestaltenden Grundentscheidung" des nationalsozialistischen Staates gleichgekommen wäre. Daß das RFlaggenG Staatssymbole bestimmte bzw. das Staatsoberhaupt zu ihrer Setzung ermächtigte, ist nicht typisch nationalsozialistisch. Das entspricht vielmehr auch der Praxis der Weimarer Republik. Eine Grundentscheidung enthielt jedoch das Kernstück des RFlaggenG, die Proklamation der Hakenkreuzfahne zur Nationalflagge. Das Hakenkreuz galt (und gilt) schlechthin als das Sinnbild der nationalsozialistischen „Bewegung", des totalen Umbruchs der staatlichen Ordnung im Sinne der Ideen des Hitlerregimes. Daher stand die Proklamation der Hakenkreuzfahne als Hitlerregimes. Daher stand die Proklamation der Hakenkreuzfahne als Nationalflagge in so engem Zusammenhang mit der Verfassungsumwälzung von 1933, daß sie selbst als verfassungsgestaltende *Grund*entscheidung anzusehen ist. Das zeigt vor allem die Art und Weise, wie das RFlaggenG zustande kam. Es wurde auf dem „Reichsparteitag der Freiheit" von 1935 erlassen, zusammen mit dem berüchtigten „Reichsbürgergesetz" vom 15. 9. 1935 und dem „Gesetz zum Schutz des deutschen Blutes und der deutschen Ehre" vom gleichen Tage[164]. Um die Bedeutung dieser Gesetze propagandistisch besonders herauszustellen, ließ man es formell sogar vom Reichstag verabschieden, was im Dritten Reich höchst selten vorkam. Damit unterscheidet sich das RFlaggenG wesentlich von dem relativ unpolitischen OrdensG vom 1. 7. 1937[165], welches nicht erkennen läßt, daß damals nur solche Auszeichnungen gestiftet werden sollten, die typisch nationalsozialistische Ideen verkörperten. Das RFlaggenG wurde wegen seines direkten Bezugs auf das Hitlerregime auch durch Art. I Ziff. 1 j KRG Nr. 1 vom 20. 9. 1945[166] aufgehoben. Dies wäre wohl nicht geschehen, wenn es — wie das bei Symbolsetzungen die Regel ist — einen unpolitischen nicht staatstragenden Inhalt gehabt hätte. Die Aufhebung von Gesetzen des Dritten Reiches richtete sich nämlich allein gegen „Gesetze politischer Natur oder Ausnahmegesetze, auf welchen das Nazi-Regime beruhte"[167]. Als nationalsozialistische Grundentscheidung ließ das RFlaggenG aber das in der Weimarer Republik entstandene Flaggenverordnungsrecht des Staatsoberhaupts unberührt.

Ähnliches gilt für die Gestaltung der anderen Staatssymbole. Für die *Münzbilder* blieben die Bestimmungen des MünzG von 1924 über das Dritte Reich hinaus in Kraft. Es wurde erst durch das derzeit gültige MünzG vom 8. 7. 1950[168] aufgehoben. Die Kompetenz des Staatsober-

---

[164] Beide RGBl. I S. 1146.
[165] RGBl. I S. 725.
[166] Amtsblatt des Kontrollrats Blatt 3.
[167] Präambel zu Art. I Ziff. 1 KRG Nr. 1, Amtsblatt des Kontrollrats, a. a. O.
[168] RGBl. S. 323.

hauptes zur Proklamation einer *Nationalhymne* wurde während des Dritten Reiches ebenfalls nicht angetastet. Das Deutschlandlied blieb Nationalhymne, es kam nur noch das „Horst-Wessel-Lied" hinzu[169]. Nach dem Zusammenbruch von 1945 hatte Deutschland zunächst keine Hymne. Die vorkonstitutionelle Ermächtigung für den Reichspräsidenten wurde aber auch von den Besatzungsmächten nicht außer Kraft gesetzt. Die *Feiertage* des nationalsozialistischen Staates waren durch Gesetz vom 27. 2. 1934[170] erschöpfend festgelegt (§ 6 dieses Gesetzes). Nach 1945 wurde die Vorschrift für immer gegenstandslos. Es bestand also zunächst keine Zuständigkeit zur Einführung von Nationalfeiertagen, aber auch kein Vorrang des Gesetzes. Für die *Staatszeremonien* ergaben sich auch keine Änderungen. Sie entwickelten sich im Dritten Reich ohnehin meist zu Feierlichkeiten der Partei.

Auf die Weiterentwicklung des *Titel- und Ordensrechts* braucht nicht weiter eingegangen zu werden, da es heute gesetzlich geregelt ist.

Die bis zum Ausgang der Weimarer Zeit entstandenen Befugnisse des Staatsoberhaupts, rechtssatzmäßig die Nationalflagge und die Hymne zu setzen, konnten demnach in das nachkonstitutionelle Recht übergehen. Das GG übernahm aber nicht das gesamte frühere Recht, sondern nur die Normen, die den seinigen materiell nicht widersprechen (Art. 123 I GG). Unter diesem Gesichtspunkt hätten die erwähnten Ermächtigungen also noch *mit* dem 7. 9. 1949 untergehen können.

Die Befugnisse des Staatsoberhaupts zur Setzung der obengenannten Symbole sind nicht deshalb erloschen, weil sie sich auf die Schaffung materieller Rechtsvorschriften beziehen. Die vorkonstitutionelle Delegation von Gesetzgebungsbefugnissen widerspricht so lange nicht dem GG, als es sich um Kompetenzen zum Erlaß gesetzesabhängiger Rechtsverordnungen handelt (Art. 129 III GG). Die genannten Ermächtigungen sind von dieser Art, da sie nicht zur Abänderung formeller Gesetze berechtigen. Sie widersprechen auch ihrem Gegenstand nach nicht dem GG. Jeder selbständige Staat braucht Symbole wie z. B. Flaggen, Wappen oder eine Nationalhymne. Schließlich erhält die Exekutive keine unzulässige Machtfülle, wenn sie auf Grund inhaltlich begrenzter Ermächtigungen des Gesetzgebers Symbole bestimmen darf. Diese Ermächtigungen gingen also in das nachkonstitutionelle Recht über.

c) Ob sie damit auch auf den Bundespräsidenten übergeleitet wurden, bestimmt sich danach, ob er die „nunmehr sachlich zuständige Stelle" zur Setzung eines Staatssymbols wie z. B. der Bundesflagge oder der Nationalhymne ist (Art. 129 I 1 GG). Das ist nicht schlechthin der all-

---

[169] Vgl. Erlaß vom 20. 7. 1933, MBliV. I S. 859.
[170] RGBl. I S. 129.

gemeine staatsrechtliche Nachfolger der früher zuständigen Stelle, sondern das Organ, welches nach der Funktions- und Kompetenzverteilung des GG dazu befugt ist[171]. Der Bundespräsident hat also nicht alle noch gültigen Ermächtigungen für den früheren Reichspräsidenten übernommen, sondern nur die, welche ihm nach seiner heutigen verfassungsrechtlichen Stellung zukommen.

Daß es sich dabei um Befugnisse zum Erlaß von Rechtsverordnungen handelt, steht einer Überleitung auf den Bundespräsidenten nicht im Wege. Art. 80 I 1 GG ist hier nämlich nicht anwendbar[172].

Der Bundespräsident ist zuständig, wenn ihm das GG die Kompetenz des früheren Reichspräsidenten *belassen* hat. Eine bisher noch nicht bestehende Befugnis schafft es für ihn nämlich nicht. Angesichts der „Entmachtung" des Staatsoberhaupts zugunsten der Regierung durch das GG könnte man an dem „Belassen" zweifeln. Unsere Frage läßt sich daher am besten beantworten, wenn man die Tendenz dieser Entmachtung verfolgt. Schon früher haben wir gesehen, daß der Bundespräsident neben vielen staatsleitenden Zuständigkeiten auch die wichtigsten Rechtssetzungsbefugnisse eingebüßt hat, so vor allem das Not- und Militärverordnungsrecht. Diese Kompetenzen gaben dem Staatsoberhaupt der Weimarer Republik jede für sich eine bedeutende politische Machtstellung. Das Notverordnungsrecht machte es in Krisenzeiten zum politisch stärksten Organ überhaupt. Das mit dem Oberbefehl gekoppelte Militärverordnungsrecht verlieh ihm ebenfalls starke Machtmittel, kraft derer es seinen Einfluß auf die politische Staatsführung und -verwaltung jederzeit geltend machen konnte. Ein so starkes politisches Gewicht wollte man, bestimmt durch die Erfahrungen in der Weimarer Zeit, dem heutigen Präsidenten nicht mehr einräumen. Die Setzung von Staatssymbolen dagegen ist in der Regel keine Tätigkeit, die den Gang der Regierung und Verwaltung des Staates politisch stark beeinflußt. Symbole sind Gegenstände oder Vorgänge, die den Staat repräsentieren. Wer sie zu bestimmen hat, hat damit allein nicht die Macht in der Hand, über die vom Staat zu verfolgenden Werte und Ziele zu entscheiden, sondern nur die Befugnis, Sinnbilder *von* diesen (anderweitig festgelegten) Werten zu schaffen. Das Recht zur Setzung von Staatssymbolen ist daher ihrem Wesen nach keine politische, sondern eine Repräsentationsfunktion[173]. Diese Zuständigkeiten dem Bundespräsidenten abzusprechen, bestand kein Grund; er sollte ja nur politisch entmachtet werden. Die Repräsentation des Staatsganzen gehört herkömmlicherweise zu den Aufgaben eines Staatsoberhaupts, auch

---

[171] Oben S. 110.
[172] Oben S. 111 ff.
[173] *Dahlmann* S. 50.

Die bestehenden Befugnisse zum Erlaß von Rechtsverordnungen 133

eines republikanischen. In dieser Beziehung knüpft das GG bewußt an alte Verfassungstraditionen an: Es beläßt dem Bundespräsidenten jene hergebrachten Befugnisse[174].

Der Bundespräsident ist also Adressat der gewohnheitsrechtlichen vorkonstitutionellen Ermächtigung zur Setzung der Nationalflagge und der Nationalhymne geworden[175].

Insgesamt bleibt festzuhalten, daß der Bundespräsident zur Zeit von den rechtssatzmäßig zu bestimmenden Symbolen der Bundesrepublik nur die Nationalflaggen und die Nationalhymne setzen sowie Orden und Ehrenzeichen stiften darf.

2. Befugnisse zum Erlaß von Ausführungsrechtsverordnungen auf Grund von Ermächtigungen in einfachen vorkonstitutionellen Gesetzen

Die verfassungsmäßigen „Vorgänger" des Bundespräsidenten, der Deutsche Kaiser und der Reichspräsident der Weimarer Republik, durften in jeder Weise zum Erlaß von Rechtsverordnungen ermächtigt werden[176]. Von dieser Möglichkeit wurde vom jeweiligen Gesetzgeber auch häufig Gebrauch gemacht, vor allem im Kaiserreich, in dem die Regierungskompetenzen des Staatsoberhaupts noch recht umfangreich waren.

Erste Voraussetzung dafür, daß der Bundespräsident auf Grund dieser vorkonstitutionellen Ermächtigungen auch heute noch tätig werden darf, ist deren Fortgelten. Prüft man die einzelnen Ermächtigungen unter diesem Gesichtspunkt, so wird man bald feststellen, daß die meisten inzwischen erloschen sind. Das kann z. B. dadurch begründet sein, daß die Rechtsvorschrift als Ganzes oder auch nur die jeweilige Ermächtigung durch eine spätere Norm ausdrücklich außer Kraft gesetzt wurde[177]. Die Ermächtigung kann aber auch ungültig geworden sein, weil

---

[174] *Lechner-Hülshoff*, Bekanntmachung betreffend das Bundeswappen und den Bundesadler, Anm. 2 S. 245; *Dahlmann* S. 69; *Kastner* S. 55; vgl. auch *v. Mangoldt* Vorb. 2 a zum V. Abschnitt; *v. Mangoldt-Klein* Vorb. III 3 a zum V. Abschnitt. Unrichtig, zumindest im Ausdruck, allerdings *Lechner-Hülshoff*, Anordnung über die deutschen Flaggen, Anm. 1 zu I S. 253, wonach die Befugnis des Bundespräsidenten zur Setzung von Staatssymbolen aus der „Natur der Sache" folge; ebenso *Giese*, Titel S. 496: „Sachzusammenhang".

[175] Hinsichtlich der Nationalflagge a. M. *v. Mangoldt-Klein* Art. 22 Anm. III 4 S. 637 f., Vorb. III 3 a zum V. Abschnitt S. 1062, allerdings mit unzutreffender Begründung, vgl. oben S. 88; *Hamann*, GG Art. 22 Anm. A.

[176] Vgl. *Laband*, Staatsrecht I S. 55; Nachw. aus dem Schrifttum der Weimarer Republik oben S. 45; die Ermächtigungen für den Weimarer Reichspräsidenten sind teilweise aufgeführt bei *Pohl* in HdbDStR I S. 485 und bei *Poetzsch-Heffter*, Staatsleben I S. 160.

[177] z. B. §§ 1 II, 22, 26 II des Gesetzes über das Flaggenrecht der Kauffahrteischiffe vom 22. 6. 1899 (RGBl. S. 319), aufgehoben durch § 20 Flaggenrechts-

sie inhaltlich gegen eine spätere, mindestens gleichrangige Norm verstieß[178] oder weil sich die tatsächlichen bzw. rechtlichen Verhältnisse, für die sie gelten sollte, endgültig gewandelt haben[179]. Soweit ersichtlich, gelten heute nur noch folgende Ermächtigungen für das Staatsoberhaupt fort: § 482 II BGB[180], § 42 AuswG, §§ 23 I, 26, 27 II KonsGbkG[181].

Die Gesetzgebungskompetenz des Bundes ergibt sich bei § 482 II BGB aus Art. 74 Ziff. 1, 125 GG, bei § 42 AuswG aus Art. 73 Ziff. 3, 124 GG und bei den Ermächtigungen des KonsGbkG aus Art. 73 Ziff. 1, 74 Ziff. 1 (Gerichtsverfassung), 124, 125 GG.

Fraglich ist jedoch, ob der Bundespräsident die nunmehr sachlich zuständige Stelle zum Erlaß dieser Rechtsverordnungen i. S. von Art. 129 I 1 GG ist, so daß die genannten Ermächtigungen auf ihn übergeleitet werden konnten. Man muß sich vor Augen halten, daß sie durchweg aus der Zeit der konstitutionellen Monarchie stammen. Der Kaiser war damals der oberste Leiter der eigenen und unmittelbaren Reichsexekutive[182] und neben dem Bundesrat das wichtigste Verordnungsorgan des Reiches. Die Zuweisung von Befugnissen zum Erlaß von Ausführungsrechtsverordnungen an den Kaiser war deshalb stets erlaubt und immer sinnvoll, um welches Rechtsgebiet es sich auch handelte. Dies wurde mit der Einführung der republikanischen Staatsform in der Weimarer Zeit anders. Die vollziehende Gewalt wurde jetzt auf Staatsoberhaupt und Regierung aufgeteilt, wobei beide Organe bestimmte Aufgabenkreise übertragen erhielten. Schon der Weimarer Reichspräsident hatte also nicht mehr die Organstellung, kraft derer er auf allen Gebieten der geeignete Verordnungsgeber gewesen wäre. Es nimmt da-

---

gesetz vom 8. 2. 1951 (BGBl. I S. 79); §§ 28, 40 Bankgesetz vom 14. 3. 1875 (RGBl. S. 177), aufgehoben durch § 53 Bankgesetz vom 30. 8. 1924 (RGBl. S. 235); §§ 14, 17, 18, 87, 88 RBG, aufgehoben durch § 184 DBG; §§ 2 II, 4 und 7 OrdensG vom 1. 7. 1937 (RGBl. I S. 725), als Bundesrecht aufgehoben durch § 17 Ziff. 1 OrdensG vom 26. 7. 1957 (BGBl. I S. 844).

[178] z. B. § 188 VVG, § 105 g GewO, §§ 3 II, 17 EGGVG, sämtliche außer Kraft getreten wegen Verstoßes gegen Art. 129 III GG.

[179] Hierzu *Lehmann* S. 27. Ein Beispiel dafür bildet Art. 176 WV.

[180] Vgl. die einzige bis jetzt ergangene und noch gültige „Viehmängel-Verordnung" vom 27. 3. 1899 (RGBl. S. 219).

[181] Das KonsGbkG ist zwar im Augenblick gegenstandslos, da seit dem Beginn des Zweiten Weltkriegs nirgends mehr eine deutsche Konsulargerichtsbarkeit ausgeübt wird (vgl. *Kraske-Nöldeke* S. 125 f.). Es ginge jedoch zu weit, hieraus das völlige Außerkrafttreten des KonsGbkG zu folgern (so anscheinend einige Sammlungen des Bundesrechts, welche dieses Gesetz in den nach 1945 erschienenen Auflagen nicht mehr nennen; vgl. *Dehlinger-Pfeifer*, 20. Auflage S. 98 und 33. Auflage S. 75; *Schlegelberger*, 19. Ausgabe aF. S. 258 und 3. Ausgabe nF. S. 286). Es ist nicht *für immer* gegenstandslos geworden, da eine deutsche Konsulargerichtsbarkeit im Ausland durch zwischenstaatliche Verträge jederzeit wieder eingeführt werden könnte.

[182] *Meyer-Anschütz* S. 478.

her nicht wunder, wenn das damalige Schrifttum die starre Regelung des § 4 ÜbergangsG und des Art. 179 I WV bekämpfte, wonach alle Kompetenzen des Kaisers en bloc auf den Reichspräsidenten übergingen, sofern nur die ermächtigenden Normen noch fortgalten. Man wollte die „Fremdkörper" unter seinen Befugnissen beseitigen und suchte daher die Überleitungsvorschriften der WV einschränkend auszulegen: dem Reichspräsidenten wurden nur noch solche vorkonstitutionell geschaffene Kompetenzen zuerkannt, die auch seiner Organstellung nach der WV entsprachen[183]. Diesen Gedanken machte sich dann das GG in Art. 129 I 1 für das heutige Recht ausdrücklich zu eigen. Nach dem GG hat der Bundespräsident nur mehr solche Befugnisse, die sich entweder auf gewisse Bereiche der politischen Staatsleitung[184] oder auf die Repräsentation des Staatsganzen beziehen[185]. Daneben wurden ihm noch einige weitere traditionelle Aufgaben eines Staatsoberhaupts wie das Ernennungs- und Begnadigungsrecht übertragen. Unsere Verfassung läßt aber an keiner Stelle erkennen, daß der Bundespräsident zu irgendwelchen Tätigkeiten, u. U. sogar verbunden mit rechtssatzmäßigen Eingriffen, auf dem Gebiete des Zivil- und Auswanderungsrechts sowie der Konsulargerichtsbarkeit befugt sein soll. Diese Rechtsbereiche stehen in keinem Zusammenhang mit jenen, welche nach der obigen Aufzählung in seine Zuständigkeit fallen. Insbesondere sind Maßnahmen auf dem Gebiete der Konsulargerichtsbarkeit nicht durch seine allgemeine völkerrechtliche Vertretungsmacht nach Art. 59 I GG gedeckt. Die eingangs genannten Ermächtigungen können daher nicht auf den Bundespräsidenten übergegangen sein. Dieses Ergebnis drängt sich nicht etwa deshalb auf, weil dem Staatsoberhaupt Verordnungsbefugnisse im Bereich des Zivil- und Auswanderungsrechts sowie der Konsulargerichtsbarkeit eine zu große politische Macht verleihen würden, wie z. B. Art. 48 II WV dem früheren Reichspräsidenten. Vorschriften über die vom Verkäufer zu vertretenden Viehmängel oder über die Beförderung von Ausländern auf deutschen Schiffen sind politisch gesehen „kleine Münzen". Sie wären jedoch auf Rechtsgebieten zu erlassen, welche heute dem Aufgabenbereich eines anderen Exekutivorgans, nämlich der Bundesregierung, zuzurechnen sind. Dies einmal deshalb, weil es sich um Spezialbestimmungen handelt, welche nur von den fachlich geschulten Referenten der einzelnen Ministerien sachgerecht ausgearbeitet werden können; dem Staatsoberhaupt fehlen solche Hilfskräfte. Vor allem aber

---

[183] *Tatarin-Tarnheyden* S. 322 f.; anfangs auch der RGRK (BGB), 6. Auflage § 482 Anm. 2, welcher die Ansicht vertrat, die Ermächtigung des § 482 II BGB sei auf die Reichsregierung übergegangen. *A. M. Jacobi* in HdbDStR II S. 247 Fußnote 41; RGRK (BGB), 8. Auflage § 482 Anm. 3 — im Hinblick auf den klaren Wortlaut von § 4 ÜbergangsG, Art. 179 I WV wohl zu Recht.
[184] z. B. Art. 63, 67, 81 GG.
[185] Vgl. zum letzteren Art. 59 GG und oben S. 132.

ist der Bundespräsident nach der Kompetenzverteilung des GG nicht dazu befugt, das objektive Recht unseres Staates auch auf den genannten Gebieten zu gestalten.

Die Ermächtigungen in § 482 II BGB, § 42 AuswG und §§ 23 I, 26, 27 II KonsGbkG sind daher nicht auf den Bundespräsidenten übergegangen. Er darf heute keine Ausführungsrechtsverordnungen erlassen, die von einfachen vorkonstitutionellen Gesetzen abhängen.

3. Befugnisse zum Erlaß von Anstalts-Benutzungsordnungen mit Außenwirkung

Die Bundeskompetenz zum Erlaß von Anstalts-Benutzungsordnungen reicht so weit, wie der Bund eigene selbständige oder unselbständige Anstalten des öffentlichen Rechts bilden darf. Eine solche Befugnis verleiht das GG dem Bund in Art. 87 I 1 für die Bundespost und die Bundesbahn, in Art. 87 II für „überregionale" Sozialversicherungsträger und in Art. 88 für die Bundesbank. Darüber hinaus darf der Bund gemäß Art. 87 III 1 GG für die Angelegenheiten, die seiner Gesetzgebung unterliegen, öffentlich-rechtliche Anstalten gründen.

Die Organkompetenz zum Erlaß von Benutzungsordnungen für die Bundesanstalten hat diejenige Stelle, welche die „Anstaltsgewalt" besitzt. Darunter versteht man das hoheitliche Recht, die Erreichung des Anstaltszwecks zu gewährleisten und zu sichern[186]. Träger der Anstaltsgewalt ist in erster Linie der Gesetzgeber, weil ja stets auch das Grundverhältnis zwischen Anstalt und Benutzer „eingriffsmäßig" zu regeln ist; Exekutivorgane sind es daher nur kraft geschriebener oder gewohnheitsrechtlicher Ermächtigung.

Benutzungsordnungen für die Bundespost werden gemäß § 14 Postverwaltungsgesetz vom 24. 7. 1952[187] vom Bundespostminister erlassen (nach Art. 50 II aRV war hierfür noch der Kaiser zuständig). Das privatrechtlich ausgestaltete Benutzungsverhältnis bei der Bundesbahn wird hauptsächlich durch die Eisenbahn-Verkehrsordnung geregelt, zu deren Erlaß nach §§ 458, 460 HGB der Bundesverkehrsminister berechtigt ist[188]. Die auf Grund Art. 87 II, 87 III 1 und 88 GG geschaffenen Bundesanstalten sind meist rechtsfähig und regeln die Benutzung daher selbst durch autonome Satzungen. Die Bundesregierung darf hier gemäß Art. 86 GG nur Dienstvorschriften für die Anstaltsverwaltung und das Personal sowie Organisationsnormen erlassen. Darüber hinaus

---

[186] *Wolff*, H. J., Verw.R. II S. 266.
[187] BGBl. I S. 676.
[188] Vgl. die zur Zeit gültige Ordnung vom 8. 9. 1938, RGBl. II S. 663, letztmals geändert durch Verordnung vom 26. 5. 1962, BGBl. II S. 502.

können die Organe der unmittelbaren Bundesexekutive höchstens noch im Wege der Staatsaufsicht in die Rechtsverhältnisse selbständiger Anstalten eingreifen. Diese Aufgabe fällt aber nicht in den Zuständigkeitsbereich des Staatsoberhaupts, sondern in den der Bundesregierung oder einzelner Bundesminister[189]. Wer die Benutzungsordnungen für unselbständige Bundesanstalten zu erlassen hat, richtet sich nach den Spezialermächtigungen in den Gesetzen, welche die Anstalten ins Leben rufen, im übrigen nach Gewohnheitsrecht. Wegen Art. 80 I 1 GG darf der Bundespräsident hierzu nicht mehr ermächtigt werden; gültige vorkonstitutionelle Kompetenzen besitzt er nicht.

Dem Bundespräsidenten kommt also keinerlei Anstaltsgewalt zu, die ihm den Erlaß von rechtssatzmäßigen Benutzungsordnungen für Bundesanstalten gestatten würde.

4. Befugnisse zum Erlaß von Organisations-Rechtsverordnungen

Die Zuständigkeit des Bundes zum Erlaß von Organisationsvorschriften aller Art deckt sich mit seiner Verwaltungskompetenz. Soweit staatliche Verwaltungsaufgaben von Bundesstellen wahrzunehmen sind, muß es dem Bund auch möglich sein, diese Stellen zu organisieren. Welche Gegenstände zur Bundesverwaltung gehören, folgt aus Art. 87 ff. GG. Diese Bestimmungen beziehen sich jedoch nur auf die Arbeit der nachgeordneten, nicht auf die der obersten Bundesbehörden, insbesondere der Ministerien[190]. Dagegen spricht zwar die Entstehungsgeschichte des Art. 86 GG: Bei der Behandlung dieser Vorschrift war im Parlamentarischen Rat oft auch von den Ministerien die Rede[191]. Dies wird man jedoch nicht so stark bewerten dürfen. Entscheidend für die Richtigkeit der h. L. ist vielmehr ein anderer Gesichtspunkt: Art. 86 GG behandelt seinem klaren Wortlaut nach nur die bundeseigene Verwaltung, also die Gegenstände, welche in Art. 87 ff. GG aufgezählt sind. Die Regierungs- und Verwaltungstätigkeit vieler Bundesministerien, z. B. die des Justiz-, Wirtschafts-, Arbeits- oder Wohnungsbauministeriums fallen nicht darunter[192]. Folglich könnte von Art. 86,2 GG nur die Organisation eines Teils der Ressorts erfaßt sein. Eine bloße Teil-

---

[189] Vgl. z. B. § 34 des Gesetzes über die Errichtung einer Bundesanstalt für die Arbeitsvermittlung und Arbeitslosenfürsorge vom 10. 3. 1952, BGBl. I S. 123.
[190] H. M.: *Maunz-Dürig* Art. 87 RN 15; *Hamann*, GG Art. 87 Anm. A; *Köttgen*, Behörden S. 7; *Schäfer* S. 243; *Rasch-Patzig* S. 99; a. M. v. *Mangoldt* Art. 86 Anm. 2; wohl auch *Lechner-Hülshoff* § 9 GeschOBReg. Anm. 2; *Böckenförde*, Org.gewalt S. 133 ff.
[191] Nachw. bei *Böckenförde*, Org.gewalt S. 135.
[192] *Maunz-Dürig* Art. 87 RN 15.

regelung wollte das GG aber in Art. 86 kaum treffen. Die Bundeszuständigkeit muß jedoch auch für die Organisation der Ministerien gegeben sein, da oberste Bundesbehörden sinnvollerweise nicht von den Ländern organisiert werden können. Sie folgt deshalb einmal mehr aus der Natur der Sache[193].

Rechtsverordnungen im Bereich der staatlichen Organisation sind, wie bereits dargestellt wurde[194], die Zuweisung und Veränderung von abstrakt-generellen Zuständigkeiten staatlicher Stellen, soweit sich die Kompetenzen auf den Rechtsverkehr mit Staatsbürgern beziehen. Zu unterscheiden ist nun, ob das kompetenzschaffende bzw. -verändernde Organ fremde Zuständigkeiten regelt (Organisationsakte i. e. S.) oder ob es über Kompetenzen befindet, die ihm bisher selbst zustanden (Delegation). Diese Unterscheidung ist deshalb wichtig, weil die Befugnisse zur Vornahme der beiden Arten organisatorischer Maßnahmen nicht Hand in Hand gehen. Um Organisationsakte i. e. S. erlassen zu dürfen, braucht eine staatliche Stelle zumindest einen Anteil an der sog. Organisationsgewalt. Zur Delegation eigener Befugnisse ist keine Organisationsgewalt im herkömmlichen Sinne vonnöten, sondern allein die Berechtigung, die jeweiligen eigenen Kompetenzen an andere Stellen abzugeben[195]. Andererseits gibt eine Delegationsbefugnis keine Organisationsgewalt; sie leitet sich von der Organisationsgewalt eines anderen ab[196].

Organisations-Rechtsverordnungen i. e. S. hat der Bundespräsident bis jetzt noch nicht erlassen. Das enthebt uns aber nicht der Pflicht, nachzuprüfen, ob er dies tun dürfte. Wir haben also zunächst die Frage zu beantworten, ob oder inwieweit ihm die Organisationsgewalt im Bunde zusteht (a). Anschließend ist darauf einzugehen, ob bzw. inwieweit der Bundespräsident seine eigenen Kompetenzen delegieren darf (b), was ja bereits öfters geschehen ist[197].

a) Bundespräsident und Organisationsgewalt

Unter der Organisationsgewalt versteht man herkömmlicherweise die Befugnis, staatliche Exekutivorgane zu schaffen und ihre Tätigkeit nach außen und in ihrem inneren Bereich zu regeln[198]. Der Träger

---

[193] A. M. anscheinend *Maunz-Dürig* Art. 70 RN 27, was der bei Art. 87 RN 15 zu findenden Äußerung allerdings widerspricht.
[194] Oben S. 67 ff.
[195] Vgl. *Triepel*, Delegation S. 110.
[196] Dasselbe gilt grundsätzlich auch für Mandatsbefugnisse. Hierauf ist an dieser Stelle aber nicht einzugehen, weil Mandate keine Rechtsverordnungen sind.
[197] Oben S. 86.
[198] Vgl. *Wolff*, H. J., Verw.R. II S. 95; weitergehend *Böckenförde*, Org.gewalt S. 29.

dieses Hoheitsrechts ist folglich befugt, über- und nachgeordnete Behörden zu bilden, zu errichten, umzubilden und aufzuheben. Zu dieser sog. äußeren Organisationsgewalt gehört ferner das Recht, ihre örtliche und sachliche Zuständigkeit zu bestimmen: Die Bildung und Errichtung von Behörden ist ohne die Abgrenzung ihrer Kompetenzen praktisch bedeutungslos, da jede staatliche Stelle zu dem Zweck geschaffen wird, den Staat gegenüber seinen Bürgern oder auch gegenüber anderen Staaten zu vertreten, d. h. Zuständigkeiten auszuüben. Die Bildung bzw. Errichtung von Behörden steht deshalb in so engem Zusammenhang mit der Kompetenzbestimmung, daß sie davon schlechthin nicht getrennt werden kann[199]. Das geht schon daraus hervor, daß in der Staatspraxis beides meist uno actu geschieht[200]. Die Theorie hat sich insoweit der Praxis angeschlossen und bejaht seit jeher fast einmütig, daß die Befugnis zur Zuständigkeitsbestimmung auch ein Teil der äußeren Organisationsgewalt ist[201]. Der Träger der Organisationsgewalt hat außerdem grundsätzlich noch die sog. innere Organisation, also die Einrichtung der Behörden, ihre Geschäftsverteilung u. dgl., zu regeln. Damit werden aber keine materiellen Rechtssätze geschaffen, so daß diese Komponente der Organisationsgewalt hier außer Betracht bleiben kann[202]. Mehr als die genannten Befugnisse umfaßt sie jedoch nicht. Es geht insbesondere nicht an, materielle Eingriffsbefugnisse der Exekutive gegenüber den Staatsbürgern unter Berufung auf die Organisationsgewalt auszudehnen[203].

Die Organisationsgewalt ist keine einheitliche Staatsgewalt i. S. der drei klassischen Staatsfunktionen Legislative, Exekutive und Judikative, sondern ein gegenständlich bestimmtes Hoheitsrecht[204]. Als solches ist sie in das System der drei Staatsgewalten ein- und diesen untergeordnet, und zwar so, daß sie nicht nur einer Staatsgewalt zusteht, sondern auf Legislative, Exekutive und sogar Judikative verteilt ist[205]. Die Exekutive darf daher die eingreifenden Organisations-Rechtsver-

---

[199] *Maunz-Dürig* Art. 84 RN 20.

[200] Beispiele aus der Weimarer Zeit hierzu bei *Poetzsch-Heffter*, Staatsleben II S. 96.

[201] Siehe bereits *Anschütz*, Gegenwärt. Theorien S. 158; *Jacobi* in HdbDStR II S. 251; zur heutigen h. L. *Maunz-Dürig* Art. 84 RN 20 und Art. 86 RN 16; *Köttgen*, Verfahren S. 423; *Rasch*, Behörde S. 37; *Haas*, Landesbehörden S. 94, der nur für das Bund-Länder-Verhältnis eine abw. Auffassung vertritt; a. M. nur *Hamann* Art. 84 Anm. B 3.

[202] Darüber unten S. 163 f.

[203] So besonders anschaulich *Anschütz*, Gegenwärt. Theorien S. 159.

[204] *Wolff*, H. J., Verw.R. II S. 95; *Obermayer*, Verwaltungsakt S. 117; *Spanner* S. 642; *Hamann*, Organisationsgewalt S. 1.

[205] *Maunz-Dürig* Art. 84 RN 43; *Wolff*, H. J. a. a. O.; anders *Böckenförde*, Org.gewalt S. 56 ff.: Organisationsgewalt gehört grundsätzlich zum Eigenbereich der Exekutive.

ordnungen, insbesondere also Kompetenznormen, nur erlassen, soweit sie der Gesetzgeber dazu ermächtigt hat. Der rechtsstaatliche Gesetzesvorbehalt bezieht sich auf alle Arten von eingreifenden Rechtsverordnungen. Es braucht daher nicht weiter begründet zu werden, daß ihm die Organisationsrechtsverordnungen ebenfalls unterliegen[206]. Bei der materiellen Gesetzgebung gibt es heute kein „Hausgut der Verwaltung"[207] mehr. Davon geht das GG allenthalben (Art. 20 II, 80, 129 III GG) aus, also auch im Abschnitt über die Bundesverwaltung und deren Organisation[208]. Fraglich ist nur, wann ein Organisationsakt Rechtsverordnung ist und welches Exekutivorgan nach dem GG solche Verordnungen erlassen darf, soweit der Gesetzgeber nicht selbst tätig wird. Während der erste Punkt bereits früher behandelt wurde[209], ist auf den zweiten hier zurückzukommen.

In der konstitutionellen Monarchie erhielt der Kaiser die Befugnis zur äußeren Organisation aller Reichsminister und Reichszentralbehörden, und zwar praeter constitutionem durch eine von allgemeiner Rechtsüberzeugung getragene Staatspraxis[210]. Die absolut h. M. der Weimarer Zeit ging später davon aus, daß diese gewohnheitsrechtlich entstandene Organisationsgewalt des Kaisers gemäß § 4 ÜbergangsG, Art. 179 I WV in vollem Umfang auf den Reichspräsidenten übergeleitet worden sei[211]. Dieser Auffassung folgte auch die Weimarer Staatspraxis[212].

Das GG ist weitgehend darauf bedacht, dem Staatsoberhaupt der Bundesrepublik die monarchenähnliche, politisch bedeutsame Stellung des Weimarer Reichspräsidenten zu nehmen. Die Organisationsgewalt ist ihrer historischen Entwicklung nach eine monarchische Prärogative, also eine Befugnis des damaligen obersten Leiters der vollziehenden

---

[206] Damit soll nicht gesagt sein, daß sie in den Formen erlassen werden müssen, die Art. 80 GG und das Gesetz über die Verkündung von Rechtsverordnungen vom 30. 1. 1950, BGBl. I S. 23, vorschreiben.

[207] Ausdruck von *Thoma* in HdbDStR II S. 228.

[208] BVerwG vom 28. 9. 1961, DÖV 1962, 341; *Spanner* S. 641; *Maunz-Dürig* Art. 86 RN 17; *Hamann*, Organisationsgewalt S. 1 ff.; derselbe, GG Einf. I D 7 c S. 52; *Obermayer*, Verwaltungsakt S. 119; aus der Sicht der strengen österreichischen Staatsrechtslehre *Ermacora* S. 228, 233; a. M. *Forsthoff*, Verw.R. S. 378; *Köttgen*, Organisationsgewalt S. 154 ff.; *Groß*, Auslegung S. 56; derselbe Org. Verordnungen S. 111; diese Autoren halten daran fest, daß die Organisationsgewalt der Exekutive auch heute noch ipso iure zusteht.

[209] Oben S. 67 ff.

[210] *Meyer-Anschütz* S. 705 f.; *Grauel* S. 56 ff., der die historische Entwicklung im einzelnen darstellt.

[211] *Anschütz*, WV Art. 53 Anm. 4; *Poetzsch-Heffter*, Staatsleben II S. 96; *Gebhard*, Art. 46 Anm. 7 b; *Hatschek*, Staatsrecht II S. 128; *Jacobi* in HdbDStR II S. 251; a. M. nur *Richter* S. 19; *Sembritzki* S. 126 ff.

[212] Aufzählung der Organisationsverordnungen des Reichspräsidenten bei *Sembritzki* S. 131 ff.

Gewalt. Sie entwickelte sich unter der aRV nur deshalb zu einer Kompetenz des Kaisers, weil sich dieser auf Grund seiner politischen Macht in der Staatspraxis gegen den Bundesrat durchsetzen konnte[213].

Auch der Reichspräsident wurde nur darum wieder Träger der Organisationsgewalt, weil er in vielem „Erbe des Kaisers" war. Es ist also durchaus folgerichtig, daß im Parlamentarischen Rat von Anfang an Klarheit darüber herrschte, daß dieser frühere Zustand mit der staatsrechtlichen Position, welche das neue Staatsoberhaupt erhalten sollte, nicht vereinbar sei[214]. Das führte zur Schaffung des Art. 86,2 GG, der die Befugnis zur Organisation von Bundesbehörden[215] nunmehr eindeutig der Bundesregierung zuweist[216]: Gemäß Art. 86,2 GG regelt sie, soweit das Gesetz nichts anderes bestimmt[217], die Einrichtung der Behörden. „Einrichtung" umfaßt hier auch die Bildung, Errichtung der Organe und die damit verbundene Vergabe von Zuständigkeiten, also die gesamte äußere Organisation, da für die innere Einrichtung allein wohl kein (institutioneller) Gesetzesvorbehalt in das GG eingefügt worden wäre[218]. Das folgt auch aus der Entstehungsgeschichte des Art. 86,2 GG. Bei den Verhandlungen im Parlamentarischen Rat sprach man hier anfänglich immer von der „Organisation" der Behörden, wobei man sich darüber einig war, daß dies den äußeren *und* inneren Aufbau bedeutete. Nur aus sprachlichen Gründen wurde dann das Wort Organisation durch „Einrichtung" ersetzt[219]. Art. 86,2 GG begründet jedoch keine Organisationskompetenz hinsichtlich der obersten Bundesbehörden[220]. Über deren Organisation schweigt die Verfassung also. Da die Organisationsgewalt jedoch auch in dieser Richtung festgelegt sein muß, ist davon auszugehen, daß das GG insoweit auf überkommenes Verfassungsgewohnheitsrecht zurückgreift (auch die WV enthielt hierzu keine ausdrückliche Regelung). Die Befugnis des Reichspräsidenten zur Organi-

---

[213] *Grauel* S. 56 ff.

[214] Vgl. insbesondere die Ausführungen des Abgeordneten Prof. Laforet in der 16. Sitzung des Hauptausschusses, in Parl. Rat (HA) S. 191 und dessen schriftlichen Bericht an das Plenum, in Parl. Rat, Schriftl. Bericht S. 39; weitere Nachw. bei *Böckenförde*, Org.gewalt S. 136 f.

[215] Auch von Körperschaften und Anstalten des Bundes, *Maunz-Dürig* Art. 86 RN 14.

[216] Fast allgemeine Ansicht; a. M. nur *Dennewitz* in BK Art. 22 Anm. II 3. Unrichtig *Rasch*, Behörde S. 40, wonach das GG die Organisationsgewalt keinem Verfassungsorgan ausdrücklich zuweisen soll.

[217] Andere Bestimmungen in diesem Sinne enthalten auch die Artikel 87 I 2, 87 III, 87 b II 1 GG.

[218] H. M., z. B. *Maunz-Dürig* Art. 86 RN 14 i. V. m. Art. 84 RN 20; *Rasch*, Behörde S. 37; *Schneider*, Verbundverwaltung S. 18; *Böckenförde*, Org.gewalt S. 52 ff.

[219] *Böckenförde*, Org.gewalt S. 53 mit zahlreichen Nachw. aus den Materialien des GG.

[220] Oben S. 137 f.

sation der Ministerien ist heute aber auf die Stelle übergeleitet, welche auch die Organisationsgewalt über die anderen Behörden des Bundes hat[221], nämlich die Bundesregierung. Dieser veränderten verfassungsrechtlichen Lage paßt sich die GeschOBReg an: Gemäß § 9 dieser autonomen Satzung wird der Geschäftsbereich der einzelnen Bundesministerien jetzt nicht mehr vom Staatsoberhaupt, sondern vom Regierungschef festgelegt.

Das GG geht von einem umfassenden Gesetzesvorbehalt für alle eingreifenden Rechtssätze aus; seine Schöpfer waren sich ferner dessen bewußt, daß ein Teil der Organisationsverordnungen tatsächlich in Rechte des Staatsbürgers eingreift. Deshalb folgt aus Art. 86,2 GG bzw. der überkommenen Organisationsgewalt über die Bundesministerien jeweils noch ein weiteres: Art. 86,2 GG und das vorkonstitutionelle Gewohnheitsrecht enthalten je eine generelle Ermächtigung für die Bundesregierung zum Erlaß aller eingreifenden Organisationsrechtssätze, die nicht vom Gesetzgeber selbst geschaffen werden[222].

Zu prüfen bleibt jetzt noch, ob das GG die gesamte äußere Organisationsgewalt auf die Bundesregierung übertragen hat. Zunächst ist festzustellen, daß diese auch zur Organisation der diplomatischen Auslandsvertretungen der Bundesrepublik berechtigt ist. Die Befugnis dazu kommt dem Bundespräsidenten nicht etwa deshalb zu, weil er die alleinige völkerrechtliche Vertretungsmacht besitzt[223]. Sie ist nämlich in der innerstaatlichen Organisationsgewalt begründet und liegt daher gleichfalls bei der Bundesregierung: Die Bildung und Errichtung der Auslandsmissionen ist zwar in der Regel auf völkerrechtliche Verträge zurückzuführen, stellt aber bereits einen innerstaatlichen Vollzugsakt dar, zumal die genannten Behörden nur Außenstellen des Auswärtigen Amtes sind[224]. Ob es sich bei der äußeren Organisation des Bundespräsidialamts, eines Teils einer obersten Bundesbehörde[225], ebenso verhält oder ob dieses als Mitträger der ministerialfreien „Eigenverwaltung des Bundespräsidenten"[226] ausnahmsweise von ihm selbst zu bilden, umzubilden und zu errichten ist, mag dahingestellt bleiben. Bildung und Errichtung des Bundespräsidialamts sind nämlich wegen ihres konkreten Charakters keine Verordnungen; allgemein bestimmte Zuständigkeiten können diesem Amt von niemand verliehen werden, da es als bloßer Organteil keine eigenen Kompetenzen haben kann[227].

---

[221] *Schäfer* S. 243.
[222] Zutr. *Schack*, Verlagerung S. 358 f.; *Spanner* S. 641; vgl. auch *Grauel* S. 152.
[223] So aber für den Reichspräsidenten *Gebhard* Art. 45 Anm. 8.
[224] *Kraske-Nöldeke* S. 8.
[225] Oben S. 65.
[226] *Loening*, Ministerialfreier Raum S. 175.
[227] Oben S. 65.

Zweifel am völligen Übergang der Organisationsgewalt auf die Bundesregierung könnten sich nur noch daraus ergeben, daß der Bundespräsident gemäß Art. 63, 64, 60 GG den Bundeskanzler, die Bundesminister, die Beamten und Richter des Bundes sowie die Offiziere und Unteroffiziere der Bundeswehr ernennen darf. In der Tat ist bereits des öfteren das Ernennungsrecht mit der Organisationsgewalt verbunden bzw. diese aus dem Ernennungsrecht abgeleitet worden[228]. Das ist jedoch unrichtig. Beide Hoheitsrechte sind wesensverschieden. Sie lagen in der konstitutionellen Monarchie und in der Weimarer Republik zwar in einer Hand; ein notwendiges Junktim war aber nirgends und niemals ersichtlich[229]. Das Ernennungsrecht hatte seine Wurzel stets im geschriebenen Verfassungsrecht (Art. 15, 18 aRV; Art. 40, 53 WV), die Organisationsgewalt im praeterkonstitutionellen Gewohnheitsrecht. Außerdem wurde die kaiserliche Organisationsgewalt bei ihrem Entstehen nicht durch das Ernennungsrecht, sondern durch den Rechtsgeltungswillen aller davon Betroffenen legitimiert. Auch die Tatsache, daß das BWahlG dem Bundespräsidenten Kompetenzen zuweist (§§ 3, 17 BWahlG), läßt nicht darauf schließen, daß er einen Teil der Organisationsgewalt haben soll: Wahlakte gehören nicht im herkömmlichen, sondern allenfalls in einem sehr weiten Sinne zum Organisationsrecht. Es ist daher auch heute daran festzuhalten, daß die äußere Organisationsgewalt (mindestens in bezug auf die „ministerialgebundene" Exekutive) einen einheitlichen Träger, nämlich die Bundesregierung hat. Ihre Aufteilung auf Bundesregierung und Bundespräsidenten findet jedenfalls im GG keine Stütze[230], zumal jene heute nicht mehr vom Vertrauen des Staatsoberhauptes abhängig ist. Aufgeteilt ist die Organisationsgewalt lediglich zwischen Legislative, Exekutive und Judikative.

Der Bundespräsident darf also keine Ministerien und Behörden bilden, sie errichten bzw. ihnen Zuständigkeiten zuweisen.

b) *Die Befugnisse des Bundespräsidenten zur Delegation eigener Zuständigkeiten*

Beispiele von Befugnissen des Bundespräsidenten, deren Delegation eine Rechtsverordnung ist, sind schon im Dritten Teil dieser Arbeit[231] genannt worden. Es gilt nun darzustellen, ob bzw. inwieweit er eigene Befugnisse übertragen darf. Das muß besonders geprüft werden, da es

---

[228] *Jacobi* in HdbDStR II S. 251; *Jellinek, W.*, Verw.R. S. 127; *Köttgen,* Behörden S. 7.
[229] *Laband,* Staatsrecht I S. 370 f.; *Richter* S. 19; *Grauel* S. 77; im Ergebnis auch *Anschütz,* WV Art. 46 Anm. 4.
[230] Vgl. *v. Mangoldt* Art. 86 Anm. 2; *Böckenförde,* Org.gewalt S. 137.
[231] Oben S. 87 f.

keineswegs selbstverständlich ist, daß jeder Inhaber einer staatlichen Kompetenz dazu befugt ist, diese eigenmächtig an andere staatliche Organe weiterzugeben. Einmal ist die staatliche Zuständigkeitsordnung ein rechtlich relevantes System, auch dann, wenn sie teilweise durch Rechtsvorschriften ohne Außenwirkung (Verwaltungsverordnungen) geschaffen ist: Durch die Zuweisung einer Kompetenz erhält deren Inhaber die Befugnis, aber auch die Aufgabe, von seiner Zuständigkeit Gebrauch zu machen, und zwar im Zweifel in eigener Person. Die Kompetenz wird nämlich nur *ihm* verliehen, weil *er* vom verleihenden Organ als die Stelle angesehen wird, welche die entsprechende staatsrechtliche Position und die entsprechenden tatsächlichen Möglichkeiten und Verwaltungsmittel besitzt, um die Zuständigkeit ausüben zu können[232]. Es würde daher gegen die ratio jeder Kompetenzzuweisung verstoßen, wenn der Träger der Befugnis diese ohne weiteres „abschieben" dürfte. Deshalb bekämpfen Literatur und Rechtsprechung auch immer wieder jedes eigenmächtige Manipulieren mit Zuständigkeiten: So duldet man z. B. nicht, daß Organe auf Kompetenzen verzichten[233], daß sie diese abtreten oder öffentlich-rechtliche Vereinbarungen darüber treffen[234]. Delegationen sind also nur dann erlaubt, wenn sie der Begründer der Zuständigkeit (das ist der Träger der Organisationsgewalt) oder ein sonstiges befugtes Organ in zulässiger Weise gestattet hat. Außerdem sind Delegationen stets eingreifende Rechtsverordnungen. Daraus ergibt sich für ihr grundsätzliches Verbot noch ein zweites rechtsstaatliches Argument: Solche Rechtsverordnungen bedürfen einer ganz besonderen „Gestattung", nämlich einer Ermächtigung durch den Gesetzgeber.

Eine Delegationsermächtigung für den Bundespräsidenten enthält Art. 60 III GG. Danach darf er seine Befugnis, Bundesrichter, Bundesbeamte, Offiziere und Unteroffiziere zu ernennen und zu entlassen, sowie sein Begnadigungsrecht auf andere Behörden übertragen. Weitere ausdrückliche Ermächtigungen zum Erlaß von Rechtsverordnungen, die eine Delegation zum Gegenstand haben, gibt es für den Bundespräsidenten bisher nicht. Auch für das Bestehen stillschweigender Delegationsermächtigungen im GG fehlen alle Anhaltspunkte.

Eine schon bei Arndt und Laband[235] anklingende und später von Triepel[236] scharf formulierte Auffassung geht dahin, daß die Verfas-

---

[232] Vgl. *Triepel*, Delegation S. 144; *Wolff*, H. J., Verw.R. II S. 17 f.; *Barbey* S. 40 ff.

[233] Rhpf LVG vom 29. 9. 1952, VerwRspr 4, 736; *Rasch*, Behörde S. 5.

[234] *Rasch*, a. a. O.; vgl. auch BVerwG vom 25. 8. 1955, BVerwGE 3, 13.

[235] *Arndt*, Übertragbarkeit S. 230; Staatsrecht S. 203 ff. *Laband*, Staatsrecht I S. 450, insbesondere Fußnote 2.

[236] Besonders Delegation S. 114.

sungen (gemeint sind die aRV und die WV) den Satz enthielten, allen Staatsorganen sei die Delegation der ihnen eingeräumten Befugnisse gestattet, soweit die Verfassung nicht in erkennbarer Weise auf die persönliche Ausübung der Zuständigkeit durch ihren Inhaber Wert lege. Triepel stützt sich dabei auf ein angebliches Verfassungsgewohnheitsrecht, das sich nach langer tatsächlicher Übung aus einer praktischen Notwendigkeit heraus gebildet habe; denn die höchsten Exekutivorgane des Staates könnten ohne Delegationen der Fülle ihrer Aufgaben nicht gerecht werden[237]. Nach dieser Theorie besteht eine Vermutung dafür, daß im Verfassungsrecht die Delegation bestimmter Kompetenzen zulässig sei. Der Nachweis einer besonderen Delegationsnorm müßte also hier im Einzelfall nicht erbracht werden. Der von Triepel behauptete Verfassungssatz ließe sich als gewohnheitsrechtliche Ermächtigung zum Erlaß von Rechtsverordnungen auffassen. Diese könnte, sofern, man sie als vorkonstitutionell ansieht, gemäß Art. 129 GG in das heutige Recht übergegangen sein.

Die Lehre Arndts, Labands und Triepels ist indes nicht unbestreitbar und auch nicht unbestritten. Barbey[238] leugnet beispielsweise von vornherein, daß sich durch eine Delegation, die von Exekutivorganen geübt wird, ein wirksames Gewohnheitsrecht bilden könne. Seine Argumentation ist jedoch bereits an anderer Stelle widerlegt worden[239]. Die Theorie von der gewohnheitsrechtlichen Delegierbarkeit von Organkompetenzen kann also nicht deshalb abgelehnt werden, weil es ein solches Gewohnheitsrecht nicht geben *kann,* sondern höchstens deswegen, weil dieses nicht oder nicht mehr besteht.

Ein nachkonstitutionelles Gewohnheitsrecht, wonach Zuständigkeiten eines Verfassungsorgans im Zweifel delegiert werden dürfen, kann sich noch nicht gebildet haben. Dazu fehlt es weitgehend an der tatsächlichen Übung der obersten Verfassungsorgane. Der Bundespräsident hat beispielsweise bis jetzt nur wenige Befugnisse auf andere Stellen übertragen[240]; zudem beruhen seine meisten Delegationen auf einer geschriebenen Ermächtigung (Art. 60 III GG). Es wäre aber auch denkbar, daß die generelle Delegationsermächtigung im Sinne Triepels vorkonstitutionell entstanden ist. Sie wäre dann nach 1945 nicht etwa deswegen erloschen, weil sie auf eine nicht mehr geltende Verfassung ausgerichtet war. Sie bezöge sich nämlich nicht auf eine konkrete Verfassung als solche, sondern auf Staatsorgane und deren Befugnisse, die den heutigen im wesentlichen gleichkommen. Die Delegationsermächtigung

---

[237] a. a. O. S. 113, 119, 120.
[238] S. 98 ff.
[239] Oben S. 107.
[240] Beispiele oben S. 86.

wäre daher ohne weiteres mit anderen gewohnheitsrechtlichen Verfassungsrechtssätzen zu vergleichen, die noch fortgelten, obwohl die von ihnen ergänzte Verfassung selbst nicht mehr in Kraft ist. So beruht heute z. B. der Grundsatz der Diskontinuität der Parlamente[241] ebenso auf überkommenem Verfassungsgewohnheitsrecht wie einige Ermächtigungen für das Staatsoberhaupt zur Setzung von Staatssymbolen oder verschiedene Normen des staatlichen Organisationsrechts. Sie sind noch gültig, weil die obersten Staatsorgane, auf deren Tätigkeit sie sich beziehen, heute wesensgemäß dieselben sind wie zur Zeit der Entstehung des Gewohnheitsrechts. Auch sonst würde eine gewohnheitsrechtliche Delegationsermächtigung nicht dem GG widersprechen, da dieses die Übertragung von Befugnissen auf andere Stellen nicht schlechthin verbietet. Bedenken könnten sich nur ergeben, wenn sie nicht genügend bestimmt wäre. Dies kann aber vorerst unbeachtet bleiben.

Es ist nämlich schon höchst zweifelhaft, ob im deutschen Staatsrecht jemals der insbesondere von Triepel formulierte Satz galt, daß eine Zuständigkeit ohne Spezialermächtigung delegiert werden dürfe, wenn die Verfassung nicht erkennbar auf ihrer persönlichen Ausübung bestehe. Für die Pr. Verfassungsurkunde von 1850 ließe sich eine solche generelle stillschweigende Erlaubnis vielleicht noch rechtfertigen, ist sie doch ganz nach dem Vorbild der belgischen Verfassung vom 25. 2. 1831 aufgebaut, welche ein solches Delegationsrecht unstreitig enthielt[242]. Anders ist die Situation jedoch bereits für die aRV und vor allem für die WV, denen ein Vorbild dieser Art fehlt. Hier kann von einer generellen Delegationsermächtigung nicht mehr die Rede sein, zumal seit der Epoche des konstitutionellen Staatsrechts der Kompetenznorm eine immer stärker werdende rechtsstaatliche Bedeutung zukam; das Entlastungsinteresse der Verfassungsorgane wurde demgegenüber zweitrangig. Delegationsbefugnisse können also seit der aRV nur noch praeter oder sogar contra constitutionem durch Gewohnheitsrecht entstanden sein, was Triepel ja auch annimmt. Die Bildung von Gewohnheitsrecht setzt jedoch eine tatsächliche Übung voraus. Diese läßt sich wiederum meist nur für ganz bestimmte Kompetenzen nachweisen, so daß ein Gewohnheitsrecht zunächst nur für solche Zuständigkeiten zu bejahen ist. Es kann aber nicht ohne weiteres zu einer generellen Norm ausgedehnt werden, etwa des Inhalts, daß alle „minder wichtigen" Kompetenzen übertragbar seien. Die Delegierbarkeit ist vielmehr für jede Einzelbefugnis besonders nachzuweisen, und zwar an Hand einer allgemein als Rechtens anerkannten praktischen Übung[243]. Das ist vor allem deshalb nötig, weil die verschiedenen verfassungsmäßigen Kompetenzen,

---

[241] Oben S. 53.
[242] Nachw. bei *Arndt*, Übertragbarkeit S. 230.
[243] Vgl. oben S. 123 f.

die tatsächlich gewohnheitsrechtlich delegiert werden durften, so heterogen sind, daß sich aus ihrer jeweiligen Übertragbarkeit keine allgemeinen Schlüsse ziehen und keine Analogien begründen lassen[244]. Ein Blick auf die Verfassungsgeschichte mag dies verdeutlichen.

In der konstitutionellen Monarchie durften in der Hauptsache folgende Kompetenzen oberster Verfassungsorgane auf Grund einer allgemein als Recht anerkannten Staatspraxis übertragen werden:

a) Das Beamtenernennungsrecht des Kaisers, von dessen Delegierbarkeit auch der Gesetzgeber in § 1 RBG ausging.

b) Die gesetzgebende Gewalt der verfassungsmäßigen Legislativorgane[245].

c) Das Ausführungsverordnungsrecht des Kaisers auf dem Gebiete der Post- und Telegraphenverwaltung gemäß Art. 50 aRV[246]. Für andere Verordnungsrechte des Kaisers, z. B. das Marineverordnungsrecht gemäß Art. 53 aRV, ist keine tatsächliche Übung festzustellen; Triepel verneint ihre Delegierbarkeit grundsätzlich[247].

Streitig war, ob der Kaiser sein Begnadigungsrecht übertragen dürfe[248]. Eine häufig geübte Praxis fehlte hier; der Monarch delegierte, soweit ersichtlich, nur einen Teil seines Begnadigungsrechts für den Bereich von Elsaß-Lothringen[249]. Die Organisationsgewalt wurde zwar oft von anderen Verfassungsorganen als dem Kaiser in Anspruch genommen. Von ihrer (Sub-)Delegation läßt sich für diese Verfassungsepoche jedoch noch nicht sprechen. Es war ja in der ersten Zeit nach der Reichsgründung noch höchst streitig, wem dieses Hoheitsrecht überhaupt zustand. Infolgedessen wurden Reichsministerien und -behörden zunächst von verschiedenen Stellen der Exekutive organisiert. Dieses Nebeneinander ist selbst in den letzten Jahren der Monarchie noch anzutreffen, als die Organisationsgewalt des Kaisers bereits Gewohnheitsrecht geworden war[250]. Da sich der Zeitpunkt für die Vollendung dieses Gewohnheitsrechts jedoch nicht genau bestimmen läßt, ist es wenig sinnvoll, hier schon von einer Delegation der kaiserlichen Organisations-

---

[244] Auch *Triepel*, Delegation S. 114 ff., zählt die nach seiner Ansicht delegierbaren Zuständigkeiten von Verfassungsorganen nur auf, ohne sie in ein geordnetes System bringen zu können; damit bleibt seine Behauptung aber unbewiesen.

[245] *Triepel* a. a. O. S. 119; *Meyer-Anschütz* S. 672.

[246] *Arndt*, Übertragbarkeit S. 230 mit Beispielen.

[247] Delegation S. 114; a. M. *Schoen* S. 165 f.; zum Teil auch *Arndt*, Staatsrecht S. 203 ff.

[248] Vgl. *Arndt*, Übertragbarkeit S. 230; *Meyer-Anschütz* S. 748 Fußnote 7 mit weiteren Nachw.

[249] Ziff. 2 der Verordnung vom 5. 11. 1894, RGBl. S. 529.

[250] Beispiele bei *Sembritzki*, Anhang S. 134 ff.

gewalt zu sprechen[251]. Die anderen von Arndt[252] aufgezählten Beispiele gehören nicht in diesen Zusammenhang: die völkerrechtliche Vertretung des Reiches, die Eröffnung und Schließung des Reichstags sowie die Erklärung des Belagerungszustandes durch andere Organe als den Kaiser geschahen jeweils in seinem Namen[253] und daher auf Grund eines Mandats.

Die Liste der gewohnheitsrechtlichen Delegationsermächtigungen des Kaiserreiches zeigt ein buntes Bild. Die im konstitutionellen Staat so wichtige Funktion des Parlaments, sein Gesetzgebungsrecht, durfte unbeschränkt delegiert werden, nicht dagegen sein Zustimmungsrecht zum Abschluß von Staatsverträgen[254]. Die Verordnungsgewalt des Kaisers auf dem Gebiete des Post- und Telegrafenwesens war übertragbar, die auf anderen Gebieten (Marineverordnungsrecht usw.) jedoch nicht. Sein im wesentlichen formelles Recht zur Beamtenernennung und -entlassung durfte er delegieren, seine ebenso formelle Kompetenz zur Verkündung von Gesetzen nicht. Bei keiner dieser Zuständigkeiten läßt sich aus der Verfassung selbst erkennen, ob sie „auf ihre persönliche Ausübung Wert legt" oder nicht. Triepels Ansicht kann daher für das Verfassungsrecht der konstitutionellen Monarchie nicht gefolgt werden.

Unter der WV wurde an dem Gewohnheitsrecht festgehalten, daß Legislativorgane ihre Gesetzgebungsrechte an die Exekutive weitergeben dürften[255]. Auch der gewohnheitsrechtliche Satz, daß das Staatsoberhaupt (nicht die Regierung) gewisse Ausführungsverordnungsrechte delegieren durfte, galt weiterhin, wurde jedoch nicht auf das Notverordnungsrecht des Art. 48 II WV ausgedehnt[256]. Sein Begnadigungsrecht gemäß Art. 49 WV übertrug der Reichspräsident mehrfach, jeweils für ein bestimmtes Sachgebiet, auf andere Exekutivorgane[257]. Dies wurde in allen beteiligten Kreisen als rechtmäßig anerkannt, obwohl Art. 49 WV eine Delegation nicht ausdrücklich vorsah und auch nicht eindeutig erkennen ließ, daß sie erlaubt sei. In der staatsrechtlichen Literatur begnügte man sich zumeist damit, die vorgenommenen Delegationen des Begnadigungsrechts festzustellen oder aufzuzählen[258]. Auf die Zulässigkeit ging man meist überhaupt nicht ein[259]. Man kann

---

[251] Wie es z. B. *Arndt*, Übertragbarkeit S. 231 oder heute *Grauel* S. 34 tun.
[252] a. a. O. S. 230.
[253] Vgl. *Arndt*, Staatsrecht S. 477.
[254] *Triepel*, Delegation S. 116.
[255] *Thoma* in HdbDStR II S. 227 mit weiteren Nachw.
[256] RG vom 5. 10. 1921, RGSt 56, 165; *Triepel* a. a. O. S. 114; a. M. *Schoen* S. 166.
[257] Nachw. bei *Poetzsch-Heffter*, Staatsleben I S. 159 f.
[258] *Poetzsch-Heffter* a. a. O. und WV Art. 49 Anm. 1; *Pohl* in HdbDStR I S. 500; *Giese*, WV Art. 49 Anm. 1.
[259] Ausgenommen *Triepel*, Delegation S. 115, der sie mit Einschränkungen

Die bestehenden Befugnisse zum Erlaß von Rechtsverordnungen 149

also sagen, daß sich unter der WV gewohnheitsrechtlich die (früher noch umstrittene) Befugnis des Reichspräsidenten bildete, sein Begnadigungsrecht zu delegieren. Dasselbe gilt für die Organisationsgewalt, die gemäß § 4 ÜbergangsG, Art. 179 I WV auf den Reichspräsidenten übergeleitet worden war. Im Gegensatz zur konstitutionellen Monarchie kannte die Weimarer Republik von Anfang an nur die Organisationsgewalt eines Staatsorgans, und zwar des Reichspräsidenten. Die Weimarer Staatspraxis zeigt jedoch, daß auch die Reichsregierung Behörden organisierte[260]. In einem Falle[261] übertrug der Reichspräsident einen Teil seiner Organisationsgewalt sogar ausdrücklich auf den Reichsminister der Finanzen. Dem wurde von den beteiligten Kreisen nicht widersprochen. Es ist daher anzunehmen, daß hier eine gewohnheitsrechtliche Ermächtigung zu einer (konservierenden) Delegation entstand[262]. Als delegierbar wurde auch die Befehlsgewalt über die Reichswehr (Art. 47 WV) angesehen[263], die der Reichspräsident durch Verordnung vom 20. 8. 1919[264] auf den Reichswehrminister übertrug. Die im Kaiserreich gewohnheitsrechtlich begründete Befugnis des Kaisers, sein Beamtenernennungsrecht zu delegieren, wurde jetzt durch eine gleichlautende ausdrückliche Ermächtigung in Art. 46,2 WV abgelöst. Unter der WV konnten demnach in der Hauptsache noch die gesetzgebende Gewalt der Parlamente, gewisse Verordnungsrechte des Staatsoberhaupts sowie dessen Begnadigungsrecht, Organisationsgewalt und Oberbefehl gewohnheitsrechtlich an andere Exekutivorgane des Reichs weitergegeben werden. Von einer gewohnheitsrechtlichen Übertragbarkeit aller derjenigen Zuständigkeiten, deren Delegation die Verfassung oder eine sonstige verfassungsgemäße Vorschrift nicht gerade verbot oder die als „minder wichtig" galten, konnte also auch hier nicht die Rede sein.

Diese verfassungsgeschichtlichen Ausführungen zeigen, daß die These Triepels und seiner Vorgänger nicht standhält. Gewohnheitsrechtliche Delegationsbefugnisse waren immer nur für ganz bestimmte Einzelkompetenzen nachweisbar, die sich gegenständlich stark unterschieden. Die Vermutung für eine Delegierbarkeit aller Kompetenzen darf dar-

---

bejahte, sowie *Gerland* in *Stier-Somlò-Elster* I S. 573, der sie wegen des „klaren Wortlauts" des Art. 49 WV verneinte.

[260] Beispiele bei *Sembritzki* S. 122 f. und Anhang S. 134 ff.

[261] § 2 der Verordnung über die Umbildung des Reichsfinanzministeriums vom 7. 9. 1926, RGBl. S. 469.

[262] Vgl. *Grauel* S. 92; *Schiffer* S. 114, der die Zulässigkeit dieser Delegation allerdings anzweifelt.

[263] *Anschütz*, WV Anm. zu Art. 47; *Poetzsch-Heffter*, WV Art. 47 Anm. 2 c; einschränkend *Hatschek*, Staatsrecht II S. 148; vgl. auch § 8 II WehrG vom 23. 3. 1921, RGBl. S. 329.

[264] RGBl. S. 1475.

aus also nicht abgeleitet werden; ebenso ist eine analoge Erweiterung einzelner Befugnisse zur Delegation nicht zulässig. Es ist ferner zu beachten, daß sich das jeweilige Gewohnheitsrecht durch positive Normen der einzelnen Verfassungsepochen stets veränderte. Eine einheitliche Kompetenz konnte sich auch aus diesem Grund niemals bilden. Die Weitergabe von Zuständigkeiten eines Staatsorgans war und ist daher nur erlaubt, wenn die begründende oder eine andere Spezialnorm, seien sie geschrieben oder ungeschrieben, dies im Einzelfall gestatten[265].

Von den verschiedenen speziellen Delegationsermächtigungen für den Bundespräsidenten[266], die in das nachkonstitutionelle Recht übergingen, hat das GG einen Teil durch positive Vorschriften abgelöst bzw. ganz aufgehoben. Einige wurden auch auf andere Stellen übergeleitet. Zur Delegation des Begnadigungs- und Ernennungsrechts wird der Bundespräsident jetzt durch Art. 60 III GG ausdrücklich ermächtigt. Ob er Verordnungsrechte, die ihm verliehen oder belassen wurden (z. B. auf dem Gebiet der Staatssymbolik), weitergeben darf, läßt sich zum Teil ebenfalls direkt aus Normen des GG entnehmen: Frühere Untersuchungen haben gezeigt, daß der Bundespräsident nachkonstitutionell nur durch die Verfassung selbst oder durch eine zugelassene Subdelegation die Befugnis zum Erlaß von Rechtsverordnungen erhalten kann[267]. Durch die Verfassung selbst ist er in Art. 60 III GG ermächtigt. Dieses Recht kann jedoch nicht übertragen werden. Es berechtigt selbst nur dazu, eine Kompetenz des Bundespräsidenten zu delegieren. Dazu ist aber allein der Bundespräsident in der Lage, weil eine Delegation stets die Übertragung einer *eigenen* Zuständigkeit ist. Eine erneute Weitergabe von Verordnungsrechten, die ihm durch Subdelegation eingeräumt worden sind, ist gemäß Art. 80 I 4 GG nur zulässig, wenn ein Gesetz sie vorsieht. Die vorkonstitutionellen Verordnungsrechte des Staatsoberhaupts sind zumeist erloschen; in diesen Fällen ist auch eine gewohnheitsrechtliche Ermächtigung zu ihrer Delegation hinfällig geworden. Bestehen sie jedoch noch und sind sie nach Art. 129 III GG auf den Bundespräsidenten übergegangen, so kann sie dieser auch ohne formellgesetzliche Ermächtigung weiter übertragen. Für überkommenes Recht gilt Art. 80 I 4 GG nämlich nicht. Art. 80 I GG will die Rechtssetzung durch Exekutivorgane einschränken. Deshalb schreibt er u. a. vor, daß

---

[265] Heute h. M., allerdings meist mit der unzutreffenden Begründung, *jede* Delegation sei ein materieller Rechtssatz und bedürfe daher einer formellgesetzlichen Spezialermächtigung: *Obermayer*, Übertragung S. 626; *Rasch*, Festlegung S. 338; *Wolff*, H. J., Verw.R. II S. 18; hessVGH, Verw.Rspr. 4, 565; mit teilweise anderen Argumenten *Forsthoff*, Verw.R. S. 395; *Barbey* S. 98 ff.

[266] Die Ermächtigungen für andere Organe interessieren jetzt nicht mehr.

[267] Oben S. 99 ff.

Die bestehenden Befugnisse zum Erlaß von Rechtsverordnungen 151

eine Ermächtigung nur dann weitergeleitet und damit der Kreis der Verordnungsgeber vergrößert werden darf, wenn ein Gesetz dies gestattet. Bei vorkonstitutionellen Ermächtigungen verzichtet das GG aber auf solche Schranken[268]. Einer irgendwie gearteten Delegationsermächtigung bedarf es jedoch auch hier. Dabei wäre an den alten gewohnheitsrechtlichen Satz, daß das Staatsoberhaupt gewisse Ausführungsverordnungsrechte auch ohne besondere Ermächtigung delegieren darf, zu denken. Dieser war jedoch historisch auf ganz bestimmte Arten solcher Verordnungen begrenzt. Die einzigen noch bestehenden Befugnisse des Bundespräsidenten zum Erlaß von Ausführungsrechtsverordnungen, nämlich die auf dem Gebiete der Staatssymbolik, waren von dieser herkömmlichen Delegationsbefugnis nie umfaßt. Sie dürfen daher nicht abgegeben werden, jedenfalls solange sich keine neue Ermächtigung dazu gebildet hat[269].

Von seinen Befugnissen, deren Delegation eine Rechtsverordnung ist, darf der Bundespräsident also nur folgende an andere Stellen weitergeben:

a) Das Ernennungs- und Entlassungsrecht i. S. von Art. 60 I GG gemäß Art. 60 III GG;

b) das Begnadigungsrecht i. S. von Art. 60 II GG gemäß Art. 60 III GG.

Zu beachten ist aber stets, daß durch eine Delegation der Umfang der betreffenden Zuständigkeit nicht erweitert werden kann[270]. Damit würde nämlich eine neue, zusätzliche Kompetenz geschaffen. Das kann nur der Inhaber der Organisationsgewalt, nicht der Träger der Delegationsbefugnis. Aus diesem Grunde darf der zuletzt Genannte in einem delegierenden Akt dem Delegatar nicht die Befugnis einräumen, die ihm übertragene Kompetenz erneut weiterzuleiten, es sei denn, daß die Delegationsermächtigung auch das Recht zur Subdelegation begründet. Dieses erweitert die Kompetenz nämlich ebenfalls, da der Delegatar die Zuständigkeit jetzt nicht nur ausüben, sondern auch übertragen darf. Das ist aber normalerweise nicht ihr Inhalt. Die obengenannten (einzigen) Delegationsermächtigungen für den Bundespräsidenten geben ihm durchweg nicht die Befugnis, dem vorgesehenen Delegatar ein Weiterleiten der Kompetenz zu gestatten. Die von ihm bereits wieder-

---
[268] Oben S. 110 ff.
[269] Nr. V des Ausführungserlasses zur FlaggenAO vom 14. 4. 1964, BGBl. I S. 285, wonach das Auswärtige Amt die Flaggenführung von Fahrzeugen der deutschen Auslandsvertretungen regelt — damit ist auch gemeint, daß es die Gestalt der Dienstflaggen bestimmt —, ist daher ungültig. Wiederholte Kompetenzübertragungen dieser Art könnten allerdings eine nachkonstitutionelle Delegationsermächtigung schaffen.
[270] Vgl. *Barbey* S. 118.

holt erteilten Ermächtigungen dieser Art[271] sind durch Art. 60 III GG nicht gedeckt und daher nichtig[272].

II. Befugnisse zum Erlaß von gesetzesanwendenden Rechtsverordnungen

Ermächtigungen, welche sich im überkommenen Recht, im GG selbst oder in nachkonstitutionellen subdelegierenden Normen befinden und dem Bundespräsidenten die Kompetenz einräumen, gesetzesanwendende Rechtsverordnungen zu erlassen, gibt es heute nicht. Diese Unterart der Rechtsverordnungen braucht daher nicht näher behandelt zu werden.

III. Ergebnis C

Der Bundespräsident darf heute Rechtsverordnungen mit folgendem Inhalt erlassen:

a) Setzung der Nationalflagge der Bundesrepublik;

b) Proklamation der Nationalhymne;

c) Stiftung von Orden und Ehrenzeichen;

d) Delegation seines Beamtenernennungs- und entlassungsrechts;

e) Delegation seines Begnadigungsrechts.

Dritter Abschnitt

Die Befugnisse des Bundespräsidenten zum Erlaß von Verwaltungsverordnungen

Verwaltungsverordnungen betreffen keine Rechte des Staatsbürgers; sie regeln nur das staatliche „Innenverhältnis". Sie dürfen daher ohne Ermächtigung des Gesetzgebers erlassen werden. Gültig sind sie jedoch nur, wenn die erlassende Stelle innerhalb der staatlichen Exekutive die Organzuständigkeit besitzt, die betreffenden Interna abstrakt-generell auszugestalten[1]. Eine derartige Kompetenz ist wesensmäßig ver-

---

[271] Art. 1 I 2 und 3 der Anordnung über das Ernennungs- und Entlassungsrecht der Bundesbeamten und Bundesrichter vom 17. 5. 1950 (BGBl. S. 209) sowie in Art. 3 der Anordnung über die Ausübung des Begnadigungsrechts des Bundes vom 10. 12. 1952 (BGBl. I S. 790).

[272] Zutr. *Barbey* S. 129 Fußnote 7.

[1] Vgl. *Maunz-Dürig* Art. 80 RN 1 und 16.

schieden von der Befugnis, dem Bürger gegenüber materiell „verwaltend" tätig zu werden. Diese bezieht sich auf das Außenverhältnis zum Bürger, welches von der Exekutive materiell gestaltet werden soll[2]. Die Kompetenz zum Erlaß von Verwaltungsverordnungen hat ihre Wurzel dagegen im Organisations- oder Dienstrecht. Beide Arten von Zuständigkeiten gehen daher grundsätzlich nicht Hand in Hand. Freilich ist es möglich, daß zusammen mit einer materiellen Verwaltungskompetenz ausdrücklich oder stillschweigend auch das Recht zur Regelung der dazugehörigen staatlichen Interna verbunden wird oder — was häufiger der Fall sein dürfte — daß sich diese Befugnis mit der Zeit gewohnheitsrechtlich bildet.

Im folgenden ist festzustellen, wie weit nach geltendem Recht die Kompetenzen des Bundespräsidenten zur allgemeinen Regelung staatlicher Interna durch Verwaltungsverordnungen reichen können (A) und wie weit sie derzeit reichen (B).

A. Die Zulässigkeit des Erlasses von Verwaltungsverordnungen durch den Bundespräsidenten im allgemeinen

Wie bereits betont, darf der Bundespräsident auch Verwaltungsverordnungen nur erlassen, wenn ihm das GG oder sonstige Rechtsnormen bestimmte Kompetenzen zur Ausgestaltung des staatlichen Verwaltungsbetriebs zugewiesen haben[3].

Eine positive Verfassungsbestimmung, Art. 86 GG, scheint allerdings schlechthin gegen die Möglichkeit einer solchen Zuweisung zu sprechen. Danach hat die Bundesregierung die allgemeinen Verwaltungsvorschriften zu erlassen, soweit der Bund die Gesetze selbst ausführt. Art. 86, 2 GG bestimmt, daß die Bundesregierung insoweit auch die Behörden organisiert. Art. 86 GG umfaßt jedoch trotz der Formulierung „der Bund" nicht die gesamte Bundesverwaltung, sondern nur die der Behörden unterhalb der Ministerialstufe[4]. Außerdem dürfte er sich wie alle Vorschriften des VIII. Abschnitts nur auf die Ausführung der formellen einfachen vor- und nachkonstitutionellen Bundesgesetze beziehen, nicht auf die „irgendwie geartete Ausführung des GG selbst"[5]. Schließlich gelten Art. 86, 1 und 2 GG nur, solange kein Gesetz etwas Abweichendes bestimmt. Durch Art. 86 GG ist der Bundespräsident also nur teilweise und nur bedingt vom Erlaß von Verwaltungsverordnun-

---

[2] Vgl. *Wolff*, H. J., Verw.R. I S. 10 f.
[3] Oben S. 94 f.
[4] Oben S. 137 f.
[5] *Maunz-Dürig* Art. 83 RN 22 mit ausführlicher Begründung und weiteren Nachw. zu dieser sehr streitigen Frage.

gen ausgeschlossen. Weitere Normen, die sein mögliches Tätigwerden auf diesem Gebiete noch weiter einschränken, sind noch nicht vorhanden, zumal Art. 80 GG für Verwaltungsverordnungen nicht anwendbar ist.

Zusammenfassend läßt sich also feststellen, daß dem Bundespräsidenten de lege lata immer die Befugnis verliehen werden kann, allgemeine Verwaltungsvorschriften zu erlassen. Zur Ausführung einfacher Bundesgesetze durch nachgeordnete Bundesbehörden, -körperschaften und -anstalten darf dies allerdings nur durch formelles Gesetz geschehen.

B. Die bestehenden Befugnisse des Bundespräsidenten zum Erlaß von Verwaltungsverordnungen

Nachdem festgestellt ist, daß der Bundespräsident grundsätzlich Verwaltungsverordnungen erlassen darf, muß geprüft werden, ob bzw. auf welchen Rechtsgebieten er tatsächlich solche Befugnisse hat. Wir halten uns dabei zweckmäßigerweise auch hier wieder an die schon früher[6] getroffene Einteilung der Verwaltungsverordnungen in allgemeine Dienstvorschriften (I), Anstalts-Benutzungsordnungen (II) und Organisations-Verwaltungsverordnungen (III).

Keine besondere Unterart sind diejenigen Normen, welche Verwaltungsabkommen des Bundes mit auswärtigen Staaten oder auch — mutatis mutandis — mit Bundesländern in innerstaatliches Recht bzw. Bundesrecht transformieren und damit sanktionieren. Dieser Vollzugsbefehl hat rein innerstaatlichen Charakter und unterscheidet sich demnach in seiner Form und der Wirkung auf die betroffenen Personen und Organe in nichts von den sonstigen Verwaltungsverordnungen. Er darf auch nur von der Stelle erteilt werden, die nach innerstaatlichem Recht zum Erlaß einer „gewöhnlichen" Verwaltungsverordnung dieses Inhalts zuständig wäre. Der Bundespräsident hat daher (nur) die Verwaltungsabkommen zu sanktionieren, welche sich auf Gegenstände seiner internen Verwaltungskompetenz beziehen. Seine Befugnisse zum Erlaß von Verwaltungsverordnungen sind also mit jenen zur Sanktion von Verwaltungsabkommen völlig identisch. Auf die zuletzt genannten braucht folglich nie gesondert eingegangen zu werden.

I. Befugnisse zum Erlaß allgemeiner Dienstvorschriften

Wo der Bund selbst Verwaltungsaufgaben wahrzunehmen hat, muß er seinen damit befaßten Organen und Organwaltern auch Weisungen

---

[6] Oben S. 38 ff.

für ihre dienstliche Tätigkeit erteilen dürfen. Dies ergibt sich aus Art. 86, 1 i. V. m. Art. 87 ff. GG, hinsichtlich der Verwaltungsvorschriften für die obersten Bundesbehörden aus der Natur der Sache[7].

Über die Normadressaten und den möglichen Inhalt von Dienstvorschriften war bereits in anderem Zusammenhang die Rede[8].

Soweit einfache formelle Gesetze von nachgeordneten Bundesbehörden, -körperschaften oder -anstalten ausgeführt werden, werden die Dienstvorschriften gemäß Art. 86, 1 GG im Regelfall von der Bundesregierung erlassen. In diesem Bereich darf der Bundespräsident nur tätig werden, wenn ihm ein formelles Gesetz die Befugnis dazu gibt. Solche Gesetze sind bis jetzt noch nicht ergangen, so daß hier keine Kompetenzen des Bundespräsidenten bestehen.

Für die sonstige amtliche Tätigkeit aller Bundesorgane und für die Ausführung der Gesetze durch oberste Bundesbehörden gilt Art. 86, 1 GG nicht. Hier ist auf die grundsätzlichen Bestimmungen über das Recht des öffentlichen Dienstes zurückzugreifen. Nach diesen erteilt dienstliche Weisungen, und zwar auch allgemeine, in der Regel der Vorgesetzte (§ 3 II 2 BBG, § 1 IV SoldG.)[9]. Gegenüber staatlichen Organen hat die jeweils *übergeordnete Stelle* die „Dienstgewalt"[10]. Sowohl bei bei den Vorgesetzten des Personals als auch bei den übergeordneten Organen gibt es mehrere Stufen. Dienstvorschriften, die sich an alle Beamten und Soldaten oder an alle Staatsorgane wenden, werden meist vom höchsten Vorgesetzten bzw. der obersten Behörde erlassen, ansonsten pflegt der unmittelbare Vorgesetzte oder die unmittelbar übergeordnete Behörde tätig zu werden. In Ausnahmefällen kann auch anderen Amtswaltern oder Organen, die nicht vorgesetzt oder übergeordnet sind, ein gegenständlich beschränktes Weisungsrecht eingeräumt sein. Es muß also geklärt werden, inwieweit der Bundespräsident als Vorgesetzter von Organwaltern des Bundes bzw. als übergeordnete Behörde (1) oder als Inhaber besonderer Weisungsrechte (2) allgemeine Dienstvorschriften erlassen darf.

---

[7] Vgl. oben S. 138.

[8] Oben S. 39 f.

[9] Er ist vom Dienstvorgesetzten zu unterscheiden, welcher über die persönlichen Angelegenheiten seiner Untergebenen zu befinden hat, soweit sie das Dienstverhältnis als solches betreffen, vgl. § 3 II 1 BBG. Solche Anordnungen regeln die Grundbeziehung des besonderen Gewaltverhältnisses und sind daher keine Dienstvorschriften, sondern (Ausführungs-)Rechtsverordnungen oder Verwaltungsakte. Jene dürfen gemäß Art. 80 I 1 GG vom Bundespräsidenten nicht erlassen werden.

[10] Dieser ältere Ausdruck für die dienstliche Weisungsbefugnis ist heute nicht mehr gebräuchlich und soll daher auch hier im folgenden vermieden werden.

1. Der Bundespräsident als Vorgesetzter von Organwaltern und als übergeordnete Behörde

Wer Vorgesetzter ist, bestimmt sich bei Beamten nach dem Aufbau der öffentlichen Verwaltung (§ 3 II 3 BBG), also nach der durch „äußere" und „innere" Organisationsakte festgelegten hierarchischen Gliederung der Verwaltung. Vorgesetzter eines Beamten ist also nicht immer der im Dienstrang höhere, sondern nur der Beamte, welcher infolge seiner Stellung in der Behördenorganisation zum Vorgesetzten berufen ist[11]. Auch bei den Soldaten der Bundeswehr richtet sich die Vorgesetzteneigenschaft nach institutionell-organisatorischen Merkmalen: Nach § 1 I der „Verordnung über die Regelung des militärischen Vorgesetztenverhältnisses" vom 4. 6. 1956[12] ist hier die Dienststellung maßgebend; diese folgt ihrerseits aber aus der Organisation der Bundeswehr. Aus der hierarchisch gegliederten Verwaltungsorganisation ergibt sich schließlich ebenfalls, welche Behörde einer anderen Dienstanweisungen erteilen darf. Die Befugnis zum Erlaß von Dienstvorschriften ist also immer letztlich auf die Stellung des Erlassenden in der Verwaltungsorganisation zurückzuführen, ganz gleich, ob sich diese Verwaltungsverordnungen an Organe oder an Organwalter wenden. Der Leiter, d. h. der Repräsentant einer übergeordneten Institution (Behörde) ist damit gleichzeitig Vorgesetzter aller Beamten seiner Behörde, Vorgesetzter der Repräsentanten aller nachgeordneten Behörden sowie höherer oder oberster Vorgesetzter aller Amtswalter der nachgeordneten Organe. Entsprechendes gilt für die Einheiten der Bundeswehr.

Der Bundespräsident ist nach dem heutigen Aufbau der zivilen Verwaltung und der Bundeswehr nicht die höchste Spitze der staatlichen Hierarchie. Zugleich mit der Einführung des parlamentarischen Regierungssystems durch die WV verlor das deutsche Staatsoberhaupt die Stellung als oberster Leiter der Reichsexekutive, die der Kaiser noch innehatte[13]. Die obersten Spitzen der zivilen Verwaltung wurden in der Weimarer Republik die Ressortminister[14]. Der Oberbefehl über die Reichswehr verblieb jedoch gemäß Art. 47 WV beim Reichspräsidenten. Nach Art. 65 a GG ging dann auch dieser vom Staatsoberhaupt auf parlamentarisch verantwortliche Regierungsstellen über, während das System der zivilen Verwaltung nicht verändert wurde. Höchste übergeordnete Behörden der bundeseigenen Exekutive sind also heute auf allen Bereichen die Ressortminister. Der Bundespräsident ist ihnen organisatorisch nicht über-, sondern nur gleichgeordnet. Höchste Vor-

---

[11] Vgl. *Plog-Wiedow* § 3 Anm. IV 1.
[12] BGBl. I S. 459.
[13] *Laband*, Staatsrecht I S. 369 f.; *Meyer-Anschütz* S. 478.
[14] Vgl. *Jacobi* in HdbDStR II S. 262.

gesetzte der Beamten und Soldaten sind daher auch die jeweils zuständigen Ressortminister, wenn man von den Beamten der „ministerialfreien" Verwaltung der Parlamente, des Bundesverfassungsgerichts und dergleichen absieht[15]. Irgendeine Dienstaufsicht des Bundespräsidenten über diese höchsten Vorgesetzten gibt es nicht[16]. Dem steht nicht entgegen, daß der Bundespräsident nach Art. 64, 60 I GG das Recht hat, die Minister, Beamten, Richter, Offiziere und Unteroffiziere des Bundes zu ernennen und zu entlassen. Diese Tätigkeit betrifft einmal das Amtsverhältnis des Ministers, Beamten oder Offiziers im personalrechtlichen Sinn, bezieht sich also nicht auf dessen Amts*tätigkeit*. Zum anderen wurde dem Bundespräsidenten das Ernennungs- und Entlassungsrecht nicht deswegen zugewiesen, weil dies seine Stellung im Verwaltungsaufbau erforderlich machte, sondern weil es sich dabei um eine das Staatsganze repräsentierende Funktion handelt, die herkömmlicherweise dem Staatsoberhaupt zusteht. Als „außerordentliche" Kompetenzen des Bundespräsidenten sind die Befugnisse aus Art. 64, 60 I GG daher eng auszulegen[17]. Er darf also grundsätzlich keine abstrakt-generellen Dienstvorschriften für alle Beamten, Soldaten und Behörden des Bundes erlassen.

Für eine bestimmte Kategorie von Bundesbeamten und für eine staatliche Stelle hat der Bundespräsident jedoch die Weisungsbefugnis eines Vorgesetzten bzw. eines Behördenleiters. Er ist Leiter des Bundespräsidialamts und damit unmittelbarer Vorgesetzter der dort tätigen Beamten[18] sowie Spitze der Behörde. Deshalb darf er alle diejenigen Dienstregelungen für sein Büro und dessen Personal treffen, welche jeder Behördenleiter zu treffen hat[19]. Er hat also z. B. die Dienststunden der Beamten des Bundespräsidialamtes festzusetzen, allgemeine Weisungen über Aktenführung, Formularwesen usw. zu erteilen und Richtlinien für die Verwaltungsarbeit seiner Behörde herauszugeben. Zu beachten ist jedoch hier, daß dies keine eigentlichen Organakte des Bundespräsidenten sind[20].

2. Besondere Weisungsrechte des Bundespräsidenten

Im übrigen darf der Bundespräsident nur dann allgemeine Dienstvorschriften für alle Beamten, Soldaten und Behörden erlassen, wenn

---

[15] *Loening*, Ministerialfreier Raum S. 173 ff.; *Schütz* S. 186.
[16] *Köttgen*, Behörden S. 5 f.
[17] *Menzel* in BK Art. 60 Anm. II A 1; *v. Mangoldt-Klein* Art. 60 Anm. III 10 S. 1179.
[18] *Schütz* S. 186.
[19] Vgl. *Kastner* S. 93.
[20] Vgl. oben S. 65 Fußnote 62.

ihm ohne Rücksicht auf die Tatsache, daß er nicht ihr Vorgesetzter oder ihre übergeordnete Behörde ist, durch Gesetz, bei nicht gesetzesausführender Verwaltung auch durch andere Normen, bestimmte inhaltlich beschränkte Weisungsbefugnisse erteilt werden. Das ist besonders für die Setzung von Staatssymbolen ohne Außenwirkung (a), für den Erlaß von Dienstvorschriften über den Gebrauch von Staatssymbolen (b) und für die materielle Verwaltungstätigkeit des Bundespräsidenten (c) zu untersuchen.

a) Befugnisse zur Setzung von Staatssymbolen ohne Außenwirkung

Ist die Setzung eines Staatssymbols kein materielles Gesetz, weil dabei der Rechtsbereich des Bürgers unberührt bleibt, so stellt sie ihrem Wesen nach in der Regel eine abstrakt-generelle Dienstvorschrift dar[21]. Diese schreibt den Beamten oder Soldaten z. B. vor, wie sie sich bei einer Staatszeremonie zu verhalten haben oder wie die Formel des Diensteides lautet, den sie leisten müssen. Allgemeine Dienstanweisung ist sie allerdings nur in einem weiteren, nicht streng beamtenrechtlichen Sinne, weil sie nicht vom eigentlichen Vorgesetzten erlassen wird.

Formellgesetzlich festgelegt ist die Formel des Diensteids für den Bundespräsidenten, die Mitglieder der Bundesregierung, die Bundesbeamten und Angehörigen der Bundeswehr[22]. Der Bundespräsident darf hier also nicht tätig werden. Dagegen ist er nach §§ 76, 1 und 81 I BBG sowie nach § 4 III SoldG berechtigt, die Form der Dienstkleidung und die Amts- bzw. Dienstgradbezeichnungen der Bundesbeamten und Soldaten festzusetzen. Bezüglich der anderen Symbole ohne Außenwirkung fehlt jede geschriebene Kompetenznorm. Das Staatsoberhaupt könnte aber auch gewohnheitsrechtlich zu ihrer Setzung befugt sein. Auf die Erschwernisse des Art. 80 I 1 GG braucht dabei ebensowenig wie bei den genannten formellgesetzlichen Ermächtigungen geachtet zu werden. Für die Gestaltung der Sonderflaggen, Wappen und Siegel sowie für die Anordnung von Staatszeremonien, an denen keine Bürger teilnehmen müssen, bildete sich schon in der konstitutionellen Monarchie bzw. in der Weimarer Republik eine gewohnheitsrechtliche Zuständigkeit des Reichspräsidenten heraus[23]. Solche Symbole werden heute ebenfalls benötigt. Auch der traditionelle Neujahrsempfang des Staatsoberhaupts für das diplomatische Corps wird wieder abgehalten. Die Befugnisse des Bundespräsidenten sind hier rein repräsentativer

---

[21] *Anschütz*, WV Art. 3 Anm. 3; ihm folgend *Pohl* in HdbDStR I S. 494; *v. Mangoldt-Klein* Art. 22 Anm. III 4 S. 637; *Grauel* S. 79 f.

[22] Art. 56, 64 II GG, § 58 BBG, § 9 SoldG.

[23] Oben S. 124 ff.

Natur. Die gewohnheitsrechtlichen Kompetenzen früherer Staatsoberhäupter gingen daher gemäß Art. 129 I 1, 123 GG auf ihn über, zumal sie im „Dritten Reich" unverändert blieben. Die Form von Briefmarkenbildern, symbolischen Baudenkmälern und Gedenkmünzen bestimmte das deutsche Staatsoberhaupt jedoch nie; es befindet darüber auch heute nicht. Eine gewohnheitsrechtliche Setzungsbefugnis konnte daher bis jetzt auf diesem Gebiete noch nicht entstehen. Desgleichen läßt sich die Zuständigkeit zur Anordnung von Zeremonien nicht auf andere Symbole ausdehnen.

Von den Staatssymbolen, die durch Verwaltungsverordnung geschaffen werden, hat der Bundespräsident also die Sonderflaggen, Wappen und Siegel, Amtstrachten, Uniformen und Dienstbezeichnungen der Bundesbeamten und Soldaten zu setzen sowie Staatszeremonien einzuführen, letzteres aber nur in dem Umfang, wie es in republikanischen Staaten üblich ist. In Individualrechte der Bürger darf dabei in keinem Falle eingegriffen werden.

b) Rechte zum Erlaß von Vorschriften über den Gebrauch von Staatssymbolen

Viele symbolsetzende Vorschriften, seien sie Rechts- oder Verwaltungsverordnungen, enthalten auch Bestimmungen darüber, wie die Symbole von Beamten bzw. Behörden zu gebrauchen sind. So regeln Abs. II der FlaggenAO bzw. der Ausführungserlaß vom 14. 4. 1964[24], welche Sonderflaggen die einzelnen Behörden zu führen haben[25]. §§ 2 bis 4 des Erlasses über die Dienstsiegel vom 20. 1. 1950[26] besagen, welche Behörden die verschiedenen Bundessiegel gebrauchen und wie dies geschehen muß. Das sind typische Dienstvorschriften, da sich ihr Inhalt auf die dienstliche Tätigkeit des Beamten, Soldaten oder der Institution Behörde bezieht. Berechtigt zum Erlaß solcher Normen sind also in beiden Fällen primär die Ressortminister als Spitzen des Verwaltungsaufbaus und höchste Vorgesetzte des Personals. Der Bundespräsident kann es nur sein, soweit ihm gerade für diesen Gegenstand eine Ausnahmezuständigkeit erteilt ist.

Formelle Bundesgesetze werden von den nachgeordneten Organen und ihren Amtswaltern nicht ausgeführt, wenn sie Staatssymbole gebrauchen. Eine außerordentliche Zuständigkeit des Bundespräsidenten muß daher nicht auf formellen Gesetzen beruhen (was im übrigen auch

---

[24] BGBl. I S. 205.
[25] Näheres über die Beflaggung der Dienstgebäude der Bundesbehörden enthält dagegen der Erlaß der Bundesregierung vom 14. 4. 1955, BAnz. Nr. 75 vom 20. 4. 1955.
[26] BGBl. S. 26.

nicht der Fall ist). Unrichtig wäre es aber, sie aus der Symbolsetzungsbefugnis selbst abzuleiten. Vorschriften über die Symbolführung unterscheiden sich ihrem Wesen nach von den eigentlichen Kreationsakten, zumal sie ganz andere Adressaten haben können: Die Setzung von Sonderflaggen wendet sich wegen des Strafschutzes für diese Symbole mittelbar auch an die Allgemeinheit, Bestimmungen über die Beflaggung von Dienstgebäuden u. dgl. nur an Behörden oder Beamte bzw. Soldaten. Es ist außerdem seit jeher anerkannt, daß die Anordnung über die Gestalt der Nationalflagge Private nicht zu deren Führung verpflichtet[27]. Auch das Gesetz trennt die beiden Normkategorien, z. B. in § 81 I und II BBG hinsichtlich der Amtsbezeichnungen[28]. Denkbar wäre also nur noch, daß sich eine Befugnis des Bundespräsidenten zum Erlaß von Vorschriften über den verwaltungsinternen Gebrauch von Staatssymbolen als (gewohnheitsrechtlicher) „Annex" der Setzungskompetenz gebildet hat. Damit kann sie aber einmal nicht mehr Symbole umfassen, als er selbst setzen darf. Sie muß sich ferner auf den Gebrauch solcher Symbole durch die Bundesverwaltung und die Bundeswehr beschränken (sei der Kreationsakt auch aus sonstigen Gründen Rechtsverordnung); für Private kann der Gebrauch von Staatssymbolen nicht durch Dienstvorschriften geregelt werden. Damit steht von vornherein fest, daß der Bundespräsident nur den Gebrauch der Flaggen, Wappen und Siegel, der Nationalhymne, der Uniformen, Amtstrachten und Dienstbezeichnungen, Orden und Ehrenzeichen sowie die Ausgestaltung staatsinterner Zeremonien bestimmen darf. Entstanden ist eine solche gewohnheitsrechtliche Befugnis bei den Sonderflaggen sowie bei den Wappen und Siegeln. Ihr Gebrauch wurde auch schon vom Weimarer Reichspräsidenten (zunächst unbefugt) geregelt[29]. Die Kompetenz des Staatsoberhaupts entstand dann gleichzeitig und auf dieselbe Weise wie für die Setzung der Symbole selbst[30]. Sie ging nach Art. 129 I 1 GG auf den Bundespräsidenten über, da sie dem GG nicht widerspricht und dieser die nunmehr sachlich zuständige Stelle ist. Hinsichtlich der anderen Symbole fehlen solche geschriebene oder gewohnheitsrechtliche Kompetenzen für das Staatsoberhaupt; man wird nicht annehmen können, daß sie ihm stillschweigend verliehen wurden. Der Bundespräsident darf also nur die Dienstvorschriften über den verwaltungsinternen Gebrauch von Sonderflaggen, Wappen und Siegeln erlassen.

---

[27] Vgl. *Petersen* S. 13; *v. Mangoldt-Klein* Art. 22 Anm. V 3 S. 639; *Hamann*, GG Art. 22 Anm. B 1.

[28] Hierzu oben S. 71.

[29] Abschnitt IV der Ersten Flaggenverordnung vom 11. 4. 1921, RGBl. S. 483; Zweiter und Dritter Erlaß über die Dienstsiegel vom 27. 3. 1924, RGBl. S. 375 bzw. vom 22. 11. 1924, RGBl. S. 762.

[30] Vgl. hierzu oben S. 124 ff.

c) Befugnisse zum Erlaß allgemeiner Dienstvorschriften über die Wahrnehmung eigener Verwaltungsaufgaben

Gemäß Art. 60 I GG hat der Bundespräsident die Beamten, Richter, Offiziere und Unteroffiziere des Bundes zu ernennen und zu entlassen (soweit er diese Befugnisse nicht delegiert hat); § 3 I 1 BWahlG bestimmt dasselbe hinsichtlich der Mitglieder der ständigen Wahlkreiskommission. Art. 60 II GG gibt ihm das Begnadigungsrecht für den Bund. Auf Grund von §§ 2 und 3 OrdensG verleiht er Ehrentitel, Orden und Ehrenzeichen. Das alles sind materielle Verwaltungsbefugnisse, da sie das allgemeine Gewaltverhältnis bzw. die Grundbeziehung eines besonderen Gewaltverhältnisses betreffen. Es fragt sich, ob diese Verwaltungskompetenzen dem Bundespräsidenten nicht zumindest ein internes Weisungsrecht bezüglich *ihrer* Wahrnehmung geben. Das ist nicht deswegen unmöglich, weil es sich um Funktionen handelt, die er selbst auszuüben hat. Denkbar wäre z. B., daß er andere staatliche Stellen verpflichten könnte, ihm bei seiner Verwaltungstätigkeit in irgendeiner Form zu helfen, ohne daß er seine Befugnisse auf sie delegiert. Weisungen dieses Inhalts hat der Bundespräsident in der Tat schon erlassen, z. B. in Art. 1 II seiner Anordnung über die Ernennung und Entlassung der Bundesbeamten und Bundesrichter vom 17. 5. 1950[31].

Grundsätzlich folgt aus einer nach außen wirksamen materiellen Verwaltungskompetenz keine Zuständigkeit zum Erlaß von Dienstvorschriften, jedenfalls nicht ipso iure, da solche Befugnisse anders verteilt sind. An dieser Regel ist auch hier festzuhalten, und zwar vor allem deshalb, weil Verwaltungskompetenzen des Bundespräsidenten nach der Konzeption des GG Ausnahmen sind und deshalb nicht ohne weiteres ausgedehnt werden dürfen[32]. Die genannte Anordnung ist daher nur gültig, weil die angesprochenen Stellen sie seit nunmehr 14 Jahren widerspruchslos befolgen. Das hat ein Gewohnheitsrecht zugunsten des Bundespräsidenten entstehen lassen, welches sich jedoch auf den Gegenstand dieses Hoheitsaktes beschränkt. Weitere Weisungsbefugnisse gegenüber anderen Bundesbehörden hat der Bundespräsident daher nicht.

Der Bundespräsident darf also folgende abstrakt-generelle Dienstvorschriften für die Bundesbehörden und die Bundeswehr erlassen:

a) Dienstliche Anweisungen für das Bundespräsidialamt;

---

[31] BGBl. S. 209; Art. 3 dieser Anordnung enthält dagegen eine Teildelegation, ebenso Art. 1 I; dasselbe gilt für Art. 2 der Anordnung des Bundespräsidenten zu § 4 II SoldG vom 7. 5. 1956, BGBl. I S. 422.
[32] Nachw. oben S. 157 Fußnote 17.

b) Gestaltung der Sonderflaggen, Wappen und Siegel, Amtstitel (Dienstgradbezeichnungen) und Dienstkleidungen sowie Einführung staatsinterner Zeremonien;

c) Regelung des Gebrauchs von Sonderflaggen, Wappen und Siegeln durch alle Bundesbehörden;

d) Verpflichtung oberster Bundesbehörden, bestimmte Personen zur Ernennung zum Bundesbeamten oder -richter bzw. zur Entlassung aus diesem Amtsverhältnis vorzuschlagen.

II. Befugnisse zum Erlaß von Anstalts-Benutzungsordnungen ohne Außenwirkung

Manche Anstalts-Benutzungsordnungen regeln nicht die Zugehörigkeit des Benutzers zur Anstalt, sondern nur die Art und Weise der Benutzung, d. h. die Interna des Anstaltsbetriebs; sie sind daher Verwaltungsverordnungen.

Da sich sowohl die Bundes- als auch die Organkompetenz zu ihrem Erlaß jeweils auf das gesamte Anstaltsverhältnis bezieht, sind beide Befugnisse nach denselben Gesichtspunkten zu bestimmen wie bei den Benutzungsordnungen, die das Grundverhältnis regeln. Es kann daher voll und ganz auf frühere Ausführungen[33] verwiesen werden. Demnach besitzt der Bundespräsident keinerlei Anstaltsgewalt über die Anstalten, welche der Bund gründen kann. Er darf daher auch keine Benutzungsordnungen *ohne* Außenwirkung erlassen.

III. Befugnisse zum Erlaß von Organisations-Verwaltungsverordnungen

Die Bundeskompetenz zum Erlaß aller Vorschriften zur Organisation der Bundesbehörden folgt aus Art. 87 ff. GG bzw. aus der Natur der Sache[34]. Sie ist daher auch für die Organisations-Verwaltungsverordnungen gegeben. Dazu gehören zunächst als Organisations-Verwaltungsverordnungen i. e. S. alle Normen, durch die unbestimmt viele Behörden gebildet und errichtet, mit Zuständigkeiten ohne Außenwirkung versehen sowie intern organisiert (d. h. eingerichtet, im Innern gliedert usw.) werden[35]. Im weiteren Sinne sind aber auch solche Akte Organisations-Verwaltungsverordnungen, die eigene Zuständigkeiten delegieren und mandieren, wenn sie nicht auch nach außen wirken und

---

[33] Oben S. 136 f.
[34] Oben S. 137 f.
[35] Näheres oben S. 65 ff.

Die bestehenden Befugnisse zum Erlaß von Verwaltungsverordnungen 163

dadurch zu Rechtsverordnungen werden[36]. Es handelt sich nun darum, zu untersuchen, ob bzw. in welchem Umfang der Bundespräsident organisatorische Verwaltungsverordnungen i. e. S. erlassen (1) sowie Delegationen ohne Außenwirkung und Mandate vornehmen darf (2).

1. Rechte zum Erlaß von Organisations-Verwaltungsverordnungen i. e. S.

Das GG weist in Art. 86,2 die Organisationsgewalt grundsätzlich der Bundesregierung zu. Diese hat damit zunächst alle Verwaltungsverordnungen zu erlassen, welche die äußere Organisation von Bundesbehörden regeln. Die Entstehungsgeschichte des Art. 86,2 GG spricht jedoch dafür, daß „Einrichtung" hier sowohl die äußere als auch die innere Organisation umfaßt[37]. Demnach hätte die Bundesregierung auch die Befugnis, die innere Gestaltung der Bundesbehörden zu regeln[38]. Art. 86,2 GG bzw. das Verfassungsgewohnheitsrecht, wonach die Ministerien von der Bundesregierung gestaltet werden, besagen jedoch nicht, daß die Bundesregierung bei der Organisation der Behörden immer als Kollegium tätig werden muß wie z. B. beim Erlaß von Rechtsverordnungen gemäß Art. 80 GG. Die interne Zuständigkeit bestimmt sich vielmehr nach Art. 62 ff. GG und der GeschOBReg[39]. Aus deren § 9 ist zu entnehmen, daß die Befugnis zur äußeren Organisation dem Bundeskanzler, die zur inneren Gestaltung aber den Ressortministern zukommt[40].

Deshalb werden die Verwaltungsgeschäfte bei den Bundesbehörden intern vom Ressortminister als dem obersten Aufsichtsorgan oder vom Behördenleiter verteilt[41]. Auf demselben Wege werden auch die Geschäftsordnungen der Behörden erlassen (sofern dies überhaupt erforderlich ist). So wurden z. B. der interne Aufbau und der Geschäftsgang aller Bundesministerien im Allgemeinen Teil der „Gemeinsamen Geschäftsordnung der Bundesministerien"[42] vom Bundeskabinett als der Gesamtheit der Bundesminister[43] geregelt. Der Bundespräsident darf Geschäftsverteilungsplan und Geschäftsordnung für die Bundesministerien und die ihnen nachgeordneten Behörden nicht erlassen; er hat

---

[36] Vgl. oben S. 86 ff.
[37] Oben S. 141.
[38] A. M. wohl *Rasch*, Behörde S. 37; *Schneider*, Verbundverwaltung S. 18 ff.
[39] *Böckenförde*, Org.gewalt S. 138.
[40] *Böckenförde*, a. a. O. S. 139.
[41] *Wolff*, H. J., Verw.R. II S. 101.
[42] Abgedruckt bei *Lechner-Hülshoff* S. 348 ff.
[43] Nicht als Bundesregierung, sonst hätte dies in der GeschOBReg erfolgen müssen.

keinerlei Organisationsgewalt über die ressortgebundene Verwaltung. Als Leiter seines „ministerialfreien" Büros, des Bundespräsidialamtes[44], darf er jedoch dessen Geschäftsverteilung vornehmen, wobei er allerdings nicht als „Bundespräsident" handelt[45].

Die interne Einrichtung der Behörden, d. h. das Bereitstellen der für ihre Arbeit notwendigen persönlichen und sachlichen Verwaltungsmittel, ist demgegenüber in erster Linie eine haushaltsrechtliche Angelegenheit. Sie wird daher von der Stelle vorgenommen, welche die entsprechenden Haushaltsmittel bewirtschaftet[46]. Das ist für alle diejenigen Behörden, die einem Ressortministerium unterstehen, der jeweilige Minister, für die „ministerialfreien" obersten Bundesbehörden grundsätzlich deren jeweiliger Leiter[47]. Der Bundespräsident darf also nur einen Behördenteil (auch abstrakt-generell) einrichten, nämlich das Bundespräsidialamt. Er ist dabei an das Haushaltsgesetz bzw. den Haushaltsplan gebunden. Das bedeutet z. B., daß er nur das Inventar für sein Büro anschaffen darf, für welches im Einzelplan „Bundespräsident und Bundespräsidialamt"[48] Deckungsmittel bereitgestellt sind oder daß er nur soviel Personal einstellen darf, wie es der Stellenplan erlaubt (§ 11 II RHO). Er handelt jedoch auch hier nicht als Verfassungsorgan.

Der Bundespräsident darf also Organisations-Verwaltungsverordnungen i. e. S. mit folgendem Inhalt erlassen:

a) Einrichtung des Bundespräsidialamtes (im Rahmen der Haushaltspläne);

b) Aufstellung eines Geschäftsverteilungsplans und einer Geschäftsordnung für das Bundespräsidialamt.

2. Befugnisse zur Vornahme von Delegationen und Mandaten ohne Außenwirkung

Frühere Darstellungen haben gezeigt, daß Delegationen, die dem Vorbehalt des Gesetzes unterliegen, in der Regel nur zulässig sind, soweit eine ausdrückliche geschriebene Ermächtigung dafür gegeben ist. Stillschweigende geschriebene sowie gewohnheitsrechtliche Ermächtigungen bestehen hier nur in geringem Umfang[49]. Für die Delegationen, welche ihrem Inhalt nach den Rechtskreis des Staatsbürgers nicht berühren und für alle Mandate ist keine solche Ermächtigung erforder-

---

[44] *Loening*, Ministerialfreier Raum S. 175.
[45] Vgl. oben S. 65 Fußnote 62.
[46] *Wolff*, H. J., Verw.R. II S. 102.
[47] Vgl. *Vialon* S. 76.
[48] Einzelplan 01 des Bundeshaushalts.
[49] Vgl. oben S. 147 ff.

Die bestehenden Befugnisse zum Erlaß von Verwaltungsverordnungen 165

lich. Es wäre aber falsch, daraus zu folgern, daß sie ohne irgendeine Gestattung vorgenommen werden dürften. Der allgemeine Grund für dieses Erfordernis bleibt auch hier bestehen: Kompetenzen müssen von ihrem Inhaber grundsätzlich selbst ausgeübt werden. Das verbietet jede Delegation und jedes Mandat — solange nicht eine andere Norm erlassen ist, welche das Verbot aufhebt. Solche Vorschriften müssen also nun für die Delegationen ohne Außenwirkung (a) und die Mandate (b) nachgewiesen werden.

a) Delegationsrechte

Unser Verfassungsrecht kennt keine allgemeine Erlaubnisnorm, wonach jede Kompetenz ohne weiteres delegiert werden darf, wenn die Verfassung oder die ihr nachgeordneten Rechtsquellen nicht erkennen lassen, daß die Zuständigkeit selbst ausgeübt werden muß. Die Delegation kann daher immer nur für bestimmte einzelne Zuständigkeiten gestattet sein, was nun für die Kompetenzen des Bundespräsidenten untersucht werden soll, die durch Verwaltungsverordnung übertragen werden.

Kraft gesetzlicher Bestimmung darf der Bundespräsident seine Zuständigkeiten zur Festsetzung der Dienstkleidung und der Amts- bzw. Dienstgradbezeichnungen der Bundesbeamten und Soldaten delegieren (§§ 76, 2, 81 I BBG, § 4 III 3 SoldG). Im übrigen muß auch hier auf das Gewohnheitsrecht zurückgegriffen werden. Ob sich seit 1949 schon solche Delegationsbefugnisse gebildet haben, ist fraglich, weil der Bundespräsident im Einzelfall vielleicht noch nicht oft bzw. nicht lange genug Zuständigkeiten übertragen hat. Es muß daher auch hier in erster Linie nach fortbestehenden alten Kompetenzen geforscht werden. Ihre Bildung läßt sich wieder nur aus der Verfassungsgeschichte nachweisen.

In der konstitutionellen Monarchie war es allgemein üblich, daß der Kaiser die Ausführung der Reichsgesetze nicht selbst überwachte, wie dies Art. 17 aRV vorsah, sondern dies durch den Kanzler vornehmen ließ[50]. Außerdem bahnten sich auf dem Gebiete der völkerrechtlichen Vertretung des Reiches (Art. 11 aRV) gewisse Delegationsbefugnisse des Kaisers für „minder wichtige Fälle" an[51]. Dasselbe galt für die Organisationsgewalt[52], welche zum Teil ja auch durch Verwaltungsverordnungen ausgeübt wird.

Zur Zeit der Weimarer Republik wurde die Delegation des früheren kaiserlichen Überwachungsrechts gegenstandslos, da der Reichspräsident die Ausführung der Reichsgesetze nicht mehr nachzuprüfen hatte. Da-

---

[50] *Arndt,* Übertragbarkeit S. 230.
[51] *Laband,* Staatsrecht II S. 153.
[52] Oben S. 147.

für galt jetzt der Außenminister allgemein als Delegatar der völkerrechtlichen Vertretungsbefugnis des Staatsoberhauptes, soweit Vertragsverhandlungen einzuleiten und zu führen waren[53]. Ferner bildete sich spätestens seit der Anerkennung durch den Reichspräsidenten im Jahre 1923 ein Gewohnheitsrecht, wonach Verwaltungsabkommen (im Gegensatz zu Staatsverträgen) nicht mehr mit Vollmacht, also im Namen des Reichspräsidenten, sondern von der Reichsregierung bzw. einem Fachminister im eigenen Namen abzuschließen waren[54]. Außerdem vollendete sich die gewohnheitsrechtliche Befugnis des Staatsoberhaupts, seine Organisationsgewalt zu delegieren[55].

Unter dem GG ging die Kompetenz zur Übertragung der Organisationsgewalt, sofern sie überhaupt weiter bestehenblieb, gemäß Art. 129 I 1, 86,2 GG auf die Bundesregierung über. Gewohnheitsrechtliche Delegationsbefugnisse konnten also allenfalls auf dem Gebiete der völkerrechtlichen Vertretung auf den Bundespräsidenten übergeleitet werden. Diese lassen sich nicht mit dem Argument bezweifeln, daß der Ausdruck „schließt" in Art. 59 I 2 GG nur die Ratifikation völkerrechtlicher Verträge im Auge habe, so daß die Zuständigkeiten, die Vertragsverhandlungen einzuleiten und zu führen sowie die Verwaltungsabkommen zu schließen, ohnehin nicht mehr beim Bundespräsidenten lägen. Diese Ansicht ist nämlich unrichtig, weil auch heute die gesamte völkerrechtliche Vertretung der Bundesrepublik Deutschland rechtlich auf den Bundespräsidenten *zurückzuführen* ist[56]. Die vorkonstitutionelle Delegationsbefugnis wurde daher nicht gegenstandslos. Sie ging in das heutige Recht über, weil sie dem GG nicht widerspricht: Es steht völlig im Einklang mit der auch vom GG berücksichtigten völkerrechtlichen Praxis, daß Vertragsverhandlungen und der Abschluß von Verwaltungsabkommen nicht vom Staatsoberhaupt selbst bzw. jeweils auf Grund seiner Vollmacht *getätigt* werden. In allen anderen Fällen völkerrechtlicher Vertretung ist jedoch eine Vollmacht des Bundespräsidenten erforderlich, die Delegation also ausgeschlossen. Die Anerkennung neu entstandener Staaten hat daher nicht vom Bundeskanzler in dessen eigenem Namen zu erfolgen. Das war im früheren deutschen Staatsrecht nie üblich; ein nachkonstitutionelles Gewohnheitsrecht dieses Inhalts konnte sich auch noch nicht bilden, da der erwähnte Brauch erst etwa fünf Jahre lang währt und diese Praxis im einschlägigen Schrifttum von Anfang an stark bekämpft wurde[57].

---

[53] *Bittner* S. 120; vgl. auch *Mosler*, Auswärtige Gewalt S. 280.
[54] *Pohl* in HdbDStR I S. 492; vgl. auch *Anschütz*, WV Art. 45 Anm. 3; *Poetzsch-Heffter*, WV Art. 45 Anm. 4 a; *Giese*, WV Art. 45 Anm. 2.
[55] Oben S. 149.
[56] *Mosler*, Auswärtige Gewalt S. 280.
[57] *v. Mangoldt-Klein* Art. 59 Anm. III 3 e S. 1132 f.

Als Ergebnis für die Delegationen bleibt festzuhalten: Von seinen Zuständigkeiten, die durch Verwaltungsverordnung übertragen werden können, darf der Bundespräsident nur delegieren:

a) die Befugnis zur Festsetzung von Amtstrachten, Uniformen, Amts- und Dienstgradbezeichnungen;

b) die Befugnis zur Einleitung und Führung völkerrechtlicher Vertragsverhandlungen;

c) die Befugnis zum Abschluß von Verwaltungsabkommen mit auswärtigen Staaten.

b) *Mandatsbefugnisse*

Bei der Untersuchung der Rechtsnatur von Mandaten wurde festgestellt, daß diese die Zuständigkeitsordnung nicht verändern[58]. Daraus könnte man folgern, Mandate seien stets zulässig. Das gilt besonders dann, wenn man von dem Grundgedanken des § 164 BGB ausgeht. Die zugewiesene Kompetenz scheint danach selbst ausgeübt zu werden, weil die Tätigkeit des Mandatars voll und ganz dem Mandanten zugerechnet wird. Aber hier zeigt sich wiederum der maßgebliche Unterschied zwischen der (zivilrechtlichen) Vertretung eines Privaten und der Vertretung des Staates durch seine Organe. Private Rechte und Pflichten brauchen, abgesehen von den sogenannten höchstpersönlichen, nicht selbst ausgeübt bzw. erfüllt zu werden, weil daran kein öffentliches Interesse besteht. Zur Wahrnehmung staatlicher Befugnisse und Aufgaben wird dagegen im Interesse einer reibungslosen Staatstätigkeit ein ganz bestimmtes Organ ausersehen, welches nach seiner staatsrechtlichen Stellung, seinen Verwaltungsmitteln usw. dazu geeignet erscheint. Auf die Art der Kompetenz wird dabei keine Rücksicht genommen. Das bedeutet aber, daß sich das betraute Organ bei der Wahrnehmung seiner Zuständigkeiten grundsätzlich nicht vertreten lassen darf. Durch ein Mandat wird die Kompetenzordnung zwar nicht geändert und somit nicht in Rechte des Bürgers eingegriffen. Das Interesse des Staates an der geordneten Tätigkeit seiner Organe verlangt es jedoch auch hier, daß für jedes Mandat eine gattungsmäßig bestimmte oder eine spezielle Erlaubnis vorliegt.

Diese kann nicht aus einem Weisungsrecht gegenüber nachgeordneten Behörden entnommen werden. Beim Mandat handelt es sich nicht darum, als Vorgesetzter an untergebene Beamte bzw. als übergeordnete Behörde an nachgeordnete Stellen Weisungen über das „wie" ihrer dienstlichen Tätigkeit zu erteilen. Das Mandat bezieht sich vielmehr auf das „wer" und ist deshalb kein eigentlicher Dienstbefehl, sondern ein

---

[58] Oben S. 89 f.

Organisationsakt. Es kann also nur vom Träger der Organisationsgewalt ausgehen, der sich jedoch vom Vorgesetzten bzw. von der übergeordneten Behörde wesensmäßig unterscheidet[59].

Allgemein gestattet sind dagegen die innerbehördlichen Mandate. Sie berühren nur die interne Kompetenzverteilung; Kompetenzen sind grundsätzlich institutionell verteilt, d. h. sie werden nicht einem Behördenteil oder einem Organwalter, sondern einer selbständigen Institution, der Behörde, zugewiesen. Nimmt sie eine andere Abteilung oder ein anderer Beamter dieser Behörde wahr, so wird dadurch allenfalls die interne Geschäftsverteilung oder die Vertretungsbefugnis des Behördenleiters berührt, nicht aber die „Obliegenheit" der Behörde selbst verletzt. Der Behördenleiter darf kraft seiner „inneren" Organisationsgewalt darüber befinden, wie die Aufgaben innerhalb der Behörde verteilt werden. Wer aber solche Regeln aufzustellen hat, kann auch erlauben, daß von ihnen abgewichen wird. Deshalb sind innerbehördliche Mandate grundsätzlich zulässig, auch wenn sie generell ausgesprochen werden[60]. Der Bundespräsident darf daher Beamte seiner Behörde, des Bundespräsidialamts, generell mit der Wahrnehmung seiner Befugnisse betrauen. Hier ergibt sich aber eine wichtige Besonderheit: Die dem Bundespräsidenten als Verfassungsorgan zugewiesenen Aufgaben darf das Personal seines Büros nur insoweit erfüllen, als es dabei nicht über die Vornahme von Präsidialakten *entscheidet*. Gemäß Art. 57 GG hat dies außer dem Bundespräsidenten selbst höchstens der Präsident des Bundesrats zu tun; er ist der Stellvertreter des Bundespräsidenten in dessen Eigenschaft als Staatsoberhaupt. Dieses darf also nur Hilfstätigkeiten, die zur Erfüllung seiner verfassungs- und gesetzmäßigen Aufgaben ausgeführt werden müssen, von Mitgliedern seines Büros auf Grund eines (speziellen oder generellen) innerbehördlichen Mandats erledigen lassen[61].

Zwischenbehördliche Mandate dürfen dagegen allgemein, d. h. ohne spezielle Gestattung, nur erteilt werden, soweit die betreffende Zuständigkeit delegierbar ist. Wenn ein Organ eine Kompetenz übertragen kann, obliegt es ihm ausnahmsweise nicht, diese unbedingt selbst auszuüben. Damit entfallen die Bedenken, die gegen die Zulässigkeit von Mandaten schlechthin bestanden.

Die Mandate sind insoweit ein Minus gegenüber einer Delegation, und zwar ungeachtet dessen, ob diese eine Rechts- oder Verwaltungs-

---

[59] Nicht zutr. daher *Rasch*, Festlegung S. 339, der Mandate immer dann für zulässig hält, wenn zwischen den Beteiligten ein Subordinationsverhältnis besteht; ähnlich *Triepel*, Delegation S. 134 f.
[60] Im Ergebnis ebenso *Rasch* a. a. O. S. 339.
[61] Vgl. *Triepel* a. a. O. S. 140.

verordnung ist[62]. Der Bundespräsident darf also andere Stellen beauftragen, seine delegierbaren Befugnisse[63] in seinem Namen auszuüben. Abstrakt-generelle zwischenbehördliche Mandate sind ferner dann erlaubt, wenn eine besondere Rechtsvorschrift sie für einzelne Kompetenzen gestattet. Geschriebene Mandatsermächtigungen für den Bundespräsidenten gibt es nicht. Kraft Gewohnheitsrechts durfte das Staatsoberhaupt früher die Eröffnung und Schließung des Parlaments, die Erklärung des Belagerungszustandes, den Abschluß (nicht die Ratifikation) von Staatsverträgen sowie die gewöhnliche diplomatische Vertretung des Reiches im Ausland von besonders oder allgemein Bevollmächtigten vornehmen lassen[64]. Während die beiden ersten Befugnisse gegenstandslos geworden sind, sind die anderen erhalten geblieben und auf den Bundespräsidenten übergegangen[65]. Sonst sind keine besonderen Normen nachweisbar, die ihn zu abstrakt-generellen Mandaten ermächtigen.

Der Bundespräsident darf also eigene Befugnisse und Aufgaben abstrakt-generell mandieren, sofern sie sich beziehen auf:

a) Die Ernennung und Entlassung von Bundesbeamten usw. gemäß Art. 60 I GG;

b) den Erlaß von Gnadenakten gemäß Art. 60 II GG;

c) die technische Vorbereitung und Ausführung aller seiner Amtshandlungen (wobei nur das Personal des Bundespräsidialamts Mandatar sein darf);

d) die Einleitung und Führung völkerrechtlicher Vertragsverhandlungen;

e) den Abschluß von Verwaltungsabkommen;

f) den Abschluß von Staatsverträgen;

g) die diplomatische Vertretung der Bundesrepublik im Ausland.

IV. Ergebnis B

Der Bundespräsident darf heute Verwaltungsverordnungen mit folgendem Inhalt erlassen:

a) Regelung des Dienstes im Bundespräsidialamt;

---

[62] Vgl. *Obermayer*, Übertragung S. 628.
[63] Aufzählung oben S. 151, 167.
[64] *Arndt*, Übertragbarkeit S. 230; *Laband*, Staatsrecht II S. 152; *Anschütz*, WV Art. 45 Anm. 3; *Poetzsch-Heffter*, WV Art. 45 Anm. 4 a; *Giese*, WV Art. 45 Anm. 2; gegen die Zulässigkeit allgemeiner Mandate zum Abschluß von Staatsverträgen *Triepel*, Delegation S. 148; *Poetzsch-Heffter*, WV Art. 45 Anm. II 3 b.
[65] *v. Mangoldt-Klein* Art. 59 Anm. III 3 e S. 1131 f. mit weiteren Nachw.

b) Gestaltung der Sonderflaggen, Wappen und Siegel, Amtstitel (Dienstgradbezeichnungen) und Dienstkleidungen des Bundes sowie Einführung staatsinterner Zeremonien;

c) Einrichtung des Bundespräsidialamts;

d) Aufstellung eines Geschäftsverteilungsplans und einer Geschäftsordnung für dieses Amt;

e) Delegation seiner Befugnisse, die Dienstkleidung und Rangbezeichnungen der Bundesbeamten und Soldaten festzusetzen, völkerrechtliche Vertragsverhandlungen einzuleiten und zu führen sowie Verwaltungsabkommen abzuschließen;

f) Mandat seiner soeben (Ziff. e) genannten Befugnisse und seiner Zuständigkeiten, Bundesbeamte usw. zu ernennen und zu entlassen, Gnadenakte zu erlassen, eigene Amtshandlungen technisch vorzubereiten und auszuführen (nur gegenüber dem Bundespräsidialamt zulässig), Staatsverträge abzuschließen sowie die Bundesrepublik im Ausland zu vertreten;

g) Transformation und Sanktion von Verwaltungsabkommen des Bundes mit auswärtigen Staaten und mit Bundesländern, soweit sich die Abkommen auf Gegenstände beziehen, welche hier unter a) bis f) genannt sind.

Zusammenfassung und Schlußbetrachtung

Die Untersuchung hat gezeigt, daß der Bundespräsident doch nicht völlig vom Erlaß von Rechts- und Verwaltungsverordnungen ausgeschlossen ist, was bei einer oberflächlichen Betrachtung des GG durchaus möglich erschien. Alle seine Verordnungsbefugnisse sind jedoch politisch nicht bedeutsam. Zudem fällt auf, daß es für keinen einzigen Rechtsgegenstand ein umfassendes und einheitliches Verordnungsrecht des Bundespräsidenten gibt. Die schon eingangs dargestellte politische Entmachtung des Staatsoberhaupts durch das GG hat also auch den Bereich der Verordnungsgewalt voll erfaßt, so daß es auch hier ein verhältnismäßig inaktives Organ (i. S. der Staatslenkung) ist.

Belastende *Rechts*verordnungen darf der Bundespräsident nur auf Grund von Ermächtigungen durch das GG selbst, durch „subdelegierende" Rechtsverordnungen oder fortgeltende vorkonstitutionelle Normen erlassen, nicht eingreifende dagegen auf Grund jeder Art von Organkompetenz. Zur Zeit beschränken sich seine Rechtssetzungsbefugnisse — abgesehen von gewissen Delegationsrechten, die ohnehin eine besondere Art der Verordnungskompetenzen darstellen — auf vorkonstitutionelle Reste, nämlich die Setzung der wichtigsten Staatssymbole[1]. Gerade auf diesem Gebiete der hoheitlichen Tätigkeit hätte man sich eine umfassende Ermächtigung für den Bundespräsidenten gewünscht. Hier handelt es sich um eine das Staatsganze repräsentierende, integrierende und trotzdem nicht gerade „hochpolitische" staatslenkende Aufgabe, welche auch nach dem System des GG am besten vom Staatsoberhaupt zu erfüllen wäre. Das macht das Eintreten mancher Autoren, vor allem von Dahlmann[2], für eine einheitliche Zuständigkeit des Bundespräsidenten zur Setzung aller Staatssymbole verständlich. Dieses Ergebnis ist jedoch, wie hier zu begründen versucht wurde[3], de lege lata nicht haltbar. Es hat — entgegen der Auffassung Dahlmanns — nie eine solche umfassende Kompetenz des Staatsoberhaupts bestanden, die nach Art. 129 I 1 GG auf den Bundespräsidenten hätte übergehen können. Zum anderen macht es Art. 80 I 1 GG zunächst unmöglich, daß solche Befugnisse jetzt geschaffen werden, da diese Vorschrift die einfachgesetz-

---

[1] Oben S. 133.
[2] S. 44, 68 f.
[3] Oben S. 123 ff.

liche Ermächtigung des Bundespräsidenten zum Erlaß eingreifender Normen, mit Ausnahme der praktisch bedeutungslosen Subdelegationen, schlechthin verbietet.

Das Beispiel der Symbolsetzungsbefugnisse ist charakteristisch dafür, daß Art. 80 I 1 GG insoweit verfehlt gestaltet ist, als er die spezialgesetzliche Ermächtigung des Bundespräsidenten zum Erlaß von Rechtsverordnungen überhaupt verbietet. Hier wurde in dem gerechtfertigten Bestreben, eine „Präsidialdiktatur" wie die der Weimarer Republik künftig zu vermeiden, etwas über das Ziel hinausgeschossen. Wenn man sich schon nicht dazu entschließen konnte, den Bundespräsidenten als möglichen Ermächtigungsadressaten in Art. 80 I 1 GG zu nennen, dann hätte man ihm zumindest an anderer Stelle des GG unmittelbar solche Verordnungsbefugnisse einräumen sollen, die wegen ihres inhaltlichen Zusammenhanges mit seinen Aufgabengebieten am besten von ihm wahrzunehmen wären. Das gilt nicht nur für die Setzung von Staatssymbolen, sondern ebenso für Vorschriften über ihren Gebrauch, für rechtssatzmäßige Regelungen des Begnadigungsverfahrens u. dgl. Es ist nicht nötig, daß hier unbedingt immer der ohnehin schon überlastete Gesetzgeber selbst tätig werden muß. Die Ermächtigung anderer Exekutivorgane ist auf Rechtsgebieten, die zum sachlichen Aufgabenbereich des Bundespräsidenten gehören, ebenfalls nicht gerade sinnvoll. Dieser unbefriedigende Rechtszustand läßt sich jedoch nur durch eine Verfassungsänderung beseitigen, sei es, daß das GG insoweit durch Ermächtigungen für den Bundespräsidenten ergänzt oder daß Art. 80 I 1 GG derogiert wird. Beides kann ausdrücklich durch den Verfassungsgesetzgeber oder durch verfassungsänderndes Gewohnheitsrecht geschehen.

Kompetenzen zum Erlaß von Verwaltungsverordnungen können dem Bundespräsidenten immer verliehen werden, wenn auch zum Teil nur durch formelles Gesetz. Aber auch hier besitzt er heute nur gewisse Einzelbefugnisse auf den Gebieten des Symbolsetzungs-, Dienst- und Organisationsrechts. Diese Regelung erscheint jedoch alles in allem sinnvoll: Sedes materiae der meisten Zuständigkeiten zum Erlaß von Verwaltungsverordnungen ist das Recht des öffentlichen Dienstes und der Staatsorganisation. Beides ist heute stark spezialisiert, so daß es praktisch nur von den Ressortministern mit ihrem Fachpersonal und ihren sonstigen Verwaltungsmitteln durchnormiert werden kann. Außerdem hat gerade die Organisationsgewalt ein beachtliches politisches Gewicht. Es ist deshalb durchaus folgerichtig, daß sie der Bundespräsident, dem aktive staatsleitende Befugnisse nur noch vereinzelt zustehen, an die Hauptträger der Regierungsgewalt abgeben mußte. Funktionen, die auch heute zum typischen Tätigkeitsbereich eines republikanischen Staatsoberhaupts gehören, verlor dieses Organ damit ohnehin nicht.

Schrifttumsverzeichnis*

Adam, Klaus: Vorkonstitutionelle Ermächtigungen zum Erlaß von Rechtsverordnungen, in: JR 1963, S. 86 ff.
Adam

Anschütz, Gerhard: Die gegenwärtigen Theorien über den Begriff der gesetzgebenden Gewalt und den Umfang des königlichen Verordnungsrechts nach preußischem Staatsrecht. 2. Auflage, 1901.
Anschütz, Gegenwärt. Theorien

— Die Verfassung des Deutschen Reichs vom 11. August 1919. Ein Kommentar für Wissenschaft und Praxis. Vierte Bearbeitung, 14. Auflage, 1933.
Anschütz, WV

Anschütz, Gerhard — Richard *Thoma* (Hrsg.): Handbuch des Deutschen Staatsrechts. Erster und Zweiter Band, in: Das öffentliche Recht der Gegenwart, Band 28/29, 1930/32.
(Anschütz-Thoma) HdbDStR

Arndt, Adolf: Verfassung des Deutschen Reichs. Mit Einleitung und Kommentar. 5. Auflage, 1913.
Arndt, aRV

— Das selbständige Verordnungsrecht. 1902.
Arndt, Selbst. Verordnungsrecht

— Das Staatsrecht des Deutschen Reiches. 1901.
Arndt, Staatsrecht

— (Zur Übertragbarkeit des Begnadigungsrechts), in: DJZ 1901, S. 230 f.
Arndt, Übertragbarkeit

Bachof, Otto: Reflexwirkungen und subjektive Rechte im öffentlichen Recht, in: Forschungen und Berichte aus dem öffentlichen Recht, Gedächtnisschrift für Walter Jellinek, 1955, S. 287 ff.
Bachof, Subjekt. Rechte

— Verwaltungsakt und innerdienstliche Weisung, in: Verfassung und Verwaltung in Theorie und Wirklichkeit, Festschrift für Wilhelm Laforet, 1952, S. 285 ff.
Bachof, Verwaltungsakt

siehe auch bei *Giese*.

Barbey, Günther: Rechtsübertragung und Delegation. Eine Auseinandersetzung mit der Delegationslehre Heinrich Triepels. Diss. Münster 1960.
Barbey

---

* Neuerscheinungen wurden berücksichtigt, soweit sie bis 1. 10. 1965 vorlagen.

Bettermann, Karl August: Das Verwaltungsverfahren, in: VVDStRL 17 (1959), S. 118 ff.
Bettermann

Bittner, Ludwig: Die Lehre von den völkerrechtlichen Vertragsurkunden, 1924.
Bittner

Böckenförde, Ernst-Wolfgang: Gesetz und gesetzgebende Gewalt. Von den Anfängen der deutschen Staatsrechtslehre bis zur Höhe des staatsrechtlichen Positivismus, in: Schriften zum öffentlichen Recht, Band 1, 1958.
Böckenförde, Gesetz

— Die Organisationsgewalt im Bereich der Regierung. Eine Untersuchung zum Staatsrecht der Bundesrepublik Deutschland, in: Schriften zum öffentlichen Recht, Band 18, 1964.
Böckenförde, Org.gewalt

Börner, Bodo: Der Gesetzgebungsnotstand. Ein Beitrag zu Art. 81 des Bonner Grundgesetzes, in: DÖV 1950, S. 237 ff.
Börner

Kommentar zum Bonner Grundgesetz (Bonner Kommentar). Seit 1950.
BK

Brie, S.: Zur Theorie des constitutionellen Staatsrechts, in: AöR 4 (1889), S. 1 ff.
Brie

Bullinger, Martin: Die Unterermächtigung zur Rechtssetzung. Diss. Tübingen 1955.
Bullinger, Untererm.

— Vertrag und Verwaltungsakt. Zu den Handlungsformen und Handlungsprinzipien der öffentlichen Verwaltung nach deutschem und englischem Recht, in: Res publica, Band 9, 1962.
Bullinger, Vertrag

Burckhardt, Walther: Die Organisation der Rechtsgemeinschaft. Untersuchungen über die Eigenart des Privatrechts, des Staatsrechts und des Völkerrechts. 1927.
Burckhardt

Constant, Benjamin: Cours de Politique Constitutionelle ou Collection des Ouvrages publiés sur le Gouvernement représentatif. Tome Premier et second, 1861.
Constant

Dahlmann, Alfred: Die Befugnis des Bundespräsidenten, Staatssymbole zu setzen. Diss. Saarbrücken 1959.
Dahlmann

Dehlinger, Konrad — Herbert *Pfeifer*: Deutsches Recht seit 1867 (Bundes-, Reichs-, West-Berliner- und Besatzungsrecht) und völkerrechtliche Verträge. 20. Auflage, 1943; 33. Auflage, 1960.
Dehlinger-Pfeifer

Doehring, Karl: Der „pouvoir neutre" und das Grundgesetz, in: Der Staat, 3. Band, Heft 2, 1964, S. 201 ff.
Doehring

Doemming, Klaus-Berto v. — Rudolf Werner *Füßlein* — Werner *Matz:* Entstehungsgeschichte der Artikel des Grundgesetzes, in: JöR (nF) 1 (1951), S. 1 ff.
Doemming-Füßlein-Matz

Drath, Martin: Die Gewaltenteilung im heutigen deutschen Staatsrecht, in: Faktoren der Machtbildung, Schriften des Instituts für Politische Wissenschaften, Band 2, 1952.
Drath

Enneccerus, Ludwig — Hans Carl *Nipperdey:* Allgemeiner Teil des bürgerlichen Rechts. Ein Lehrbuch. 1. und 2. Halbband, 14. Auflage, 1952/55.
Enneccerus-Nipperdey

Ermacora, Felix: Die Organisationsgewalt, in: VVDStRL 16 (1958), S. 191 ff.
Ermacora

Eschenburg, Theodor: Staat und Gesellschaft in Deutschland. 3. Auflage, 1958.
Eschenburg

Eyermann, Erich — Ludwig *Fröhler:* Verwaltungsgerichtsordnung, Kommentar. 3. Auflage, 1962.
Eyermann-Fröhler

Fleiner, Fritz: Institutionen des Deutschen Verwaltungsrechts. 8. Auflage, 1928.
Fleiner

Forsthoff, Ernst: Deutsche Verfassungsgeschichte der Neuzeit. Ein Abriß. 2. Auflage, 1961.
Forsthoff, Verfassungsgeschichte

— Lehrbuch des Verwaltungsrechts. Erster Band, Allgemeiner Teil, 8. Auflage, 1961.
Forsthoff, Verw.R.

Friesenhahn, Ernst: Über Begriff und Arten der Rechtsprechung, in: Festschrift für Richard Thoma, 1950, S. 21 ff.
Friesenhahn

Gebhard, Ludwig: Handkommentar zur Verfassung des Deutschen Reichs vom 11. August 1919. 1932.
Gebhard

Geeb, Hans Karl — Heinz *Kirchner:* Deutsche Orden und Ehrenzeichen. Kommentar zum Gesetz über Titel, Orden und Ehrenzeichen und eine Darstellung deutscher Orden und Ehrenzeichen von der Kaiserzeit bis zur Gegenwart. 1958.
Geeb-Kirchner

Giacometti, Zaccaria: Allgemeine Lehren des rechtsstaatlichen Verwaltungsrechts (Allgemeines Verwaltungsrecht des Rechtsstaates). 1. Band, 1960.
Giacometti

Giese, Friedrich: Deutsches Staatsrecht (Allgemeines, Reichs- und Landes-Staatsrecht). 1930.
Giese, Staatsrecht

— Die Verfassung des Deutschen Reiches. Taschenausgabe für Studium und Praxis. 8. Auflage, 1931.
Giese, WV

Giese, Friedrich — Otto *Bachof:* Die Verleihung des Professorentitels, in: DÖV 1953, S. 495 ff.
Giese bzw. Bachof, Titel

Giese, Friedrich — Egon *Schunck:* Grundgesetz für die Bundesrepublik Deutschland vom 23. Mai 1949. 5. Auflage, 1960.
Giese-Schunck

Glum, Friedrich: Das parlamentarische Regierungssystem in Deutschland, Großbritannien und Frankreich. 1950.
Glum

Grauel, Erich: Die Organisationsgewalt der Bundesregierung und die organisatorischen Befugnisse des Bundespräsidenten. Zugleich ein verfassungshistorischer Rückblick und Beitrag zur staatsrechtlichen Entwicklung der Organisationsgewalt. Diss. Frankfurt/Main 1954.
Grauel

Grauhan, Rolf Richard: Gibt es in der Bundesrepublik einen pouvoir neutre? Diss. Heidelberg 1959.
Grauhan

Grewe, Wilhelm: Verwaltungsabkommen, in: AöR 77 (1951/52), S. 370 ff.
Grewe, Verwaltungsabkommen

Groß, Rolf: Zur Auslegung des Art. 107 der Hessischen Verfassung, in: DÖV 1962, S. 54 ff.
Groß, Auslegung

— Organisationsgewalt und Organisationsverordnungen, in: DÖV 1963, S. 51 ff.
Groß, Organisationsgewalt

— Organisationsverordnungen auf Grund bundesgesetzlicher Ermächtigung, in: BayVBl 1963, S. 110 f.
Groß, Org.Verordnungen

Haas, Diether: Abschluß und Ratifikation internationaler Verträge, in: AöR 78 (1952/53), S. 381 ff.
Haas, Internat. Verträge

— Bundesgesetze über Organisation und Verfahren der Landesbehörden (Artikel 84 Abs. I des Grundgesetzes), in: AöR 80 (1955/56), S. 81 ff.
Haas, Landesbehörden

Haenel, Albert: Das Gesetz im formellen und materiellen Sinne, in: Studien zum deutschen Staatsrechte, Zweiter Band, 2. Teil, 1888.
Haenel

Hamann, Andreas: Autonome Satzungen und Verfassungsrecht. 1958.
Hamann, Autonome Satzungen

— (Besprechung von) v. Mangoldt-Klein, Das Bonner Grundgesetz, 2. Auflage, 4. Lieferung, in: NJW 1961, S. 1449.
Hamann, Besprechung

— Das Grundgesetz für die Bundesrepublik Deutschland vom 23. Mai 1949. Ein Kommentar für Wissenschaft und Praxis. 1. Auflage, 1956; 2. Auflage, 1960.
Hamann, GG (wenn kein Hinweis, 2. Auflage)

— Die Bindung der staatlichen Organisationsgewalt an die Gesetzgebung, in: NJW 1956, S. 1 ff.
Hamann, Organisationsgewalt

Hamann, Andreas: Präsidialdemokratie? (Bundespräsident und Bundeskanzler nach dem Grundgesetz), in: RiA 1959, S. 161 ff.
Hamann, Präsidialdemokratie

Hatschek, Julius: Deutsches und Preußisches Staatsrecht. Erster und Zweiter Band, 1922/23.
Hatschek, Staatsrecht

HdBDStR: siehe bei *Anschütz-Thoma.*

Heinze, Christian: Anmerkung zur Entscheidung des BVerwG vom 28. 9. 1961, in: DVBl. 1962, S. 373 ff.
Heinze

Heller, Hermann: Der Begriff des Gesetzes in der Reichsverfassung, in: VVDStRL 4 (1928), S. 98 ff.
Heller

Heydte, Friedrich August Freiherr von der: Staatsnotstand und Gesetzgebungsnotstand, in: Verfassung und Verwaltung in Theorie und Wirklichkeit, Festschrift für Wilhelm Laforet, 1952, S. 59 ff.
v. d. Heydte

Höhn, Ernst: Gewohnheitsrecht im Verwaltungsrecht, in: Abhandlungen zum Schweizerischen Recht, nF Heft 340, 1960.
Höhn

Holtzendorff, Franz von — Josef *Kohler* (Hrsg.): Enzyklopädie der Rechtswissenschaft in systematischer Bearbeitung. Vierter Band, 7. Auflage, 1914.
Holtzendorff-Kohler

Huber, Ernst Rudolf: Verfassungsrecht des Großdeutschen Reiches. 2. Auflage, 1939.
Huber

Husen, Paul van: Gibt es in der Verwaltungsgerichtsbarkeit justizfreie Regierungsakte?, in: DVBl. 1953, S. 70 ff.
van Husen

Imboden, Max: Das Gesetz als Garantie rechtsstaatlicher Verwaltung, in: Basler Studien zur Rechtswissenschaft, Heft 38, 1954.
Imboden

Ipsen, Hans Peter: Politik und Justiz. Das Problem der justizlosen Hoheitsakte. 1937.
Ipsen, Politik

— Öffentliche Subventionierung Privater. 1956.
Ipsen, Subventionierung

Jellinek, Georg: Gesetz und Verordnung. Staatsrechtliche Untersuchungen auf rechtsgeschichtlicher und rechtsvergleichender Grundlage. 1887.
Jellinek G., Gesetz und Verordnung

— System der subjektiven öffentlichen Rechte. 2. Auflage, 1905.
Jellinek G., System

— Verfassungsänderung und Verfassungswandlung. Eine staatsrechtlich-politische Abhandlung. 1906.
Jellinek G., Verfassungsänderung

Jellinek, Walter: Gesetz, Gesetzesanwendung und Zweckmäßigkeitserwägung. Eine staats- und verwaltungsrechtliche Untersuchung. 1913.
Jellinek W., Gesetz

— Verwaltungsrecht. 3. Auflage, 1931.
Jellinek W., Verw.R.

Jesch, Dietrich: Gesetz und Verwaltung. Eine Problemstudie zum Wandel des Gesetzmäßigkeitsprinzips, in: Tübinger rechtswissenschaftliche Abhandlungen, Band 2, 1961.
Jesch, Gesetz

— Zulässigkeit gesetzesvertretender Verwaltungsverordnungen? (Zu dem Beschluß des Bundesverfassungsgerichts vom 6. Mai 1958 — 2 BvL 37/57, 11/57 —), in: AöR 84 (1959) S. 74 ff.
Jesch, Verw. Verordnungen

Kastner, Jürgen: Die Gegenzeichnung im deutschen Staatsrecht — Ein Beitrag zur Auslegung des Artikels 58 des Bonner Grundgesetzes. Diss. Münster 1962.
Kastner

Kaufmann, Erich: Kritik der neukantischen Rechtsphilosophie. Eine Betrachtung über die Beziehungen zwischen Philosophie und Rechtswissenschaft. 1921.
Kaufmann, Kritik

Kelsen, Hans: Hauptprobleme der Staatsrechtslehre. 2. Auflage, 1923.
Kelsen, Hauptprobleme

— Allgemeine Staatslehre. 1925.
Kelsen, Staatslehre

Kienzle, Werner: Zur Frage des Übergangs vorkonstitutioneller Ermächtigungen nach Art. 129 Abs. 1 GG, in: NJW 1961, S. 298 ff.
Kienzle

Klein, Friedrich: Verordnungsermächtigungen nach deutschem Verfassungsrecht, in: Die Übertragung rechtsetzender Gewalt im Rechtsstaat, 1952, S. 7 ff.
Klein F., Ermächtigungen

— Die Übertragung rechtsetzender Gewalt nach deutschem Verfassungsrecht, in: Die Übertragung rechtsetzender Gewalt im Rechtsstaat, 1952, S. 79 ff.
Klein F., Übertragung

Klein, Hans Hugo: Die Bedeutung des Sachzusammenhangs für die Verfassungsauslegung. Diss. Heidelberg 1961.
Klein H. H.

Kleiser, Peter: Der Vorbehalt des Gesetzes nach dem Bonner Grundgesetz. Diss. Heidelberg 1964.
Kleiser

Kniesch, Joachim: Die Stellung des Bundespräsidenten nach Grundgesetz und Staatspraxis, in: NJW 1960, S. 1325 ff.
Kniesch

Koellreutter, Otto: Deutsches Staatsrecht. 1953.
Koellreutter

Köttgen, Arnold: Bundesregierung und Oberste Bundesbehörden, in: DÖV 1954, S. 4 ff.
Köttgen, Behörden

— (Die Organisationsgewalt) Diskussionsbeitrag, in: VVDStRL 16 (1958), S. 267.
Köttgen, Disk.Beitrag

— Die Organisationsgewalt, in: VVDStRL 16 (1958), S. 154 ff.
Köttgen, Organisationsgewalt

— Subventionen als Mittel der Verwaltung, in: DVBl. 1954, S. 4 ff.
Köttgen, Subventionen

— Das Verwaltungsverfahren als Gegenstand der Bundesgesetzgebung, in: DÖV 1952, S. 422 ff.
Köttgen, Verfahren

Kopp, Hans W.: Inhalt und Form der Gesetze als ein Problem der Rechtstheorie, mit vergleichender Berücksichtigung der Schweiz, Deutschlands, Frankreichs, Großbritanniens und der USA. Band 1 und 2, 1958.
Kopp

Kraske, Erich — Wilhelm *Nöldeke:* Handbuch des auswärtigen Dienstes. 2. Auflage, 1957.
Kraske-Nöldeke

Kratzer, Jakob: Über die Zuständigkeit zum Erlaß allgemeiner Verwaltungsvorschriften des Bundes, in: DÖV 1952, S. 230 ff.
Kratzer

Krüger, Herbert: Allgemeine Staatslehre, 1964.
Krüger Herb., Staatslehre

— Die Auflage als Instrument der Wirtschaftsverwaltung, in: DVBl. 1955, S. 380 ff.
Krüger Herb., Auflage

— Rechtsverordnung und Verwaltungsanweisung, in: Rechtsprobleme in Staat und Kirche. Festgabe für Rudolf Smend, 1952, S. 211 ff.
Krüger Herb., Rechtsverordnung

Krüger, Hildegard: Der Gleichbehandlungsgrundsatz als Rechtsgrundlage öffentlich-rechtlicher Gruppenrechte, in: DVBl. 1955, S. 178 ff.
Krüger Hild., Gleichbehandlung

— Zu Art. 80 Abs. 1 Satz 4 des Grundgesetzes, in: DÖV 1950, S. 16.
Krüger, Hild., Zu Art. 80 GG

Küchenhoff, Günther und Erich *Küchenhoff:* Allgemeine Staatslehre. 4. Auflage, 1960.
Küchenhoff

Laband, Paul: Das Budgetrecht nach den Bestimmungen der Preußischen Verfassungsurkunde. 1871.
Laband, Budgetrecht

— Das Staatsrecht des Deutschen Reiches. Erster und Zweiter Band, 3. Auflage 1895; 5. Auflage, 1911.
Laband, Staatsrecht (wenn kein Hinweis, 5. Auflage)

Langner, Georg: Die Rechtsnatur der Bekanntmachung über das Inkrafttreten völkerrechtlicher Verträge für den Staatsbürger, in: NJW 1962, S. 228 ff.
Langner

Lechner, Hans — Klaus *Hülshoff:* Parlament und Regierung. Textausgabe des Verfassungs-, Verfahrens- und Geschäftsordnungsrechts der obersten Bundesorgane mit Anmerkungen, Erläuterungen, Hinweisen und Sachregister. 2. Auflage, 1958.
Lechner-Hülshoff

Lehmann, Heinrich: Allgemeiner Teil des Bürgerlichen Gesetzbuches. 11. Auflage, 1958.
Lehmann

Lehne, Helmut: Der Bundespräsident als neutrale Gewalt nach dem Grundgesetz der Bundesrepublik Deutschland. Diss. Bonn 1960.
Lehne

Ebermayer, Ludwig — Adolf *Lobe* — Werner *Rosenberg:* Strafgesetzbuch (Leipziger Kommentar). Band 1 und 2, 8. Auflage, hrsg. von Heinrich Jagusch, Edmund Mezger u. a., 1957/58.
LK

Loening, Hellmuth: Der ministerialfreie Raum in der Staatsverwaltung, in: DVBl. 1954, S. 173 ff.
Loening, Ministerialfreier Raum

— Regierungsakt und Verwaltungsgerichtsbarkeit, in: DVBl. 1951, S. 233 ff.
Loening, Regierungsakt

Mallmann, Walter: Die Sanktion im Gesetzgebungsverfahren, in: Universitäts-Archiv, Rechtswissenschaftliche Abteilung, Band 21, 1938.
Mallmann, Sanktion

— Schranken nichthoheitlicher Verwaltung, in: VVDStRL 19 (1961), S. 165 ff.
Mallmann, Schranken

Mangoldt, Hermann v.: Das Bonner Grundgesetz. 1953.
v. Mangoldt

Mangoldt, Hermann v. — Friedrich *Klein:* Das Bonner Grundgesetz. Band I und II, 2. Auflage, 1957/64.
v. Mangoldt-Klein

Martens, Wolfgang: Grundgesetz und Wehrverfassung, in: Universität Hamburg, Abhandlungen aus dem Seminar für öffentliches Recht, Heft 49, 1961.
Martens

Maunz, Theodor: Deutsches Staatsrecht. Ein Studienbuch. 13. Auflage, 1964.
Maunz

Maunz, Theodor — Günter *Dürig:* Grundgesetz. Kommentar. Band I und II, seit 1958.
Maunz-Dürig

Mayer, Otto: (Besprechung von) Gerhard Anschütz, Die gegenwärtigen Theorien über den Begriff der gesetzgebenden Gewalt und den Umfang des königlichen Verordnungsrechts nach preußischem Staatsrecht, 2. Auflage 1901, in: AöR 17 (1902), S. 464 ff.
Mayer O., Besprechung

Mayer, Otto: Deutsches Verwaltungsrecht. Erster und zweiter Band, 2. Auflage, 1914/17.
Mayer O., Verw.R.

Menger, Christian-Friedrich: Höchstrichterliche Rechtsprechung zum Verwaltungsrecht, in: VerwArch 52 (1961), S. 196 ff.
Menger

Meyer, Georg: Der Begriff des Gesetzes und die rechtliche Natur des Staatshaushaltsetats, in: GrünhutsZ 8 (1881), S. 1 ff.
Meyer G.

Meyer, Georg — Gerhard *Anschütz:* Lehrbuch des Deutschen Staatsrechts. 7. Auflage, 1919.
Meyer-Anschütz

Mörtel, Georg: Grenzfälle des Verwaltungsakts, in: BayVBl. 1956, S. 321 ff., 362 ff.
Mörtel

Mosler, Hermann: Die auswärtige Gewalt im Verfassungssystem der Bundesrepublik Deutschland, in: Festschrift für Carl Bilfinger, 1954, S. 243 ff.
Mosler, Auswärtige Gewalt

— Das Völkerrecht in der Praxis der deutschen Gerichte, in: Schriftenreihe der Juristischen Studiengesellschaft Karlsruhe, Heft 32/33, 1957.
Mosler, Völkerrecht

Müller, Klaus: Zur Anfechtbarkeit von Gnadenentscheidungen, in: DVBl. 1963, S. 18 ff.
Müller

Münch, Fritz: Die Bundesregierung, in: Völkerrecht und Politik, Band 2, 1954.
Münch

Nass, Klaus Otto: Wahlorgane und Wahlverfahren bei Bundestags- und Landtagswahlen. Grundlagen des Wahlvollzuges, in: Göttinger rechtswissenschaftliche Studien, Band 28, 1959.
Nass

Nawiasky, Hans: Bayerisches Verfassungsrecht. 1923.
Nawiasky, Bayer. Verfassungsrecht

— Die Grundgedanken des Grundgesetzes für die Bundesrepublik Deutschland. Systematische Darstellung und kritische Würdigung. 1950.
Nawiasky, Grundgedanken

— Allgemeine Rechtslehre als System der rechtlichen Grundbegriffe. 2. Auflage, 1948.
Nawiasky, Rechtslehre

Nawiasky, Hans — Claus *Leusser:* Die Verfassung des Freistaates Bayern vom 2. Dezember 1946. Systematischer Überblick und Handkommentar. 1948.
Nawiasky-Leusser

Nebinger, Robert: Verwaltungsrecht. Allgemeiner Teil. 2. Auflage, 1949.
Nebinger

Obermayer, Klaus: Über die Rechtsnatur und Anfechtbarkeit kommunaler Gebiets- und Statusänderungen, in: BayVBl 1958, S. 69 ff.
Obermayer, Gebietsänderungen

Obermayer, Klaus: Die Übertragung von Hoheitsbefugnissen im Bereich der Verwaltungsbehörden, in: JZ 1956, S. 625 ff.
Obermayer, Übertragung

— Verwaltungsakt und innerdienstlicher Rechtsakt. 1956.
Obermayer, Verwaltungsakt

— Das Bundesverfassungsgericht und der Vorbehalt des Gesetzes. Kritische Bemerkungen zum Beschluß des BVerfG vom 6. 5. 1958 über die Vereinbarkeit des § 346 Satz 1 LAG mit dem Grundgesetz, in: DVBl. 1959, S. 354 ff.
Obermayer, Vorbehalt

siehe auch bei *Schweiger*.

Parlamentarischer Rat, Bonn 1948/49. Schriftlicher Bericht zum Entwurf des Grundgesetzes für die Bundesrepublik Deutschland (Anlage zum stenograph. Bericht der 9. Sitzung des Parl. Rates vom 6. 5. 1949), o. J.
Parl. Rat, Schriftl. Bericht

— Verhandlungen des Hauptausschusses, Bonn 1948/49, o. J.
Parl. Rat (HA)

Peters, Hans: Die staatsrechtliche Ermächtigung, in: Deutsche Landesreferate zum 3. Internationalen Kongreß für Rechtsvergleichung in London 1950, Beiträge zum öffentlichen Recht, 1950, S. 840 ff.
Peters, Ermächtigung

— Lehrbuch der Verwaltung. 1949.
Peters, Verwaltung

— Verwaltung ohne gesetzliche Ermächtigung?, in: Verfassungsrecht und Verfassungswirklichkeit, Festschrift für Hans Huber, 1961, S. 206 ff.
Peters, Verwaltung ohne Ermächtigung

— Der Kampf um den Verwaltungsstaat, in: Verfassung und Verwaltung in Theorie und Wirklichkeit, Festschrift für Wilhelm Laforet, 1952, S. 19 ff.
Peters, Verwaltungsstaat

Petersen, Kurt: Die Reichsflaggen. Eine öffentlich-rechtliche Untersuchung. Diss. München 1929.
Petersen

Plog, Ernst — Alexander *Wiedow*: Kommentar zum Bundesbeamtengesetz. Seit 1958.
Plog-Wiedow

Poetzsch-Heffter, Fritz: Vom Staatsleben unter der Weimarer Verfassung.
I. Teil (vom 1. Januar 1920 bis 31. Dezember 1924), in: JöR (aF) 13 (1925), S. 1 ff.
II. Teil (vom 1. Januar 1925 bis 31. Dezember 1928), in: JöR (aF) 17 (1929), S. 1 ff.
Poetzsch-Heffter, Staatsleben

— Handkommentar der Reichsverfassung vom 11. August 1919. Ein Handbuch für Verfassungsrecht und Verfassungspolitik. 3. Auflage, 1928.
Poetzsch-Heffter, WV

Rasch, Ernst: Die Behörde; Begriff, Rechtsnatur, Errichtung, Einrichtung, in: VerwArch 50 (1959), S. 1 ff.
Rasch, Behörde

Rasch, Ernst: Die Festlegung und Veränderung staatlicher Zuständigkeiten (Delegation, Mandat, Ausfüllung von Rahmenbestimmungen), in: DÖV 1957, S. 337 ff.
Rasch, Festlegung

— Probleme um ein Landesorganisationsgesetz, in: DVBl. 1964, S. 377 ff.
Rasch, Organisationsgesetz

Rasch, Ernst — W. Patzig: Verwaltungsorganisation und Verwaltungsverfahren, in: Verwaltungsgesetze des Bundes und der Länder. Band I, Erster Halbband, 1962.
Rasch-Patzig

Das Bürgerliche Gesetzbuch mit besonderer Berücksichtigung der Rechtsprechung des Reichsgerichts, erläutert von Reichsgerichtsräten und Senatspräsidenten am Reichsgericht. II. Band, Recht der Schuldverhältnisse; 6. Auflage, 1928; 8. Auflage, 1934.
RGRK (BGB)

Richter, Lutz: Die Organisationsgewalt. Verwaltungsreform und Rechtsstaat. 1926.
Richter

Rittau, Martin: Soldatengesetz. Kommentar. 1957.
Rittau

Rosin, Franz: Gesetz und Verordnung nach badischem Staatsrecht. Zugleich ein Beitrag zur Geschichte der Freiheits- und Eigentumsformel, in: Freiburger Abhandlungen aus dem Gebiete des öffentlichen Rechts, Heft 18, 1911.
Rosin, F.

Rosin, Heinrich: Das Polizeiverordnungsrecht in Preußen. 2. Auflage, 1895.
Rosin, H.

Rümelin, Max: Die bindende Kraft des Gewohnheitsrechts und ihre Begründung. 1929.
Rümelin

Rupp, Hans Heinrich: Verwaltungsakt und Vertragsakt. Eine Darstellung der Probleme an Hand des Vertragssystems der Sozialversicherung, insbesondere des Ersatzkassenrechts, in: DVBl. 1959, S. 81 ff.
Rupp

Sacher, Hermann (Hrsg.): Staatslexikon. Band III, 5. Auflage, 1929.
Sacher

Sartorius, Carl (Hrsg.): Verfassungs- und Verwaltungsgesetze der Bundesrepublik. Textausgabe. Stand vom 1. April 1965.
Sartorius

Schack, Friedrich: Rechtsverordnungen im formellen Sinn? (Zur Frage der Rechtsnatur gebietlicher Organisationsakte), in: DÖV 1958, S. 273 ff.
Schack, Rechtsverordnungen

— Die Verlagerung der Gesetzgebung im gewaltenteilenden Staat, in: Festschrift Karl Haff, 1950, S. 332 ff.
Schack, Verlagerung

Schäfer, Hans: Die bundeseigene Verwaltung, in: DÖV 1958, S. 241 ff.
Schäfer

Schätzel, Walter: (Ungeschriebenes Verfassungsrecht), Diskussionsbeitrag, in: VVDStRL 10 (1952), S. 49 ff.
Schätzel

Scheuner, Ulrich: Art. 146 GG und das Problem der verfassunggebenden Gewalt, in: DÖV 1953, S. 581 ff.
Scheuner, Art. 146 GG

— (Ungeschriebenes Verfassungsrecht), Diskussionsbeitrag, in: VVDStRL 10 (1952), S. 46 ff.
Scheuner, Disk.Beitrag

— Der Bereich der Regierung, in: Rechtsprobleme in Staat und Kirche, Festgabe für Rudolf Smend, 1952, S. 253 ff.
Scheuner, Regierung

— Ausländische Erfahrungen zum Problem der Übertragung rechtsetzender Gewalt, in: Die Übertragung rechtsetzender Gewalt im Rechtsstaat, 1952, S. 118 ff.
Scheuner, Übertragung

Schiffer: Die Neuordnung des Reichsfinanzministeriums und ihre Rechtsgrundlagen, in: DJZ 1927, Spalte 113 ff.
Schiffer

Schlegelberger, Franz (Hrsg.): Das Recht der Gegenwart. Ein Führer durch das in Deutschland geltende Recht. 19. Ausgabe (aF), 1944; 3. Ausgabe (nF), 1957.
Schlegelberger

Schlochauer, Hans Jürgen: Öffentliches Recht. Grundzüge des Bundesstaatsrechts und des allgemeinen Verwaltungsrechts in der Bundesrepublik Deutschland unter Berücksichtigung der Verbindung zum Völkerrecht. 1957.
Schlochauer

Schmitt, Carl: Der Hüter der Verfassung, in: Beiträge zum öffentlichen Recht der Gegenwart, Band 1, 1931.
Schmitt, Hüter

— Verfassungslehre. 3. Auflage. 1928.
Schmitt, Verfassungslehre

Schneider, Hans: Über den Beruf unserer Zeit für Gesetzgebung. Bemerkungen über Kunst und Technik der heutigen Gesetzgebung, in: NJW 1962, S. 1273 ff.
Schneider, Beruf

— Über Einzelfallgesetze, in: Festschrift für Carl Schmitt, 1959, S. 159 ff.
Schneider, Einzelfallgesetze

— Gerichtsfreie Hoheitsakte. Ein rechtsvergleichender Bericht über die Grenzen richterlicher Nachprüfbarkeit von Hoheitsakten, in: Recht und Staat in Geschichte und Gegenwart, Heft 160/161. 1951.
Schneider, Gerichtsfreie Hoheitsakte

— Kabinettsfragen und Gesetzgebungsnotstand nach dem Bonner Grundgesetz, in: VVDStRL 8 (1950), S. 21 ff.
Schneider, Kabinettsfrage

Schneider, Hans: Körperschaftliche Verbundverwaltung. Verfassungsrechtliche Betrachtungen über die Bildung von landesunmittelbaren und bundesunmittelbaren Verwaltungsträgern durch Bundesgesetz, in: AöR 83 (1958), S. 1 ff.
Schneider, Verbundverwaltung
— Verkehrszeichen sind Tatbestandsmerkmale, in: NJW 1964, S. 1297 ff.
Schneider, Verkehrszeichen

Schoen, Paul: Das Verordnungsrecht und die neuen Verfassungen, in: AöR 45 (1924), S. 133 ff.
Schoen

Schütz, Erwin: Dienstherr, oberste Dienstbehörde und Dienstvorgesetzter im Beamtenrecht, in: DÖD (Ausgabe A) 1959, S. 181 ff.
Schütz

Schweiger, Karl — Klaus *Obermayer:* Rechtsverordnung im formellen Sinn?, in: DÖV 1955, S. 360 ff.
Schweiger bzw. Obermayer

Seifert, Karl-Heinz: Das Bundeswahlgesetz, Bundeswahlordnung und wahlrechtliche Nebengesetze. 1957.
Seifert, BWahlG

Sembritzki, Arnold: Die Organisationsgewalt nach Reichsrecht. Diss. Berlin 1934.
Sembritzki

Smend, Rudolf: Verfassung und Verfassungsrecht. 1928.
Smend

Spanner, Hans: Organisationsgewalt und Organisationsrecht, in: DÖV 1957, S. 640 ff.
Spanner

Spiegel, Ludwig: Die Verwaltungsrechtswissenschaft. Beiträge zur Systematik und Methodik der Rechtswissenschaften. 1909.
Spiegel

Stengel, Karl Freiherr von: Lehrbuch des Deutschen Verwaltungsrechts. 1886.
v. Stengel, Verw.R.

Stern, Klaus: Rechtsfragen der öffentlichen Subventionierung Privater, in: JZ 1960, S. 518 ff.
Stern

Stier-Somló, Fritz: Deutsches Reichs- und Landesstaatsrecht. Band I, 1924.
Stier-Somló

Stier-Somló, Fritz — Alexander *Elster* (Hrsg.): Handwörterbuch der Rechtswissenschaft. Erster und Vierter Band, 1926/27.
Stier-Somló-Elster

Strauß, Walter: Der Bundespräsident und die Bundesregierung, in: DÖV 1949, S. 272 ff.
Strauß

Tatarin-Tarnheyden, Edgar: Grundlegende Betrachtungen zur Flaggenfrage, in: AöR 52 (1927/28), S. 313 ff.
Tatarin-Tarnheyden

Thieme, Werner: Die besonderen Gewaltverhältnisse, in: DÖV 1956, S. 521 ff.
Thieme, Bes. Gewaltverhältnisse
— Können heute noch Ehrentitel verliehen werden?, in: DÖV 1954, S. 238 ff.
Thieme, Ehrentitel
— Deutsches Hochschulrecht. Das Recht der wissenschaftlichen Hochschulen in der Bundesrepublik Deutschland und im Lande West-Berlin. 1956.
Thieme, Hochschulrecht
Triepel, Heinrich: Delegation und Mandat im öffentlichen Recht. Eine kritische Studie. 1942.
Triepel, Delegation
— Völkerrecht und Landesrecht. 1899.
Triepel, Völkerrecht
Ule, Carl Hermann: Das besondere Gewaltverhältnis, in: VVDStRL 15 (1957), S. 133 ff.
Ule
Valentin, Veit — Ottfried *Neubecker:* Die deutschen Farben. 1928.
Valentin-Neubecker
Vialon, Friedrich Karl: Haushaltsrecht — Haushaltspraxis. 2. Auflage, 1959.
Vialon
Voigt, Alfred: Ungeschriebenes Verfassungsrecht, in: VVDStRL 10 (1952), S. 33 ff.
Voigt
Volkmar, Dieter: Allgemeiner Rechtssatz und Einzelakt. Versuch einer begrifflichen Abgrenzung. Diss. Münster 1960.
Volkmar
Weber, Werner: Der Professortitel als außerakademische Auszeichnung, in: DVBl. 1952, S. 592 f.
Weber, Professortitel
— Spannungen und Kräfte im westdeutschen Verfassungssystem. 2. Auflage, 1958.
Weber, Spannungen
Wolff, Bernhard: Die Ermächtigung zum Erlaß von Rechtsverordnungen nach dem Grundgesetz, in: AöR 78 (1952/53), S. 194 ff.
Wolff, B.
Wolff, Hans J.: Verwaltungsrecht I. Ein Studienbuch. 5. Auflage, 1963.
Wolff, H. J., Verw.R. I
— Verwaltungsrecht II (Organisations- und Dienstrecht). Ein Studienbuch. 1962.
Wolff, H. J., Verw.R. II
Zorn, Philipp: Das Staatsrecht des Deutschen Reiches. Erster Band: Das Verfassungsrecht, 2. Auflage, 1895.
Zorn, Staatsrecht

Printed by Libri Plureos GmbH
in Hamburg, Germany